What's That as Gaeilge?

What's That as Gaeilge?

An English-Irish Phrasebook

Garry Bannister

NEW ISLAND

WHAT'S THAT AS GAEILGE?
First published in 2019 and reprinted in 2023 by
New Island Books
Glenshesk House
10 Richview Office Park
Clonskeagh
Dublin D14 V8C4
Republic of Ireland

www.newisland.ie

Print ISBN: 978-1-84840-733-6
eBook ISBN: 978-1-84840-731-2

British Library Cataloguing Data. A CIP catalogue record for this book is available from the British Library.

Typeset by JVR Creative India
Cover design and illustration by Karen Vaughan
Printed by ScandBook, Sweden, scandbook.com

New Island Books is a member of Publishing Ireland.

10 9 8 7 6 5 4 3

The Word
There is no place we need to go,
There is no place we need to know,
Except the journeys that we make,
Those endless journeys that we take,
within the word and for its sake ...

An Briathar
Níl gá aon dul in áit ar bith,
Níl eolas ar aon áit de dhíth,
Ach amháin na haistir sí,
Na haistir chianda shíoraí
Sa bhriathar is a bhfuil laistigh ...

— Howard Lawn

Do mo gharinion
Lauren Ní Lúbaidh

Contents

Preface

What's That as Gaeilge? is an update of *Gaelic Idioms* (ForSai, 2004), and is designed to help speakers of all levels of competence to improve the colour, fluency and vibrancy of their spoken and written Irish. The phrasebook is divided into two parts, a dictionary of idioms and phrases and an index of themes.

Included in the dictionary are the most common English turns of phrase and their Irish equivalents, many of which are the result of what can be called a 'ping-pong' interchange between the two languages. Occasionally, an idiom started originally as an Irish expression, was imported into English, was misheard in that language and was then translated back into Irish. This final iteration is often quite different in form to its original.

An example of this ping-pong effect is the answer to the well-known question, 'How was the craic?' The evolution of the answer, 'The craic was ninety!', looks like this:

Bhí an chraic thar barr!

translated into English:
The craic was mighty!

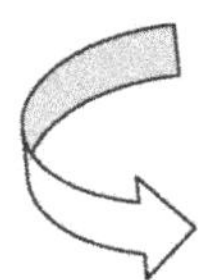

misheard as:
The craic was ninety!

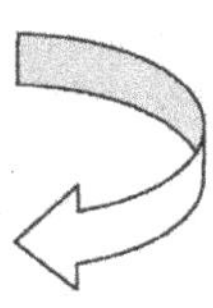

translated back into Irish:
Bhí an chraic nócha!

I

There are different categories of idiom in any language. There are those that enrich and empower a speaker's utterances, lending them colour, vitality and greater efficacy in personal expression, for example:

It's raining cats and dogs. Tá sé ag caitheamh sceana gréasaí. *(lit. It is throwing cobbler's knives.)*
It's really moreish. Is é a locht a laghad! *(lit. Its only fault is there's not enough of it!)*
It was a shot in the dark. Urchar bodaigh i bpoll móna a bhí ann. *(lit. It was a rascal's shot in a bog-hole.)*
Don't beat around the bush! Ná déan scéal mhadra na n-ocht gcos de! *(lit. Don't make of it the story of the dog with eight legs.)*
Take precious care of him! Ná tabhair ar chamán ná ar liathróid é! *(lit. Do not take him to a hurley or a ball!)*
The jury is still out on that one. Tá sé idir dhá cheann na meá fós maidir leis sin. *(lit. It's between the two ends of the scale still regarding that.)*

II

Some idioms are used to shape and provide a rhythm to our spoken language. These are often phrases used repeatedly in the course of a natural conversation. Listening carefully to individual speakers, you may find they all have their own favourites. The following are some examples of such 'couching' expressions:

as you might say mar a déarfá
apparently de réir dealraimh
to tell the truth déanta na fírinne
most likely gach uile sheans
but that said agus sin ráite
in all fairness chun cothrom na féinne a dhéanamh
as far as I know ar feadh a bhfuil a fhios agam
to be perfectly honest gan aon bhréag a rá
believe it or not creid é nó ná creid

III

There are also expressions linked to cultural preferences and specific speech communities. These can be of a religious or philosophical nature, or related to familiar mythologies.

I'm the last of the Mohicans. Mise Oisín d'éis na Féinne. *(lit. I am Oisín after the Fianna*, which alludes to the story of Oisín who returns from Tír na nÓg to find all his friends in the Fianna have long since died, leaving him all on his own.)
You're a star! Nár laga Dia do lámh! *(lit. May God not weaken your hand.)*
Time will tell. Is maith an scéalaí an aimsir. *(lit. Time is a good storyteller,* a popular Irish proverb)
They would try the patience of a saint! Chaithfidís an fhoighne ag Naomh Pádraig féin! *(lit. They would wear out the patience of St Patrick himself.)*
If you can't beat them, join them! Téimis faoi uisce an cheatha. *(lit. Let's go out under the rain-shower!)* This refers to an ancient myth about three druids who predicted that all the people of Ireland would go mad if they were touched by the water from a magical shower of rain. The druids took refuge in a cave, but, on seeing that all the people around them were going insane, quickly realised that when the shower stopped, it would be they, the druids, who would be considered insane and so all three decided that they too would go out under the rain shower.)

IV

Other idioms are translations from modern English parlance, used in preference to traditional forms. These calque-modernisms can often be heard in interviews on television and radio or read in print media, articles, novels and the like. Eventually the neologisms also become accepted in the *Gaeltachtaí.* In the dictionary part of this book, literal translations or calques from English are tagged with

(BÁC), since they are most frequently used by Gaeilgeoirí in non-Gaeltacht areas.

He swallowed the bait. *(BÁC)* Shlog sé an baoite.
The tail wagging the dog. *(BÁC)*An t-eireaball ag croitheadh an mhadra.
That is the icing on the cake. *(BÁC)* B'in an reoán ar an gcíste.
It fell off the back of a lorry. *(BÁC)* Thit sé de chúl leoraí.
She has lost the plot entirely! *(BÁC)* Chaill sise an plota ar fad!

Into this group also fall idioms now commonly found in the Gaelscoileanna. These, however, have been mostly excluded from this book since they are usually short-lived, often syntactically inconsistent and not truly representative of normative usage outside the Gaelscoil environment. However, who knows what the future may hold for such phrases as:

I wouldn't tell on my friend. *Ní inseoinn ar mo chara.
I had a blackout. *Bhí dubh-amach agam.
The phone went dead. *Chuaigh an fón marbh.
All hell broke loose. *Briseadh ar gach ifreann scaoilte.
I was like ... what next? *Bhí mise cosúil le ... cad eile.

This is not to say that there isn't a lot of useful and reasonable modern usage to be found in the 'newspeak' idioms from the Gaelscoil milieu. Expressions such as these have been included in the dictionary as they would most certainly be understood by any young fluent Irish speaker today:

Deadly! Go marfach!
My dad had a quick pick-me-up. Bhí pioc-mé-suas tapa ag mo dhaid.
A wicked dress! Gúna millteanach! *(fabulous dress)*
street cred sráidchreid

* These phrases are not recommended for use.

V

Also included in the dictionary are phrases that may seem to fall short of being idiomatic in the strictest sense. For example, many frequently used temporal expressions, such as this week, next month, last year, etc. are included under their respective main entries, as expressions such as these may be useful in providing a more comprehensive reference guide for a much wider spectrum of language competence.

month
during the month i rith na míosa
for a ~ ar feadh míosa
for the past ~ le mí anuas
in a ~'s time i gceann míosa
next ~ an mhí seo chugainn
this ~ and last ~ an mhí seo agus an mhí seo caite

Common phrases are often much more colourful in Irish than in English (in the author's humble opinion!). There are many such expressions of Ireland's rich cultural heritage to be found throughout this book. Here are just a few examples:

We took a day off. Bhí lá faoin tor againn. *(lit. We had a day under the bush.)*
That's the least of my worries. Sin an chloch is lú ar mo phaidrín. *(lit. That is the smallest bead on my rosary.)*
He's near to death. Tá sé ag comhrá leis an mbás. *(lit. He is chatting with death.)*
He came without a present. Tháinig sé agus an dá lámh chomh fada lena chéile. *(lit. He arrived with both arms the same length.)*

Using the phrasebook
The second part of this phrasebook is an index where a selection of idioms in English is organised into themes. The word in bold refers to a main entry in the dictionary, where the idiom is presented in full, along with its Irish equivalent.

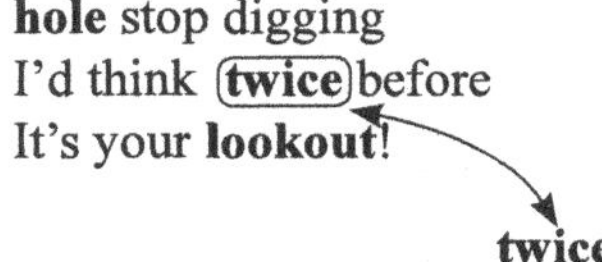
hole stop digging
I'd think twice before
It's your **lookout**!

twice

I'd think ~ before I said anything like that.
Chaithfainn tamall fada ag machnamh sula ndéarfainn a leithéid.

The themes index can be used both to find an appropriate expression in a particular category and to become familiar with a group of idioms specific to a given theme: e.g. ambition, caution, difficulty, greetings, etc.

For teachers, this index also provides extensive listings of comparisons and imperatives which could be used to create language exercises such as fill in the blanks (see p. 259):

as **bald** as a coot *chomh maol le*______________________
as **blind** as a bat *chomh dall le*______________________
as **bold** as brass *chomh dána le*______________________
as **busy** as a bee *chomh gnóthach le*__________________

For the vast majority of verbs in Irish the imperative is the root form. A student who knows the imperative form of a verb can usually derive all its finite forms.

Dig in! Déan do ghoile!
Drop it will you! Cuir uait é mura miste leat!
Take it easy! Tóg (go) bog é!
Go **easy** on the butter! Tarraing go caol ar an im!
Knock yourself out! Scaoil faoi!

Who is this phrasebook for?
This book is for teachers, students and those who once learned Irish and are returning to it. It is also for those who want to improve on what they already know and for anyone who is interested in the beauty, richness and magic of the living modern language.

In particular, this book will be a very useful tool for those who are preparing for their Leaving Certificate or indeed any oral Irish examination. The candidate who can say, 'Níl an scoil ach faoi urchar cloiche ó mo theach?' (*The school is only a stone's throw away from my house.*) or 'Ní bhíonn saol an mhadra bháin ag na déagóirí inniu?' (*Teenagers don't have a cushy life today.*) or 'Sin bun agus barr an scéil' (*That's the long and the short of it*) will certainly impress any examiner.

VI

A word of warning: idioms can sometimes be treacherous! Remember the cautionary tale of the foreigner who, wanting to stand up for his English friend whom he felt knew everything there was to know about gardening, exclaimed indignantly: 'People think my friend knows damn nothing about gardening. Well, I can tell you he knows damn all!'

We all spend a great deal of our time staring at our phones, waiting for the bus, sitting on planes or just talking to holograms on our smart-glasses. Instead, why not carry this small old-fashioned phrasebook around with you? Why not take it along on those lengthy journeys or have it nearby while sitting at the airport waiting on friends whose flight has been delayed?

If you enjoy this book, why not also try *Proverbs in Irish*. Come on! *No more beating around the bush! Let's get the ball rolling! This book is worth its weight in gold and it's a gift at the price!* The explanations are *as clear as crystal* and *when all is said and done*, learning new idioms will be *as easy as pie!*

Beir bua!
Garry Bannister

Réamhrá[1]

Seo an tríú heagrán breisithe le teideal nua *What's That as Gaeilge?* den fhoclóir *Idioms in Irish* a bhí foilsithe ag ForSai den chéad uair in 2004. Tá súil agam go gcabhróidh an leabhar seo le foghlaimeoirí de gach uile leibhéal chun snas agus saibhreas teanga a chur lena gcuid Gaeilge sa scríobh agus sa chaint.

Soláthraíonn an foclóir seo macasamhla as Gaeilge do nathanna coitianta laethúla, traidisiúnta nó cultúrtha sa Bhéarla. Bíonn caidreamh measartha coimhthíoch ag an dá theanga san fhichiú agus san aonú haois fichead go háirithe, mar de shíor tarlaíonn idir an dá theanga saghas 'anonn is anall' a shaibhríonn go mór éifeacht léirithe, dath, brí, agus fairsinge limistéir eispéiris an dá theanga araon. Mar shampla, nath a d'easraigh as an Ghaeilge, is féidir ar uaire é a chloisteáil go forleathan i ngnáthchaint Bhéarla na hÉireann agus ní hannamh freisin ach oiread sa Bhéarla idirnáisiúnta. Tarlaíonn, gan amhras, an rud ceannann céanna le nathanna nua ó Bhéarla a thagann go minic isteach i gcaint na Gaeilge.

Gaeilge go Béarla:	**Béarla go Gaeilge:**
Lá *bog* → *soft* day	*white elephants* → *eilifintí bána*
bia *go leor* → food *galore*	*Sorted!* → *Sórtáilte!*
i *smidiríní* → in *smithereens*	*banana republics* → *poblachtaí banana*

Seachas an ghadaíocht lom den fhoclóir ó theanga amháin go teanga eile, is minic go dtéitear fosta go forleathan i muinín comhréire na Gaeilge i labhairt laethúil an Bhéarla: 'He took my hat on me' *(i. Thóg sé mo hata orm)*; 'He does be often late' *(i. Bíonn sé déanach go minic)*; 'We're after seeing an awful accident' *(i. Táimid tar* éis *timpiste uafásach a fheiceáil)*, etc … Cuidíonn an tsaoirse bhreise seo i gcomhréir Bhéarla na hÉireann le haclaíocht agus le héascaíocht i modhanna smaointeoireachta an ghnáthchainteora a bhealú ar shlite neamhchoitianta go minic.

[1] *i gcomhair lucht múinte na Gaeilge*

Feiniméan eile a thugtar faoi deara maidir leis an idirbheartaíocht idir an dá theanga is ea an claochlú nó an *'sóchán séimeantaice'* a tharlaíonn nuair chiceáiltear focal ó pháirc imeartha na Gaeilge go Béarla agus ar ais arís go dtí páirc an Bhéarla. Ní hannamh go gcloistear Gaeilgeoirí óga ag casadh cainte mar: 'Conas mar a bhí an chraic aréir?' ar a bhfaightear an freagra mar: 'Bhí an chraic nócha!'

Is dóichí gur tháinig an frása aisteach seo isteach sa Ghaeilge mar gur chuala cainteoirí an Bhéarla an frása: 'Bhí an chraic thar barr!' a aistríodh é go: 'The craic was mighty!' Ansin chuala neart cainteoirí an Béarla go mícheart é mar: 'The craic was ninety!' agus leis sin, claochlaíodh an bun-nath sa Ghaeilge go dtí: 'Bhí an chraic nócha!'

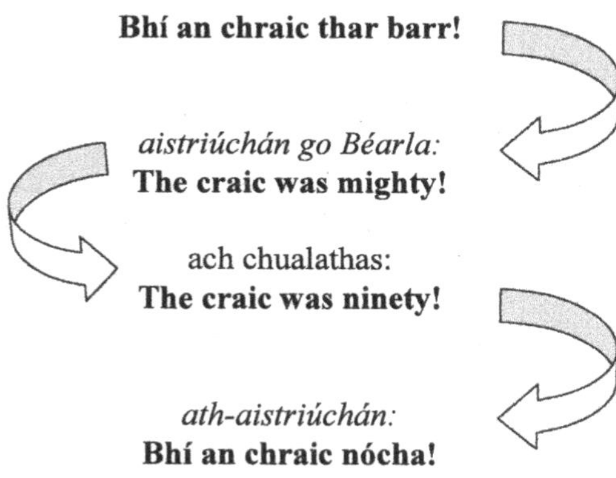

Bhí an chraic thar barr!
aistriúchán go Béarla:
The craic was mighty!
ach chualathas:
The craic was ninety!
ath-aistriúchán:
Bhí an chraic nócha!

I

Tá catagóirí éagsúla maidir le húsáid nathanna i dteanga ar bith. Orthu siúd atá míreanna cainte a neartaíonn agus a mhaisíonn ráitis an chainteora; míreanna a thugann dath, beocht agus breis éifeachta i gcumas a n-urlabhra, mar shampla:

It's raining cats and dogs. Tá sé ag caitheamh sceana gréasaí.
It's really moreish. Is é a locht a laghad!
It was a shot in the dark. Urchar bodaigh i bpoll móna a bhí ann.

Don't beat around the bush! Ná déan scéal mhadra na n-ocht gcos de!
Take precious care of him! Ná tabhair ar chamán ná ar liathróid é!
The jury is still out on that one. Tá sé idir dhá cheann na meá fós maidir leis sin.

II

Bíonn nathanna eile a úsáidtear chun an chaint a mhúnlú nó chun rithim agus sruth nádúrtha cainte a sholáthar. Is minic go gcloistear na frásaí ceannann céanna arís agus arís eile má bhíonn an cainteoir tuirseach nó ag caint gan mórán airde.

Cé nach dtugann na nathanna sa chatagóir seo níos mó, de ghnáth, ná spás chun smaoinimh nó rithim cainte, bíonn siad ina ainneoin sin, thar a bheith riachtanach agus úsáideach do chainteoir líofa ar bith. Ar shamplaí den sórt seo de theilgin chainte tá:

as you might say mar a déarfá
apparently de réir dealraimh
to tell the truth déanta na fírinne
most likely gach uile sheans
but that said agus sin ráite
in all fairness chun cothrom na féinne a dhéanamh
as far as I know ar feadh a bhfuil a fhios agam
to be perfectly honest gan aon bhréag a rá
believe it or not creid é nó ná creid

III

Faightear freisin i measc na nathanna atá nasctha le cora cultúrtha gur féidir leo bheith ilchineálach go mór vis à vis na pobail chainte dhifriúla as a dtagann siad. Cuimsíonn nathanna an ghrúpa seo réimsí ilghnéitheacha mar: an fhealsúnacht, an reiligiún, traidisiúin, béasa, stair áitiúil, etc …

D'fhéadfadh pobail chainte a bhíonn i dteagmháil rialta le cultúir iasachta eile calques *(i. lomaistriúcháin)* a úsáid, nó dul i muinín neastagartha as a dtraidisiún dúchasach féin chun an chiall chéanna a chur in iúl.

You're a real Don Juan! Is Don Juan ceart thú!
I'm the last of the Mohicans. Mise Oisín d'éis na Féinne.

IV

Tá grúpa mór de nathanna cainte a thagann isteach sa teanga ó úsáid nua-aoiseach na glúine óige as na Gaelscoileanna, na meáin chumarsáide agus ó chaint idir Gaeilgeoirí ar shráideanna chathracha na tíre. Cuirtear an chlib *(BÁC)* ar na hiontrálacha sin ach is minic go dtairgtear leis na cinn sin nathanna eile a bheadh níos traidisiúnta fiú má bhíonn minicíocht na bhfrásaí traidisiúnta níos ísle ná na cinn nua-aimseartha:

He swallowed the bait. *(BÁC)* Shlog sé an baoite. *(cf. Mheall an cleas é.)*
The tail wagging the dog. *(BÁC)* An t-eireaball ag croitheadh an mhadra. *(cf. An máistir ag iompar an ghiolla.)*
That is the icing on the cake. *(BÁC)* Sin an reoán ar an gcíste. *(cf. Sin barr maise ar an scéal.)*
It fell off the back of a lorry. *(BÁC)* Thit sé de chúl leoraí.
She has lost the plot entirely! *(BÁC)* Chaill sise an plota ar fad! *(cf. Níl a fhios aici an bhfuil sí ag teacht nó ag imeacht.)*

Ó mharcáil na scrúduithe stáit le blianta, tugtar faoi deara go n-úsáideann daltaí na nGaelscoileanna neart abairtí aisteacha ina gcaint agus ina n-obair scríofa. Bhí sé go deacair ar uaire teacht ar réiteach sásúil ar chóir nó nár chóir abairtí áirithe a chur leis na frásaí san fhoclóir seo. Sa deireadh, socraíodh ar gan iad a lua mura gcloistear iad i meáin chumarsáide na tíre nó ó ghnáthchainteoirí na nGaeltachtaí. Seo thíos dornán de shamplaí ó chaint daltaí óga nach bhfaightear san fhoclóir seo:

I wouldn't tell on my friend. *Ní inseoinn ar mo chara.
I had a black-out. *Bhí dubh-amach agam.
The phone went dead. *Chuaigh an fón marbh.
All hell broke loose. *Briseadh ar gach ifreann scaoilte.
I was like ... what next? *Bhí mise cosúil le... cad eile?

Ní ionann sin agus a rá nach mbíonn a lán nathanna feidhmiúla fiúntacha le fáil ó chainteoirí óga Ghaelscoileanna na tíre mar nach minic go mór gurb iad na daoine óga teilgeoirí na todhchaí agus foinse eolais anamúil de theanga bheo an aosa óig mar a léiríonn nathanna amhail na cinn atá tugtha thíos anseo:

Deadly! Go marfach!
My dad had a quick pick-me-up. Bhí pioc-mé-suas tapa ag mo dhaid.
A wicked dress! Gúna millteanach! *(i. gúna galánta)*
street cred sráidchreid

V

Is minic go gcuirtear ar fáil nath a bhíonn comónta go leor ach nach bhfuil, sa chiall is doichte den fhocal, ina theilgean cainte mar a thuigfí de ghnáth é. Mar shampla, soláthraítear nathanna coitianta a bhaineann le cúrsaí ama, amhail: *an tseachtain seo, an mhí seo chugainn, an bhliain seo caite,* etc., mar creidtear go bhféadfaidís bheith úsáideach sa seomra ranga do speictream ní ba leithne de chumais éagsúla i bhfoghlaim na teanga:

month
  during the month i rith na míosa
  for a ~ ar feadh míosa
  for the past ~ le mí anuas
  in a ~'s time i gceann míosa
  next ~ an mhí seo chugainn
  this ~ and last ~ an mhí seo agus an mhí seo caite

* Moltar go láidir gan frásaí le réiltíní a úsáid.

Ní hannamh ach oiread go dtugtar san fhoclóir seo leaganacha a bheadh ní ba dhathúla sa Ghaeilge ná mar a bhíonn a macasamhla sa Bhéarla:

> **We took a day off.** Bhí lá faoin tor againn.
> **That's the least of my worries.** Sin an chloch is lú ar mo phaidrín.
> **He's near to death.** Tá sé ag comhrá leis an mbás.
> **He came without a present.** Tháinig sé agus an dá lámh chomh fada lena chéile.

Ag baint úsáid as an bhfoclóir
Is féidir an foclóir seo a úsáid mar ghnáthfhoinse thagartha i gcomhair frasaíochta na Gaeilge nua-aoisí. Tá réimse fada leathan curtha ar fáil ach fágtar amach aon teanga a measadh bheith graosta nó gan bheith oiriúnach do chaighdeán réasúnta na cuibhiúlachta.

Ag cúl an leabhair, tá innéacs téamach as Béarla tugtha de na téamaí is coitianta san fhoclóir. Má tá frása a bhaineann le téama faoi léith á lorg ag an léitheoir, ní gá ach an téama cuí a roghnú agus gheofar liosta ilchineálach de nathanna as Béarla a bhaineann leis an téama sin. Feicfear focal amháin i ngach nath atá scríofa i g**cló trom**. Má chuardaítear an focal atá sa **chló trom** san fhoclóir féin, gheofar an Ghaeilge ar an nath cainte sin:

hole stop digging
I'd think **twice** before
It's your **lookout**!

twice

I'd think ~ before I said anything like that.
Chaithfainn tamall fada ag machnamh sula ndéarfainn a leithéid.

Is féidir an t-innéacs téamach a úsáid mar acmhainn fhoghlama nó mar áis teagaisc le grúpáil a dhéanamh ar nathanna de réir na dtéamaí difriúla atá curtha ar fáil sa liosta. Faightear san innéacs freisin foirmeacha deilbhíochta grúpáilte i liostaí áisiúla; cinn mar chomparáidí coitianta agus an modh ordaitheach de na briathra is comónta atá tugtha san fhoclóir. D'fhéadfadh an t-oideoir oilte sciar maith de chleachtaí a chumadh chun druileanna a dhéanamh ar gnéithe éagsúla den teanga.

Maidir le deilbhíocht, d'fhéadfaí cleachtaí mar líon isteach na bearnaí a chur le chéile, má roghnaítear abairtí ó ghrúpáil de na foirmeacha sa mhodh ordaitheach (fch. *imperatives*) san innéacs, d'fhéadfaí iarraidh ar dhaltaí foirmeacha finideacha éagsúla den bhriathar a chruthú, mar a thaispeántar san eiseamláir thíos:

Take it easy! Tóg (go) bog é!	**He takes it easy** ... tógann sé go bog é.
Enter! Tar isteach!	**She enters** ... tagann sí isteach
Wait a minute! Fan nóiméad!	**They wait** ... fanann siad

Mar aon leis sin, d'fhéadfaí struchtúir chomhréire den chineál céanna a phiocadh amach, amhail: as **bald** as a coot, as **clear** as a **bell**, as **bold** as brass, etc. agus codanna dá macasamhla sa Gaeilge a chur ar fáil a bheadh le críochnú ag na daltaí: *comh maol le ..., chomh soiléir leis ..., chomh dána le..., etc.*

Is iomaí cleachtadh maidir le feabhsú foclóra go bhféadfaí a chur le chéile. Is féidir, mar shampla, ceann ar bith de na téamaí san innéacs a roghnú, amhail: weather, excellence, dreaming, etc. agus liosta d'abairtí a mbeadh *'nath cainte'* a lorg dóibh. Mar a shampla:

> **Great weather for ducks!** Aimsir álainn do na lachain!
> **She's a real trailblazer!** Is ceannródaí cruthanta í!
> **Everything went like a dream.** Chuaigh gach rud ar nós aislinge.

Is mór an cuidiú atá sa leabhar d'iarrthóirí a bheadh ag dul i mbun scrúdú béil ar bith. Moltar go háirithe do mhúinteoirí comhairle a thabhairt dá lucht foghlama maidir le húsáid na nathanna cainte ina gcuid freagraí ar cheisteanna an scrúdaitheora. Ní hannamh go gcloistear na cinn choitianta chéanna mar 'creid nó ná creid', 'ní dhéanfaidh mé dearmad ar an lá sin go deo', 'dáiríre píre', 'go huile agus go hiomlán', etc. ach bíonn i bhfad Éireann níos mó gur féidir le daltaí a úsáid nuair a bhíonn siad i mbun béaltrialach. Mar oide, gríosaigh do chuid foghlaimeoirí a gcaint a mhaisiú le nathanna saibhre, mar atá ar fáil acu san fhoclóir seo.

Leis na neacha léinn a mbeadh an teanga níos láidre ar eolas acu, ba chóir iarraidh orthu dul ar thóir sean-nathanna traidisiúnta chun *calque* nó nath nua sa Bhéarla a chur in iúl, mar shampla:

the nouveau riche bacaigh ar muin capaill
She's quick on the uptake. Tuigeann sise leathfhocal.
bromance bráthair-chumann
I need that like I need a hole in the head! Tá sin de dhíth orm mar a bheadh uisce de dhíth ar fhear báite!

Abair leis na neacha léinn chumasacha freisin gan bheith imníoch faoi úsáid liobrálach d'íomhánna agus de shamhailtí dá gcuid féin nuair a bhíonn siad i mbun labhairt agus scríobh na Gaeilge.

Ag cumadh an réamhrá seo, léigh mé píosa gairid ón bhfile mór úd, Gabriel Rosenstock, agus é ag cur síos go léirsteanach ar an gcaidreamh coimhthíoch a bhíonn idir scríbhneoirí comhaimseartha na Gaeilge inniu. Sa sliocht, péinteálann sé pictiúrbuirlisc greannmhar den chumann measartha ait a bhíonn idir lucht scríofa na Gaeilge liteartha nó an tAos Dána mar a thugtar orthu. Dar le Gabriel, is cineál '*danse macabre* é i halla fuar agus leathaithne ag na damhsóirí go léir ar a chéile'.

Sin an cineál saibhris teanga a thugann éifeacht agus áitiú álainn do ráiteas ar bith ó chainteoir ar bith. Tá súil agam go mbeidh samplaí suntais eile den teanga bheo le fáil ag léitheoirí san fhoclóir beag seo; seoda cainte luachmhara a d'eascair agus a eascraíonn fós gan staonadh ó bhéal phobal na Gaeilge labhartha; nathanna spréacharnacha spreacúla a thabharfaidh inspioráid agus spreagadh dóibh siúd a bhíonn de shíor i mbun feabhsú agus neartú a gcuid Gaeilge.

Cé chuige an foclóir seo?

Chuig múinteoirí, neacha léinn, daltaí, daoine a d'fhoghlaim an Ghaeilge fada ó shin agus a dteastaíonn uathu anois í a chleachtadh arís le dúil, brí agus beocht nua. I ndáiríre, cuirtear an leabhar seo ar fáil do dhaoine ar bith a mbeadh suim acu in áilleacht, i ngalántacht agus i saibhreas nádúrtha na Gaeilge

Caitheann daltaí inniu a lán ama ar a bhfóin chliste, ar Snapchat agus eile, is iad ag dul abhaile agus ag teacht chun a scoile ar bhusanna agus i gcarranna a dtuistí. Nach maith an seans dóibh anois, in ionad ifón, nó na spéaclaí cliste a úsáid, an leabhar 'seanfhaiseanta' beag seo a thógáil as a málaí agus cúpla frása nua a chleachtadh gach lá?

Mar sin, iarraim oraibhse, a mhúinteoirí agus a oidí, an foclóirín beag seo a mholadh mar áis fhoghlama do bhur ndaltaí, bhur neacha léinn, nó d'fhoghlaimeoirí ar bith eile a bhíonn faoi bhur gcúram. Míle buíochas agus go n-éirí an dea-obair fhiúntach seo libh! An Ghaeilge abú!

le gean,
Garry Bannister

A

ABC
the ABC of maths miontosach an mhata

aback
I was taken ~. Baineadh siar asam.

about
He's up and ~ again. Tá sé (suas) ar a chosa arís.
You really have to have your wits ~ you. Ní mór do dhuine bheith ar a lánaire.

above
~ and beyond the call of duty i bhfad níos mó ná mar a bheadh de dhualgas ar dhuine
He's getting a bit ~ himself lately. Bíonn meon pas beag postúil aige na laethanta seo.

absence
You were conspicuous by your ~. Tugadh faoi deara é ós rud é nach raibh tú i láthair.

absent
He is ~. Tá sé as láthair.

accident
It was an ~ waiting to happen. Bhí an tionóisc seo réidh le tarlú.
~s will happen. Ní leithne an t-aer ná an timpiste.

accidentally
~ on purpose de thaisme mar dhea

accord
He did it of his own ~. Rinne sé ar a chonlán féin é.
with one ~ d'aon gháir

account
by all ~s de réir gach scéil
on ~ of the war de dheasca an chogaidh
On no ~ do that! Ná déan é sin ar chuntar ar bith!
to take it into ~ é a chur san áireamh
There is no ~ing for tastes. Beatha duine a thoil!

ace
He was within an ~ of success. Is beag nár éirigh leis.
She ~d at maths. Fuair sí ardonóracha sa mhata.

Achilles
~' heel (an) laige chinniúnach

acquaintance
I have a nodding ~ with him. Tá aithne shúl agam air.

across
right ~ the board i ngach gné den scéal

act
~ of God gníomh Dé
~ your age! Ná déan leanbh díot féin!
He was caught in the ~. Thángthas air le linn na coire.
It's a class ~! Is deacair a leithéid a shárú!
Lauren is a hard ~ to follow. Is deacair Lauren a shárú!
My knee is ~ing up on me. Tá mo ghlúin ag tabhairt trioblóide dom.
She read me the riot act. Chuir sí na seacht bhfainic orm.

to ~ the maggot/ the goat bheith ag pleidhcíocht
to ~ up bheith ag tabhairt trioblóide
trying to get in on the ~ ag iarraidh teacht isteach sa ghnó
You'll have to clean up your ~. Caithfidh tú caoi éigin a chur ar a mbíonn á dhéanamh agat!

action
~ stations! Bígí réidh!
He's wants a piece of the ~. **1** Tá blas den chomhrac uaidh. **2** Teastaíonn uaidh bheith páirteach ann.
to take action gníomhú
We went to Temple Bar where the ~ is. Chuamar go dtí Barra an Teampaill, áit ina mbíonn an chraic go léir.

Adam
I don't know him from ~. Níl aithne dá laghad agam air.

add
It doesn't ~ up. Tá rud éigin amú anseo.
to ~ insult to injury chun an tarcaisne a chur i mullach na héagóra

addition
in ~ to that 1 lena chois sin **2** mar aon leis sin **3** ina theannta sin

addle
My brain is ~d. Tá m'intinn trína chéile ar fad.

admirer
from one of your ~s ó dhuine de do leannáin rúin

adult
~ film scannán do dhaoine fásta
Let's be ~ about this! Pléimis é seo mar dhaoine fásta!

advance
Any ~ on 500 euro? Aon tairiscint níos airde ná 500 euro?

advantage
It will be to your ~. Rachaidh sé chun do thairbhe.
She took ~ of his love for her. Chuir sí a ghrá di chun a sochair féin.

afraid
He's ~ of his own shadow. Chuirfeadh a scáil féin eagla air siúd.
I'm ~ so. Is eagal liom é.

after
~ all ina dhiaidh sin agus uile
in the ~life sa saol atá le teacht
long ~ that fada ina dhiaidh sin
soon ~ that go gairid ina dhiaidh sin
What's she ~? Cad tá á lorg aici siúd?

against
~ all the odds cé go raibh gach rud a rá nach féidir
He is really up ~ it these days. Bíonn an saol i ndáiríre ag cur ina éadan na laethanta seo.

age
at the ripe old ~ of 90 ag an chnagaois mhaith de nócha

I'm beginning to feel my ~. Mothaím an aois ag a bhfuilim.
It's ~s since I saw you last! Is fada nach bhfaca mé thú!
of uncertain ~ idir an dá aois.
the golden ~ an ré órga
to come of ~ teacht in aois fir/ mná
under~ ró-óg
You certainly don't look your age! Is cinnte nach bhfuil dealramh na haoise ort!

agenda
hidden ~ clár oibre folaigh/ aidhm folaigh
She has a hidden ~. Tá aidhm folaigh aici.

agog
I was all ~. Bhí mé ar bís ar fad.

agonise
I ~d for weeks over it. Bhí mé do mo chéasadh ar feadh seachtainí mar gheall air.

agony
~ aunt colúnaí crá croí
It was sheer ~ waiting for the results. B'uafásach an céasadh é bheith ag fanacht ar na torthaí.
Let's not prolong the ~ any further. Cuirimis deireadh leis an gcéasadh croí anois.

aggro
Don't give me any ~ now! Ná bí ag déanamh trioblóide dom anois!
It caused us a lot of ~. Tharraing sé a lán achrainn orainne.

agree
~d! Bíodh ina mhargadh!
Let's ~ to differ! Fágaimis eadrainn é!

agreement
a gentleman's ~ comhaontú oinigh

aground
The scheme ran ~. **1** Rith an scéim as anáil. **2** Theip ar an scéim.

ahead
Full steam ~! Ar aghaidh faoi lán seoil!
She was ~ of her time. Rugadh í roimh a ham ceart.
She's streets ~ of us. **1** Níl goir ná gaobhar againn uirthise! **2** *(BÁC)* Tá sise na solasbhlianta chun tosaigh orainne.
You have to keep ~ of the game. Caithfidh tú fanacht chun tosaigh ar an iomaíocht.
You're getting ~ of yourself! Tá tú ag rith thar do scáth!

aid
to ~ and abet a criminal cabhrú agus neartú le coirpeach
What's all this in ~ of? Cad chuige é sin agus uile?

air
Everything is still up in the ~ as regards the vacation. Bíonn gach rud fós idir dhá cheann na meá maidir leis an tsaoire.

He vanished into thin ~. D'imigh sé ina cheo.
It's a lot of hot air! 1 Níl ansin ach focail fholmha! **2** Níl ann ach briathar gan cur leis!
on ~/ off ~ ar an aer/ den aer
She was putting on ~s and graces. Bhí sí ag cur gothaí uirthi féin.

aisle
The audience were rolling in the ~s. Bhí an lucht féachana sna trithí gáire.

alarm
~ bells were ringing. *(BÁC)* Bhí na cloigíní aláraim ar siúl.
It was a false ~. 1 Gáir bhréige a bhí ann. **2** Aláram gan fáth ea ba é!
to raise the ~ an t-aláram a fhógairt

alert
to be on the ~ bheith san airdeall

alive
~ and kicking beo beathach

all
~ and sundry an saol agus a mháthair
~ in ~ tríd is tríd
~ in agus gach rud curtha san áireamh
~-out war ina chogadh dearg
~ the better! Is amhlaidh is fearr é!
He was there ~ along. Bhí sé ansin an t-am ar fad.
He's not ~ there. 1 Is duine le Dia é. **2** Tá sifil air.
It's ~ systems go. Tá gach uile shórt réidh le tosú.
She made an ~-out effort. Rinne sí iarracht amach is amach.
when ~ is said and done tar éis an tsaoil

all-clear
He was given the ~. Tugadh an solas glas dó.

allergy
I have an ~ to whining. Cuireann an tsíorchnáimhseáil ar mire mé.

allowances
We've got to make ~ on account of his personal situation. Caithfimid a shuíomh pearsanta a chur san áireamh.

almost
~ always beagnach i gcónaí

amiss
There is something ~ Tá rud éigin cearr.

amount
He will never ~ to much. Ní bheidh sé choíche sa Táin.
They have any ~ of money. Tá siad ar maos le hairgead.

analysis
in the final ~ nuair a thagann an crú anuas ar an tairne

anecdotal
There is only ~ evidence. Níl ann ach scéal scéil.

angel
You're an ~! Is aingeal thú!

angle

He's always coming along with some new ~. Bíonn sé i gcónaí ann le léamh nua ar an scéal.

What's his ~? Cén tairbhe dósan as?

animal

She's a real party ~. Is croí na cuideachta í.

annoy

He would ~ a saint. Chuirfeadh sé Naomh Pádraig féin ar mire.

another

That's ~ matter altogether. Sin scéal eile ar fad.

answer

Don't ~ back! Ná bí ag tabhairt aisfhreagraí!

He has an ~ for everything. Bíonn freagra ar gach uile shórt aige siúd!

I'll not take 'no' for an ~. Ní ghlacfaidh mé le diúltú.

ante

to up the ~ na geallta a ardú

ants

He has ~ in his pants. Is corrthónach an mac é.

any

~ old how ar nós cuma liom

I'm not having ~ of it. Nílim chun glacadh lena leithéid.

anything

Is he punctual? – ~ but! An mbíonn sé poncúil? – Baol air!

They ran like ~. Rith siad go maolchluasach.

anywhere

We are not getting ~ (fast) here. Níl aon dul chun cinn (tapa) á dhéanamh againn anseo.

apart

It fell ~ at the seams. Thit an tóin ar fad as.

It's hard to tell them ~. Is deacair iad a aithint óna chéile.

They are poles ~. **1** Níl goir ná gaobhar acu ar a chéile. **2** Tá farraigí móra idir an dá rud sin/ idir an bheirt sin. **3** Táid ina mbailte óna chéile (iad siúd).

ape

She'll go ~ when she finds out. **1** Caillfidh sí an plota ar fad nuair a gheobhaidh sí amach. **2** Tiocfaidh an lí buí uirthi nuair a chloisfidh sí faoin scéal.

apology

That's only an ~ for an essay. Níl ansin ach ainm aiste.

app

real-time ~ aip fíor-ama

There's an ~ for that. Tá aip chuige sin.

appearance

Don't judge by ~s! Ní hionann i gcónaí an cófra agus a lucht.

I thought I'd better put in an ~. Cheap mé go mb'fhearr dom mé féin a thaispeáint ar feadh tamaillín.

just for ~s' sake ar mhaithe le clú amháin
keeping up ~s ag déanamh ar mhaithe leis an saol mór

appetite
an ~ for war fonn cogaidh
The walk whetted my ~. Ghéaraigh an tsiúlóid mo ghoile.

apple
She is the ~ of my eye. Is í m'úillín óir í.
The Big ~ (New York) An t-Úll Mór
We're talking ~s and oranges here. 1 Ar lorg bróg i siopa búistéara atáimid anseo. **2** Táimid ar lorg uibheacha circe i gcró na muc.

apple cart
I don't want to upset the ~ cart. Ní theastaíonn uaim gach uile shórt a chur bunoscionn.

apple pie
as American as ~ chomh Meiriceánach le pióg úll
in ~ order go hinnealta

appointed
at the ~ time ag an uair a bhí/atá ceaptha

approval
the official seal of ~ séala oifigiúil formheasa
The scheme got the seal of ~ from the bosses. Thug na basanna a mbeannacht don scéim.

April
to play an ~ fool's joke on a person cleas amadán Aibreáin a imirt ar dhuine

apron-strings
He's still holding on to his mother's ~. Tá sé fós faoi shlat ag a mháthair.

apropos
~ dála an scéil

area
no-go ~ ceantar coiscthe

arguing
He's always ~ the toss. *(hard to please)* Dá gcuirfeá an cnoc thall abhus ar maidin dó, ní bheadh sé buíoch díot tráthnóna.

arm
~ in ~ uillinn ar uillinn
~ed to the teeth 1 faoi iomlán airm **2** armáilte ó bhun go barr
He was just chancing his ~. Ní raibh sé ach ag dul san fhiontar.
I would give my right ~ to get another chance like that. Thabharfainn a bhfuil agam le seans eile mar sin a bheith agam.
Keep him at ~'s length! Coinnigh fad do rí uait é!
She twisted my ~. Chuir sí brú orm.
They welcomed those changes with open ~s. Chuir siad fáilte is fiche roimh na hathruithe sin.
to be up in ~s about it bheith ag tógáil clampair faoi
to take up ~s dul i mbun cogaidh

armour
a knight in shining ~ prionsa dána dathúil

There's a chink in your ~. Tá lúb ar lár agat ansin.

army

You and whose ~?! Nach dána gach madra i ndoras a thí féin!

around

He's been ~. Tá taithí an tsaoil ar an mboc sin.

I'll see you ~. Feicfidh mé thart thú!

She said it in an ~ about way. Tháinig sí timpeall air gan é a rá go díreach.

What goes ~ comes ~. An rud a théann timpeall, tiocfaidh sé timpeall.

art

There's an ~ to it. Bíonn cleas lena dhéanamh.

the black ~s na healaíona dubha

~ for ~'s sake ealaín ar son na healaíne féin

She has it down to a fine ~.
1 Bíonn sé ar a deis aici.
2 Bíonn sé an-snasta go deo aici.

arrow

~ of time saighead an ama

slings and ~s of outrageous fortune cora crua an tsaoil

article

~ of faith bunchloch chreidimh

ash

~ Wednesday Céadaoin an Luaithrigh

ask

He was ~ing for it. Bhí sin ag dul dó le fada.

Tell your parents I was ~ing after them. Abair le do thuismitheoirí go raibh mé dá bhfiafraí.

What kind of an answer is that, I ~ you! Cén sórt freagra é sin, mura miste leat!

asleep

My foot has gone ~. Tá codladh grifín tagtha ar mo chos.

She was sound ~. Bhí sí ina codladh sámh.

asylum

~ seekers iarrthóirí tearmainn

to be seeking ~ bheith ar lorg tearmainn

at

She's always on ~ me. Bíonn sí i gcónaí anuas orm.

There's where it's ~. Sin an pointe ag a bhfuil an scéal faoi láthair.

What are you (playing) ~? Cad tá ar bun agat?

What are you getting ~? Cad chuige a bhfuil tú?

atmosphere

The ~ was electric. Bhí an t-atmaisféar leictreach.

You could cut the ~ with a knife. *(BÁC)* D'fhéadfása an t-atmaisféar a ghearradh le scian.

attachment

I'm sending the picture as an ~. Táim ag seoladh an phictiúir mar cheangaltán.

attendance

She dances ~ on him. **1** Bíonn sí ag bogadh na bláthaí dó.
2 Bíonn sí ag damhsa timpeall air.

attention

He's just ~-seeking. Níl sé ach ag iarraidh aird a tharraingt air féin.

Pay ~! Tabhair aire!

attitude

He's got a real ~ problem. Bíonn fadhb mhór le réiteach aige maidir lena mheon féin.

augur

This doesn't ~ well at all. Ní dea-chomhartha é seo in aon chor.

authority

He's an ~ on Irish history. Is eolaí ar stair na hÉireann é.

I have that on good ~. Tá urra maith agam leis sin.

You have no ~ to do that. Níl údarás ar bith agat a leithéid a dhéanamh.

avail

It was all to no ~. Bhí sé go léir gan éifeacht ar bith.

average

on ~ ar meán

The play was very ~. Ní raibh an dráma thar moladh beirte.

awake

He was wide ~. Bhí sé ina lándúiseacht.

awakening

He's going to get a rude ~ one of these days. Ruaigfear as parthas an amadáin é go grod lá de na laethanta seo.

awards

No ~ for guessing who won the first prize. Ní call dúinn a rá cé a bhuaigh an chéad duais.

away

~ with you! Imigh leat!

Get ~ with you! Ná bí ag magadh fúm!

He gets ~ with murder. Tig leis a rogha rud a dhéanamh.

I'll be ~ next week. Beidh mé as baile an tseachtain seo chugainn.

Keep ~ from them! Fan amach uathu!

You'll never get ~ with it. Ní ligfear é sin leat choíche.

awkward

an ~ silence ciúnas míchompordach

axe

I have no ~ to grind here. Nílim ag tochras ar mo cheirtlín féin anseo.

B

babbling

What is he ~ about? Cad faoi a bhfuil seisean ag cabaireacht?

babe

~ in arms leanbh ó aréir

baby

I was left holding the ~. Fágadh mise i mbun an bhacáin.

Don't be such a cry-~! Ná déan ceolán críochnaithe díot féin!

to throw out the ~ with the bathwater 1 faillí féaraigh a dhéanamh de dheasca fiailí **2** *(BÁC)* an leanbán a chaitheamh amach leis an uisce folctha

bachelor

~ party cóisir na bpoc

confirmed ~ baitsiléir cruthanta

back

~ hander airgead chúl láimhe

~ off! Fan siar uaim!

~ to ~ le cúl a chéile

~ to basics ar ais go dtí na bunphrionsabail

~ to front droim ar ais

~ to square one ag bunrunga an dréimire arís

always on my ~ i gcónaí anuas orm

away in the ~ of beyond áit éigin ar chúl éaga.

behind my ~ ar chúl mo chinn

by the ~door tríd an doras cúil

constant ~biting cúlchaint shíoraí

He gets my ~ up. Cuireann sé de mo dhroim mé.

He had to take a ~ seat. Baineadh greim na srianta dá lámha.

I got my own ~ on him. Bhain mé mo chúiteamh as.

I know Dún Laoghaire like the ~ of my hand. Tá seacht n-aithne agam ar Dhún Laoghaire.

in the ~ of my mind i gcúl mo chinn

Put your ~ into it! Cuir do ghualainn leis!

to ~ the wrong horse geall a chur ar an gcapall contráilte

to put something on the ~-burner rud a chur ar an mhéar fhada

back-seat

~ driver 1 tiománaí an chlaí **2** tiománaí chúlsuíocháin

backbone

She's the ~ of the company. Is í cnámh droma an chomhlachta.

backwards

I bent over ~ to help her. Chuir mé mo bhundún amach ag iarraidh cabhrú léi.

I know the work ~. Tá cur amach thar na bearta agam ar an obair.

One step forward two steps ~. Céim amháin ar aghaidh, dhá chéim siar.

bacon

She brings home the ~. Tugann sise na pinginí isteach.

bad

A ~ workman always blames his tools. Is doiligh corrán maith a fháil ar dhrochbhuanaí.

He's always ~-mouthing her/ him/ them. Ní bhíonn choíche aige ach an drochfhocal ina leith.

He's going from ~ to worse. 1 In olcas a bhíonn sé ag

dul. **2** Tá sé ag dul ó ghiolla na sliogán go giolla na mbairneach.
Not ~! D'fhéadfadh an scéal a bheith i bhfad níos measa!
She is in a ~ way. Tá sí in anchaoi.
These people are very ~ news. Is mallaithe ar fad an dream iad siúd.
They've hit a ~ patch lately. Bíonn sciorta den mhí-ádh orthu le déanaí.
Too ~! Is mór an trua é!

badly
~ off for money i gcruachás maidir le hairgead

bag
I'm afraid it's a mixed ~. Is eagal gur meascán de rudaí éagsúla atá ann.
It's in the bag! **1** Tá an gnó déanta. **2** *(BÁC)* Tá sé sa mhála!
We have ~s of time. Tá greadadh ama againn.

bait
Fish or cut ~! Léim nó gabh anuas den chlaí!
He took/ swallowed the ~. **1** Mheall an cleas é. **2** *(BÁC)* Shlog sé an baoite.

balance
It's still hanging in the ~. Táthar i gcás idir dhá chomhairle fós.
on ~ tríd is tríd, ar an iomlán
That tipped the ~. Rinne sin an difríocht.

balancing
It's a difficult ~ act. Is deacair é a láimhseáil go cothrom.

bald
He's as ~ as a coot. Tá sé chomh maol le hubh.
to make a ~ statement ráiteas lom a rá

ball
I hadn't the ~s to ask him about it. Ní raibh de sponc ionam ceist a chur air faoi.
Let's get the ~ rolling! Bainimis an ceann den scéal!
This is a whole new ~ game. Is scéal eile ar fad é seo.
We had a ball last night! Bhí an-oíche againn aréir!
You play ~ with me and I'll play ~ with you. **1** Imir go cothrom liomsa agus imreoidh mé go cothrom leatsa. **2** Lig dom, lig duit.
You're very on the ~ today! Nach tusa atá go beo gasta inniu!

ballistic
She went ~. Chuaigh sí le báiní.

ballpark
in the ~ of $1,000,000 isteach is amach le milliún dollar

ballsy
It was a ~ thing to do. Ba sponcúil an rud a leithéid a dhéanamh!

ballyhoo
It caused a great deal of ~. Ba mhór an raic a tharraing sé sin.

What was all the ~ about? Cad ba chúis leis an ruaille buaille uile?

baloney

What a load of ~! Níor chuala mé riamh a leithéid de raiméis!

banana

~ republic 1 tírín lofa **2** *(BÁC)* poblacht banana

to go ~s éirí ó thalamh le teann feirge

The dog went ~s. Chuaigh an madra le dúchas.

bandwagon

Now everyone is jumping on the ~. Anois bíonn gach duine isteach ar an scéal.

bang

~ goes the trip to London! Slán leat, a thurais go Londain!

~ on time díreach in am

It's like ~ing your head against a brick wall. Is cuimilt mhéire in aghaidh cloiche é.

bank

You can ~ on it! Is féidir talamh slán a dhéanamh de!

She was laughing all the way to the ~. Bhí sise ag gáire an bealach ar fad chun an bhainc.

banner

under the ~ of free speech faoi bhratach shaoirse cainte

baptism

~ of fire baisteadh tine

bar

~ none gan eisceacht ar bith

behind ~s faoi ghlas

bare

the ~ bones of the story cnámha an scéil

bargain

and a lot more into the ~ agus i bhfad níos mó lena chois sin

I didn't ~ for that! Ní raibh mé ag súil leis sin.

I got more than I ~ed for. Fuair mé rud nach ndearna mé margadh air.

It's a ~! Bíodh ina mhargadh!

The car was a ~! Ba bhronntanas é an carr ag a leithéid de phraghas!

bargepole

I wouldn't touch it with a ~. Ní ghlacfainn leis dá bhfaighinn in aisce é.

bark

He's ~ing mad. Tá sé ar mire báiní.

His ~ is worse that his bite. Is troime a bhagairt ná a bhuille.

barred

no holds ~ gan srian ar bith

barrel

He's a real ~ of laughs! Nach mór an bairille grinn é siúd!

scraping the bottom of the ~ ag dul i muinín na bhfuíoll

They had me over a ~. Bhí siad i ngreim scornaí ionam.

base

to get to first ~ greim a fháil ar an gcéad runga

to touch ~ with a person dul i dteagmháil le duine

bash

Have a ~ at it! Bain triail as!

basics

back to ~ ar ais go dtí na bunphrionsabail

the ~ of chemistry bunphrionsabail na ceimice

basket

He's a ~ case. Tá seisean le cur i veist cheangail.

bat

like a ~ out of hell 1 go maolchluasach **2** ar luas lasrach

She did it off her own ~. Rinne sí as a stuaim féin é.

silly old ~ seanchailleach amaideach

to have ~s in the belfry bheith ar strae sa cheann

bated

with ~ breath ar cheann cipíní

baton

to pass on the ~ an fhreagracht a thabhairt ar aghaidh

batteries

to recharge your ~ d'anáil a tharraingt arís

battle

~ of the sexes an choimhlint idir an dá chineál

~ stations! Chuig bhur gcuid post!

That is half the ~. Sin leath na hoibre.

We're fighting a losing ~. Ní féidir linn an cath seo a bhaint.

batty

~ idea smaoineamh gan chosa ná cheann

He's ~ about her. Tá sé splanctha ina diaidh.

He's ~. Tá sifil air.

bay

to hold the illness at ~ smacht a choinneáil ar an ghalar

belly like a ~ window bolg mar phota mór

be-all and end-all

the ~ of everything tús agus deireadh de gach uile ní

beam

~ me up, Scotty! 1 Bíomáil suas mé, Scotty! **2** Scaoil amach as an áit seo mé!

She was ~ing from ear to ear. Bhí aoibh mhór gháire uirthi ó chluas go cluas.

bean

I don't have a ~. Níl pingin rua agam.

She's full of ~s today. Tá sí lán den spleodar inniu.

bear

~ with me! Bí foighneach liom!

He's like a ~ with a sore head today. Tá sé chomh cantalach le dris inniu.

We'll just have to grin and ~ it. Ní mór dúinn bheith stóchúil faoi.

beat

~ it! Tóg ort!

He ~ her at her own game. Thug sé tomhas a láimhe féin di.

If you can't ~ them, join them! Téimis faoi uisce an cheatha.
My heart missed a ~.
1 Chaill mo chroí buille.
2 Gheit mo chroí.
not to ~ around the bush gan scéal mhadra na n-ocht gcos a dhéanamh de
They were trying to ~ the clock. Bhí siad ag iarraidh an clog a shárú.
You ~ me to it this time. Táim buailte agat chuige an uair seo.

beaten
off the ~ track as an bhealach ar fad

beaut
What a ~! 1 *(truly)* A leithéid d'áilleacht! **2** *(pejoratively)* An gcreidfeá a leithéid!

beauty
~ is in the eye of the beholder. Nochtann grá gnaoi.
~ is only skin-deep! Ní hé an bhreáthacht a chuireann an crocán ag fiuchadh!
That's the ~ of it! Sin barr maise an scéil!

beaver
He's ~ing away at that essay. Bíonn obair na gcapall á dhéanamh aige ar an aiste sin.

beck
at his ~ and call ar teaghrán aige

bed
~ and Breakfast Bord is Bia
Being a teacher isn't exactly a ~ of roses. Ní saol an mhadra bháin a bhíonn ag na múinteoirí.
You certainly got out of wrong side of the ~ today! Nach tusa a d'éirigh ar do chois chlé inniu!

bee
He thinks he's the ~'s knees! Ceapann sé an dúrud de féin!
to make a ~line to slí lom díreach a dhéanamh go dtí
*(see also: **bonnet**)*

beer
That's small ~. Níl ansin ach pointí fánacha.

beg
I ~ to differ! I gcead duit, ní thagaim leat sa mhéid sin!
I ~ your pardon! Gabh mo leithscéal!
That's ~ging the question! Tá sin le cruthú fós!
The last cake is going (a-) ~ging! Tá an císte deireanach le fáil ach a iarraidh!

beggar
~s can't be choosers. Is buí le bocht beagán!
It ~s belief! Ní chreidfeá é!
You lucky ~! Nach ortsa atá ádh an mhadra rua!

behind
~ the times seanfhaiseanta
Put it all ~ you! Cuir é sin go léir taobh thiar díot!
What's ~ all this? Cad is bunúdar leis seo go léir?

belief
to the best of my ~ chomh fada le mo bharúil
believe
~ it or not! Creid é nó ná creid!
~ me I've tried! Creid uaim é is mise a thug an-iarracht faoi!
I could hardly ~ my eyes. Ba bheag nár chreid mé radharc mo shúl.
It's all just make-~. Níl ann ach cur i gcéill.
Make ~ you're an astronaut! Cuir i gcéill gur spásaire thú!
Seeing is believing. An rud a chonaic an tsúil, creideann an croí.
bell
as clear as a ~ chomh soiléir leis an lá geal
Saved by the ~! Tagtha slán ag an nóiméad deireanach!
with all the ~s and whistles le gach uile rud a théann leis
belly
The whole project went ~ up. Thit an tóin ar fad as an tionscnamh.
bellyful
I've had a ~ of his constant complaining. Tá mo leordhóthain dá shíorchlamhsán cloiste agam faoi seo.
belt
That was below the ~! Buille fealltach ea ba é sin!
We'll have to tighten our ~s! Caithfimid dul ar chuid an ghadhair bhig!
bend
He's gone round the ~. Tá sé éirithe craiceáilte.
I'm begging you on ~ed knees! Táim ar mo dhá ghlúin ag impí ort!
bent
He's hell-~ on getting it. Níl aon rud eile faoi ach é a fháil.
berry
He's as brown as a ~. Tá sé chomh donn le feo ón ngrian.
berth
Give him a wide ~! He's bad news! Fan i bhfad amach ón mboc seo! Ní le do leas a bhíonn seisean!
beside
She was ~ herself with rage. Bhí sí ag imeacht as a craiceann le teann coilg.
That's ~ the point. **1** Sin dála an scéil. **2** Ní bhaineann sin leis an scéal.
besides
~s, I don't care! Thairis sin, is cuma liom!
best
All the ~! Go n-éirí leat!
He wasn't great at the ~ of times. Fiú i mbláth a mhaitheasa ní raibh sé go hiontach.
He's past his ~. Tá tráth a mhaitheasa imithe thart.

I'm doing my level ~. Táim ag déanamh mo sheacht ndícheall.
It's all for the ~! Is fearrde é!
She acted for the ~. Is le dearún a rinne sí é.
the ~ of both worlds an chuid is fearr den dá shaol
the ~ part of the year an mhórchuid den bhliain
to put your ~ foot forward an t-imprisean is fearr a dhéanamh
to the ~ of my knowledge ar feadh a bhfuil a fhios agam

bet
All ~s are off! Ní chuirfinn airgead ar bith air sin!
He's hedging his ~s. Tá cúpla cárta cúil á gcoimeád aige.
I ~ he'll be late again! Níl dabht agam ach go mbeidh sé déanach arís!
I ~ you anything you like. Cuirfidh mé do rogha gheall leat.
That's a safe ~. Is geall cinnte é sin.
Would you like to meet her? – You ~! Ar mhaith leat bualadh léi? D'fhéadfá a rá!
You can ~ your life she'll be there. Tig leat d'anam a chur air go mbeidh sí ann.

better
Don't let him get the ~ of you. Ná lig dósan an ceann is fearr a fháil ort.
He decided to go one ~. Tháinig seisean ar chleas níos fearr.
He's ~ off where he is. Is fearr dó an áit ina bhfuil sé.
His anger got the ~ of him. Fuair an fhearg an lámh in uachtar air.
I'm appealing to your ~ nature. Táim ag dul i muinín do dhea-chroí.
It's far ~ to fly. Tá sé i bhfad Éireann níos fearr eitilt.
my ~ half mo chéile cóir
No ~ person than yourself to do it. Níl do shárú ann lena dhéanamh.
So much the ~. Is amhlaidh is fearr.
This coat has seen ~ days. Tá tráthanna níos fearr feicthe ag an gcóta seo!
You should have known ~ than to say that. Ba chóir go mbeadh an chiall agat gan a leithéid a rá.
You'd ~ leave. B'fhearr duit imeacht.

between
~ a rock and a hard place idir dhá thine Bhealtaine
~ you and me eadrainn féin

beyond
at the back of ~ ar chúl éaga
It's entirely ~ me. **1** Téann sé díom ar fad. **2** Tá sé dulta ar fad sa mhuileann orm.
It's ~ praise. Tá sé os cionn molta.
It's ~ the pale. Tá sé imithe thar cailc ar fad.

biding

I'm ~ my time. Táim ag fanacht go foighneach leis an am ceart.

big

~ into computers sáite go mór sna ríomhairí

He likes talking ~. Is breá leis an focal mór.

He's got too ~ for his boots these days. Tá seisean éirithe ró-lán de lán na laethanta seo.

It's a ~ ask, I know. Is achainí mhór é, tá a fhios agam.

That's very ~ of you!
1 *(praiseworthy)* Is deas uait é sin! **2** *(sarcastic)* Nach deas uait é mar dhea!

What's the ~ deal? Cén dochar?

bill

I have to foot the ~! Ormsa an scór a ghlanadh!

She got a clean ~ of health. Dúradh léi go raibh sí i mbarr a sláinte.

That fits the ~. Déanfaidh sé sin an beart.

bird

~'s eye view radharc anuas

A ~ in the hand is worth two in the bush. Is fearr breac sa láimh ná bradán sa linn.

A little ~ told me. Chuala mé ag dul tharam é.

He's a ~-brain. **1** Is gligín é. **2** Is ceann cipín é.

He's a real home ~. **1** Bíonn seisean sáite sa luaith. **2** Is éan tí é.

The early ~ catches the worm! Déanann moch margadh!

The ~ has flown. Níl dé ná deatach fágtha ann.

This kind of explanation is for the ~s. Bíonn a leithéid de mhíniú gan dealramh ar bith.

birthday

in one's ~ suit **1** gan snáithe ort **2** lom nocht

biscuit

That takes the ~! Buann sin ar ar chuala mé riamh!

bishop

If he's a referee, I'm the ~ of Cork. Más réiteoir é siúd, is Easpag Chorcaí mise.

bit

~s and pieces giuirléidí agus mangaisíní

Are you cold? – Yes, a ~. An bhfuil tú fuar? – Tá, rud beag.

champing at the ~ ar rí na héille

Did he apologise? – Not a ~ of it! Ar ghabh sé a leithscéil? – Dheamhan a dhath!

He ~ off more than he could chew. **1** Ba mhó a shúil ná a ghoile. **2** Leath sé a bhrat thar a chumhdach.

I love you to ~s. Tá mo chroí istigh ionat.

I was away for a ~. Bhí mé as baile ar feadh tamaill.

I'd be thrilled to ~s. Bheadh lúcháir an domhain orm.

I'm in ~s. Is ar éigean go bhfuilim beo.
She ~ my head off. Bhain sí an tsrón díom.
She took the ~ between her teeth. Luigh sí isteach ar a raibh le déanamh aici.
That was a ~ rough. Ba chrua an méid sin!
That's a ~ much. Tá sin ag dul thar fóir!
to do one's ~ do chion féin a dhéanamh

bite
I had to ~ my tongue. Bhí orm srian a chur ar mo theanga.
to ~ the hand that feeds you 1 dochar a dhéanamh don duine a chuidíonn leat **2** *(BÁC)* greim a bhaint as lámh do chaomhnóra
Would you like a ~ to eat? Ar mhaith leat greim le hithe?

biting
What's biting you? Cad tá ag déanamh scime duit?

bitten
He was ~ by the same bug. Phrioc an bheach chéanna é.
Once ~ twice shy! An té a bhuailtear sa cheann bíonn eagla air.

bitter
until the ~ end go bun an angair

black
He was beaten ~ and blue. Fágadh dath na ndaol air.
He'd argue ~ was white. Ní aithneodh seisean idir dubh agus bán.
He's not as ~ as he's painted. Níl sé chomh dona lena thuairisc.
It was all there in ~ and white. Bhí gach rud scríofa go soiléir.
The night was pitch ~. Bhí an oíche chomh dorcha le poll.

blank
He had a ~ expression. Bhí dreach marbh air.
My mind went ~. D'imigh gach smaoineamh as mo cheann.
We drew a ~. Níor tháinig aon rud as dúinn.

blanket
~ cure íocshláinte
He's a bit of a wet ~. Tá iarracht den duarcán ann.

blast
~ from the past glao ó inné
at full ~ faoi lán seoil

blazes
They ran like ~. Rith siad ar luas lasrach.

blazing
~ a trail ar thús cadhnaíochta
with all guns ~ faoi bheo-lámhach na ngunnaí uile

bleed
My heart ~s for them. Tá an-trua agamsa dá gcás.
The banks are ~ing us dry. 1 Bíonn na bainc dár ndiúgadh. **2** Tá na bainc ag fáscadh na pingine deireanaí asainn.

bless

I hadn't a penny to ~ myself. Ní raibh cianóg rua agam.

blessing

It was a ~ in disguise. Ba rud dearfa é sa deireadh thiar thall.

It was a mixed ~. Bhí buntáistí agus míbhuntáistí ag baint leis.

You should count your ~s. Ba chóir go mbeifeá buíoch de Dhia as a bhfuil agat!

blew

He had his chance and he ~ it. Bhí a sheans aige agus níor thapaigh sé é.

It ~ my mind. Chuir sé dubhiontas orm.

She ~ her top when she heard. Chuaigh sí as a crann cumhachta nuair a chuala sí.

She ~ me a kiss. Shéid sí póg i mo threo.

*(see also: **blow**)*

blind

as ~ as a bat chomh dall le smután

not to take a ~ bit of notice gan a dhath airde a thabhairt

She turns a ~ eye to his drinking. Ligeann sí uirthi nach bhfeiceann sí a chuid ólacháin.

to ~ us with science sinn a dhalladh leis an eolaíocht

to be ~ to the truth bheith dall ar an fhírinne

blinder

He went on a ~. Chuaigh sé ar ráig óil.

blink

in the ~ of an eye i bpreabadh na súl

The TV is on the ~. Tá an teilifís as gléas.

block

I put my head on the ~ over it. Chuaigh mé i mbaol mo bháis mar gheall air.

I'm just the new kid on the ~. Níl ionamsa ach an gearrcach nua.

blood

~ and guts doirteadh fola

~ is thicker than water. Dá ghiorracht do dhuine a chóta is giorra dó a léine.

~, sweat and tears crácamas, crá is caoineadh

~ied but unbowed fuilsmeartha ach le spiorad láidir fós

He has ~ on his hands. Tá fuil ar a lámha aige.

in cold ~ go fuarchúiseach

It makes my ~ boil. Cuireann sé sna céadéaga mé.

It would make your ~ curdle. Bhainfeadh sé an croí asat ar fad.

The authorities were baying for ~. Bhí na húdaráis ar lorg éirice fola.

The team needs new ~. Tá fuil nua de dhíth ón bhfoireann.

There's bad ~ between them. Tá drochfhuil eatarthu.

to do that to your own flesh

and ~ a leithéid a dhéanamh do do mhuintir féin
trying to get ~ from a stone 1 olann a bhaint de ghabhar 2 fuil a bhaint as cloch

blow
fatal ~ buille marfach
He's a ~-in. 1 Ní dár gcaoirigh é. 2 Is leoithne isteach é.
His cover was ~n. Nochtadh a imirt rúnda.
I wanted to cushion the ~. Theastaigh uaim an buille a mhaolú.
Let her ~ off steam. Lig di a racht a ligean.
My plans were totally ~n out of the water by the strike. Chuir an stailc an chaidhp bháis ar mo chuid pleananna.
They came to ~s over that. Chuaigh siad ar na buillí mar gheall air sin.
to give a ~ by ~ account cur síos céim ar chéim a thabhairt
*(see also: **blew**)*

blue
He's the ~-eyed boy. Is é an peata-do-dic é.
I'm feeling ~. Táim i lagar spride.
like a bolt out of the ~ mar speach ón spéir
once in a ~ moon uair sa naoi n-aird
out of the ~ mar a bheadh splanc ann
You can talk till you're ~ in the face, he'll not change. D'fhéadfá bheith ag caint go dtitfeadh an t-anam asat, ní thiocfaidh athrú ar bith air.

bluff
He ~ed his way out of it. D'éalaigh sé as le teann cluanaíochta.
It's all just a ~. Níl ann ach cur i gcéill.
She called my ~. Thug sí orm cur le mo chuid cainte.

board
All that went by the ~ long ago. Tá sé sin go léir curtha le haill le fada an lá anois.
I'm on ~ as far as that goes. Tagaim libh chomh fada is a bhaineann leis sin.
It's all above ~. Níl aon chaimiléireacht ann.
right across the ~ tríd síos, ar bhonn uilechoiteann

boat
Don't rock the ~! Ná bí ag tarraingt achrainn!
She burned her ~s. Níor fhág sí caoi teite ná tormais aici féin.
We missed the ~. D'imigh an bád orainn.
We're all in the same ~. Is ionann cás don iomlán againn.

bob
And ~'s your uncle, it's done. Agus sula bhféadfá casadh timpeall, tá sé déanta.

body
~ **blow** buille go cnámh
I'm trying to keep ~ and soul together. Bím ag iarraidh

greim mo bhéil a bhaint amach.
Over my dead ~! **1** Mo chorp don diabhal sula ligfidh mé sin! **2** Go dté mo chorp i dtalamh sula dtarlódh a leithéid!

bogged
I'm getting ~ down in this work. Táim dulta in abar leis an obair seo.

boil
It all ~s down to this. Is é seo bun agus barr an scéil.
She was ~ing with rage. Bhí sí ag coipeadh le fearg.

bold
~ move gníomh dána
as ~ as brass chomh dána le muc
to ~ly go where no one has gone before dul go cróga san áit nach ndeachaigh duine riamh

bolt
He made a ~ for the door. Thug sé ruathar ar an doras.
He sat ~ upright. Sheas sé suas chomh díreach le crann.

bomb
It was a bit of a ~shell. Tháinig sé mar a thitfeadh splanc orainn.
The tickets are going like a ~. Bíonn an-tóir ar na ticéid.

bond
My word is my ~. Seasaim le m'fhocal.

bone
~ idle chomh díomhaoin le lúidín an phíobaire
He was leaving and he made no ~s about it. Bhí sé ag fágáil agus ní raibh drogall ar bith air é a dhéanamh.
He won't make old ~s. Níl dealramh fadsaolach air.
I've a ~ to pick with you. Tá gréasán le réiteach agam leatsa.
That was a bit close to the ~. Bhí sin ró-ghairid don bhaile.
the bare ~s of the matter cnámha loma an scéil

bonnet
She has a bee in her ~ about something. Tá rud éigin ag déanamh scime di.

boo
He wouldn't say ~ to a goose. Tá sé chomh faiteach le coinín.

book
~worm léitheoir craosach
He wrote the ~ on D I Y. **1** Scríobh seisean an leabhar ar DIY. **2** Níl a shárú le fáil maidir le DIY.
Her life is an open ~. Níl aon rud le ceilt aici.
I can read him like a ~. D'aithneoinn an smaoineamh is uaigní ina chroí.
I'm in her good ~s. Tá dáimh aici liom.
I'm in his bad ~s. Tá an cat crochta romham aige.
Let's play it by the ~. Déanaimis é de réir na rialacha is daingne.

Take a leaf out of Lauren's ~! 1 Déan de réir Lauren! 2 Lean an sampla a thugann Lauren!
They threw the ~ at him. Chaith siad an leabhar leis.
to cook the ~s na cuntais a chúbláil

boot
And he's an idiot to ~! Agus is pleidhce é lena chois!
He got the ~. Tugadh an bóthar dó.
She has got far too big for her ~s. Tá an t-éirí in airde dulta chun ainchinn ar fad inti.
They put the ~ in. D'fháisc siad air.

bootstraps
to pull yourself up by the ~ tú féin a chur chun cinn le hallas na gcnámh

born
He's a ~ gentleman. Is duine uasal ó dhúchas é.
I was ~ and bred in Dublin. Rugadh agus tógadh mé i mBaile Átha Cliath.
I've never heard of such a thing in all my ~ days! Níor chuala mé a leithéid ón lá ar rugadh mé.
to be ~ with a silver spoon in your mouth teacht ar an saol seo le spúnóg airgid i do bhéal

bosom
~ pal cara cléibh

borrowed
He's living on ~ time. Tá an choinneal beagnach caite aige.

bothered
Do I look ~? An bhfuil dealramh buartha ormsa?
hot and ~ bruite agus buartha

bottle
a ~neck for traffic pointe trangláilte don trácht
He hadn't the ~ to do it. Ní raibh de sponc aige é a dhéanamh.
I'm chief cook and ~-washer here. Is mise giolla agus sclábhaí an uile ní anseo.
It's not good to ~ up your anger. Ní maith an rud é d'fhearg a bhrú isteach.
to hit the ~ dul ar na cannaí

bottom
~s up! Diúg siar é!
from top to ~ ó bhun go barr
Let's get to the ~ of this! Téimis go bunrúta an scéil seo!
Thank you from the ~ of my heart! Go raibh míle maith agat ó mo chroí amach!
The ~ fell out of her world. Thit an tóin as a saol.
the ~ line bun agus barr an scéil
to hit rock ~ tite go dtí an pointe is ísle/ is measa

bound
Her generosity knows no ~s! Ní bhíonn aon teorainn lena flaithiúlacht!
I'm duty- ~ to say it. Tá sé de dhualgas orm é a rá.
out of ~s thar teorainn

bow[1]

I have more than one string to my ~! Tá níos mó ná dhá abhras ar mo choigeal agam!

bow[2]

a warning shot across the ~s urchar rabhaidh

I'm not going to ~ and scrape before the new boss. Nílim chun lútáil a dhéanamh leis an mbas nua.

to ~ the knee an ghlúin a fheacadh

to take a ~ tú féin a umhlú don lucht féachana

You should take a ~! Tá moladh mór agus bualadh bos tuillte agat.

bowled

I was ~ over by their kindness. Mharaigh siad mé lena gcineáltas.

box

Pandora's box cófra Phandóra

to think outside the ~ **1** féachaint ar rudaí ar bhealach úr **2** *(BÁC)* smaoineamh taobh amuigh den bhosca

boy

~s will be ~s! Sin iad na buachaillí agat!

He is his daddy's blue-eyed ~. Is é maicín bán a athar é.

the old boys' network gréasán na seancharad

You are playing with the big ~s now! Tá tú i gcuideachta na mbuachaillí móra anois!

brain

~-drain imeacht lucht na hintleachta

~-washing athmhúnlú inchinne

Are you completely ~-dead? An bhfuil tusa go hiomlán dúr?

I had a ~wave. Tháinig smaoineamh den scoth chugam.

I wanted to pick your ~s. Theastaigh uaim dul i muinín d'intleachta móire.

She has ~s! Tá eagna chinn aici!

She has rap on the ~! Ní bhíonn smaoineamh ina ceann ach an rapcheol.

brass

the top ~ of the army ardoifigigh an airm

to get down to ~ tacks dul go smior an scéil

brave

Fortune favours the ~. Níor chaill fear an mhisnigh riamh.

He put on a ~ face. Chuir sé dealramh móruchtúil air féin.

breach

to step into the ~ seasamh (isteach) sa bhearna bhaoil

bread

~ and butter issues ceisteanna bunúsacha maireachtála

Cast your bread upon the waters! Caith do chuid aráin ar na huiscí!

Man cannot live by ~ alone. Ní ar arán amháin a mhaireann an duine.

on the ~ line ar an anás
She knows which side her ~ is buttered on. Is léir di cad é atá lena leas.
to earn your ~ do chuid a shaothrú

breadth
He was within a hair's breadth of losing everything. Is ar éigean nár chaill sé gach rud.

break
Give us a break! Éirigh as ar feadh tamaillín!
You're ~ing my heart. Tá tú ag briseadh mo chroí.
*(see also: **broke**)*

breast
to make a clean ~ of it faoistin ghlan a dhéanamh de

breath
Don't hold your ~! 1 Ná coinnigh d'anáil istigh! **2** Beidh tú i do rí ar Thír na nÓg sula dtarlóidh a leithéid. **3** Is fada uait go deo an lá sin!
in the same ~ gan d'anáil a tharraingt
out of ~ rite as anáil
Save your ~! Ná bí ag cur do chuid cainte amú!
She said it under her ~. Dúirt sí faoina hanáil é.
Take a deep ~ and tell me again what happened. Tarraing d'anáil agus inis dom arís cad a tharla.
The sight of Venice took my ~ away. Bhain radharc na Veinéise an anáil díom
There wasn't a ~ of air. Ní raibh anáil aeir dá laghad ann.
to catch your ~ d'anáil a fháil
You're wasting your ~! Tá tú ag cur do chuid cainte amú!

breathe
He ~d his last breath. D'fhág an anáil dheiridh é.
You can ~ easily/ freely now! Is féidir do scíth a ligean anois!

breathing
I can't do the work with him ~ down my neck. Ní féidir liom an obair a dhéanamh agus eisean go trom i mo dhiaidh an t-am ar fad.
It was a ~ space for us. Ba shos beag é a thug ár n-anáil dúinn.

breed
They're a dying ~. Is annamh a fheictear anois iad.

breeze
to be shooting the ~ bheith i mbun dreas comhrá

brick
The building came down like a ton of ~s. Thit an foirgneamh anuas ar nós paca prátaí.

bridge
Let's cross that ~ when we come to it! Téimis trasna an droichid sin nuair a thiocfaimid air.
There's a lot of water (has passed) under the ~ since then. Is fada an lá ó shin i leith.

bright

as ~ as a button chomh geal le cúr sceite

Lauren is a ~ spark. Is intinn aibí í Lauren.

to the ~ lights of New York go dtí gealchathair Nua-Eabhrac

You're here ~ and early! Tá tusa anseo le moch na maidine!

You're very ~-eyed and bushy-tailed this morning. Nach agatsa atá an spleodar croí agus loinnir i do shúil an mhaidin seo!

brimstone

fire and ~ tinte ifrinn

bring

~ it on! Do dhúshlán é a dhéanamh!

Bristol

shipshape and ~ fashion gafa gléasta glan go gréasta

British

Best of ~ luck! Go raibh rath na seanbhróige ort!

broad

in ~ daylight i lár an lae ghil

broke

to go for ~ gach a bhfuil agat a chur san fhiontar

broker

an honest ~ bróicéir macánta

bromance

new ~ bráthair-chumann nua

Those two have a strong ~ going on. Tá cumann láidir bráithriúil idir an bheirt úd.

broom

A new ~ sweeps clean. Scuab úr – scuabann sí glan.

brother

Big ~ An Deartháir Mór

brownie

You didn't win yourself any ~ points by doing that. Níor thuill tú aon phointí bónais duit féin as sin a dhéanamh.

brunt

He had to bear the ~ of it. Ba é a d'fhulaing an taobh ba throime de.

brush

They're all tarred with the same brush. Aon chith amháin a d'fhliuch iad go léir.

He ~ed aside her criticism. Rinne sé beag is fiú dá cáineadh.

I'll have to ~ up my French. Caithfidh mé an mheirg a bhaint de mo chuid Fraincise.

bubble

price ~ boilgeog phraghsanna

The Beaufort ~ saol slán cosanta na scoile

The difficulties of life burst his ~. Bhain deacrachtaí an tsaoil an ghaoth as a sheolta.

buck

~ up! Cuir cuma ort féin!

The ~ stops with us. Orainne féin atá an fhreagracht deiridh.

They are just trying to make a fast ~. Níl siad ach ag iarraidh airgead éasca a dhéanamh.

to pass the ~ an fhreagracht a chur ó dhuine go duine

bucket

He has kicked the ~. Tá sé imithe ar an mbóthar fada.

It was coming down in ~s. Bhí sé ag cur ó dhíon is ó dheora.

buff

Isn't she the real computer ~ now! Nach í an 'Gobán Saor' leis na ríomhairí anois!

bug

She got the ~ for swimming. Phrioc an bheach í agus ní bhíonn uaithi anois ach bheith ag snámh.

bull

It'd be like having a ~ in a china shop. Bheadh sé chomh maith agat agus tarbh a chur i dteach itheacháin.

like a red rag to a ~ cosúil le ceirt dhearg roimh tharbh

to take the ~ by the horns **1** aghaidh a thabhairt ar an imghoin **2** *(BÁC)* an tarbh a thógáil lena adharca

bullet

We'll have to bite the ~. Caithfimid ól na dí seirbhe a thabhairt air.

bully

~ for you! **1** *(to man)* Togha fir! **2** *(to woman)* Togha mná!

bum

~ming around ag fánaíocht thart

~s on seats tóineanna ar shuíocháin

They gave me a ~ deal. Rinne siad cneámhaireacht orm.

to give him a ~ steer é a chur ar strae d'aonghnó

bump

baby ~ bolg an pháiste

How's the ~? Conas mar atá bean iompar clainne?

bumper-to-bumper

The cars were ~. Bhí na carranna ina dtranglam.

bunch

Thanks a ~! Nach tusa an fíorchara!

bundle

~ of joy babaí breá beag

bunk

He did a ~. D'éalaigh sé leis gan focal a rá.

burn

He has money to burn. Tá na múrtha airgid aici.

It was ~t to a cinder. Ní raibh fágtha de ach sméaróid.

Money ~s a hole in his pocket. Dónn an t-airgead poll ina phóca.

She has ~t her bridges. **1** Níl aon dul siar aici anois. **2** *(BÁC)* Tá a cuid droichead dóite aici anois.

She was ~ing the midnight oil. Bhí an choinneal airneáin á caitheamh aici.

Your ears must have been ~ing. Bhí an oiread sin cainte fútsa go mba chóir go mbeadh do chluasa ar lasadh.

bursting
I was ~ing to tell you what happened. Bhí mé ar bís lena rá leat cad a tharla.

bury
You can't just ~ your head in the sand. Ní féidir do chloigeann a shá sa ghaineamh.

bus
face like the back of a ~ chomh gránna le muc
I missed the ~. D'imigh an bus orm.

bush
Stop beating around the ~! **1** Ná bí ag teacht timpeall ar an scéal! **2** Ná déan scéal mhadra na n-ocht gcos de!

bushel
Don't hide your light under a ~. Mura mbeadh agat ach gabhar, bí i lár an aonaigh leis.

business
~ hours uaireanta gnó
Any other ~? Aon ghnó eile?
Does he do the ~? An ndéanann sé an gnó?
He was working away like nobody's ~. Bhí sé ag obair mar a bheadh Dia á rá leis.
Mind your own ~! Tabhair aire do do ghnó féin!
The dog did his ~ on the pavement. Rinne an madra 'a ghnó' ar an gcosán.

busman
~'s holiday saoire chóiste do thiománaí bus

busy
as ~ as a bee chomh gnóthach le gaoth Mhárta
She's a real ~body. Is siopach cheart í.
Try to look ~. Cuir dealramh na hoibre ort féin!

butt
He's the ~ of every joke. Tá sé ina cheap magaidh ag cách.
I worked my ~ off trying to finish in time. Chuir mé mo bhundún dearg amach ag iarraidh bheith críochnaithe in am.
Move your ~! Bog do thóin!

butter
to ~ him up an béal bán a thabhairt dó
You'd think ~ wouldn't melt in his mouth. Chreidfeá nach leáfadh an t-im ina bhéal.
You're a real ~fingers! Is crúbach ceart thú!

butterflies
I have ~ in my stomach before the exams. Bím ar aon bharr amháin creatha roimh na scrúduithe.

button
~ up! Déan suas do chnaipí!
~ your lip! Éist do bhéal!
at the touch of a ~ gan ach cnaipe a bhrú
What she said was right on the ~. Leag sí a méar air nuair a dúirt sí an méid sin.

buzzword

It's the new ~ in computers now. Is é an dordfhocal nua sna ríomhairí anois.

by

~ and large tríd is tríd

~ the way dála an scéil

bygones

Let ~ be ~ ! An rud atá thart bíodh sé thart!

C

cahoots

They're in ~. Bíonn siad lámh as láimh le chéile.

cake

He really takes the ~! Ná iarr ina dhiaidh air siúd!

It's a piece of ~! Níl ann ach caitheamh dairteanna!

That was the icing on the ~. 1 B'in barr maise ar an scéal.

2 The books are selling like hot ~s. Tá fuadach ar na leabhair.

You can't have your ~ and eat it! Ní féidir é a bheith i do phota agus i do mhála agat.

call

Good ~! Cinneadh ceart!

I'll be back in a moment – ~ of nature. Beidh mé ar ais i gceann nóiméad – glaoch an nádúir.

I'm afraid the editor ~s the shots. Is eagal go mbíonn an focal scoir ag an eagarthóir.

It's too close to ~. Níl barr ribe eatarthu.

calm

It's the ~ before the storm. Is é an ciúnas roimh anfa.

The sea was ~ as a millpond. Bhí an mhuir ina clár.

can

It's in the ~! Déanta!

No ~ do! 1 Níl seans dá laghad ann! **2** Dodhéanta!

to be left to carry the ~ bheith fágtha tóin le gaoth

to open a ~ of worms canna péisteanna a oscailt

candle

He doesn't hold a ~ to you! 1 Níl goir ná gaobhar aige ortsa! **2** Níl seisean inchomórtais leatsa!

It's not worth the ~! Ní fiú an stró é!

You can't burn the ~ at both ends! Ní féidir i bhfad airneán agus eadra a choimeád.

cannon

He's a loose ~. Is spadhrúil taghdach an duine é.

canoe

He has to learn to paddle his own ~. Caithfidh sé foghlaim conas a iomaire féin a threabhadh.

cap

I'll have to put my thinking ~ on. Caithfidh mé machnamh a dhéanamh air.

If the ~ fits, wear it! Má fheileann sé duit – feileadh!

to ~ it all mar bharr ar an slacht
with ~ in hand go humhal ar lorg caoine

capital
to make ~ out of someone else's misfortune teacht i dtír ar mhí-ádh dhuine eile

carbon
He's a ~ copy of his father. Is macasamhail a athar é.

card
He plays his ~s very close to his chest. Imríonn sé a chuid cártaí gar dá chliabh.
I'm afraid the ~s are stacked against you. Is eagal liom go bhfuil an bhreis i d'aghaidh.
It's on the ~s she won't be staying. Tá gach dealramh ar an scéal gur duine gan chathaoir í.
Let me lay my ~s on the table! Lig dom bheith oscailte leat!
She holds all the ~s. Tá na máite ar fad aici siúd.
to play your ~s right do chluiche a imirt go maith

care
I couldn't ~ less! Nach ró-chuma liomsa!
Take ~! Tabhair aire duit féin.

carpet
magic ~ cairpéad draíochta
to roll out the red ~ an cairpéad dearg a rolladh amach
to sweep it under the ~ é a chur as radharc na súl

carried
I was being ~ away by the music. Bhí mé ag imeacht as mo chraiceann leis an gceol.
It was a difficult thing but he ~ it off. Ba dheacair an rud é ach d'éirigh léis é a dhéanamh.
She got ~ away. Rinne sí dearmad uirthi féin.
*(see also: **carry**)*

carrot
~ and stick approach cur chuige idir chairéad agus bhata

carry
~ on! Ar aghaidh leat!
His words ~ weight with the headmaster. Bíonn údarás lena fhocal i gcluas an ardmháistir.
*(see also: **carried**)*

cart
You are putting the ~ before the horse. **1** Tá an taobh contráilte den scéal agat. **2** *(BÁC)* Tá an chairt roimh an chapall agat.

carte
She was given ~ blanche to do as she wished. Tugadh cead a cinn di a rogha rud a dhéanamh.

case
He's always on my ~. **1** Ní ligeann sé dom choíche. **2** Bíonn sé i gcónaí anuas orm.
I rest my ~. Fágaim mar sin é.
in any ~ ar aon chaoi

in the ~ in question sa chás atá i gceist
just in ~ ar eagla na heagla
That is not the ~. Ní hamhlaidh mar atá.

cash
~ in hand airgead ar láimh
to ~ in on it teacht i dtír air

castle
~s in the air caisleáin óir
An Englishman's home is his ~. Rí gach duine ar a chuid féin.

cat
Has the ~ got your tongue? Ar fhuadaigh an cat do theanga?
It was raining ~s and dogs. Bhí sé ag caitheamh sceana gréasaí.
The press were playing ~ and mouse with her. Bhí an preas ag imirt léi mar a bheadh cat ag seilg luiche.
There isn't room to swing a ~. Níl slí dhá chat chun rince ann.
There's more than one way to skin a ~. Is iomaí slí le cat a mharú seachas é a thachtadh le him.
They fight like ~s and dogs. Tugann siad íde na gcat agus na madraí dá cheile.
to put the ~ amongst the pigeons achrann a fhadú
When the ~'s away the mice will play. Fad is a bhíonn an cat amuigh bíonn na lucha ag rince.
Who let the ~ out of the bag? **1** Cé a lig an rún amach? **2** Cé a sceith an scéal?
You look like something the ~ dragged in! Tá tú cosúil le rud a tharraingeodh an cat isteach lá fliuch.
You're like the ~ who got the cream. Tá tú chomh postúil le cat a mbeadh póca air.

catch
I didn't ~ what you said. Níor chuala mé i gceart thú.
to ~ someone's eye aird duine a fháil/ a tharraingt
We'll have to ~ up. Caithfimid dreas comhrá bheith againn.
You won't ~ me doing that again. Beag an baol orm é sin a dhéanamh arís!
*(see also: **caught**)*

Catch 22
a ~ situation suíomh gan éalú uaidh

caught
He was ~ red-handed. Rugadh maol air.
*(see also: **catch**)*

cause
He's a lost ~. Is cás caillte é.

caution
to throw ~ to the wind dul sa seans gan aird ar bith a thabhairt

ceiling
glass ~ síleáil ghloine

cells

You have to use the little grey ~. Caithfidh tú na cealla beaga liatha a úsáid.

ceremony

to stand on ~ an ghalántacht a imirt

without ~ 1 go grod, 2 gan fiú mura miste leat a rá

certain

Are you absolutely ~? An bhfuil tú cinnte dearfa?

of a ~ age 1 meánaosta, 2 ag aois áirithe

chain

~ reaction imoibriú slabhrúil

He used to ~ -smoke. Bhíodh sé ag síorchaitheamh tobac uair.

chalk

~ and talk cailc is caint

They are as different as ~ and cheese. Tá siad chomh difriúil le talamh agus spéir.

chance

~ would be a fine thing! Caolseans go dtarlódh a leithéid!

Ask her again to marry me? – No ~! Ceiliúr pósta a chur uirthi arís? – Baol ormsa!

Fine/ Fat ~ of that happening! Beidh mé i mo rí ar Chúige Chonnacht sula dtarlóidh sín.

He has a fighting ~ of recovery. Tá caolseans ann go dtiocfaidh biseach air.

I'll ~ my arm. Rachaidh mé sa seans leis.

on the off-~ i muinín an chaolseans

You haven't the ghost of a ~! 1 Níl seans dá laghad agat. 2 Seans go dtiocfaidh an lá inné ar ais sula dtarlóidh a leithéid.

change

~ for the better iompú chun bisigh

A ~ is as good as a rest. Is geall le scíth malairt oibre.

He ~d his tune. D'athraigh seisean a phort.

I needed a ~ of scene. Bhí athrú aeir de dhíth orm.

She had a ~ of heart. Tháinig athrú intinne uirthi.

chapter

I know it ~ and verse. Tá údarás beacht agam air.

charge

~! Chun tosaigh!

Who is in ~ here? Cé tá i gceannas anseo?

charity

~ begins at home. Dá ghiorracht do dhuine a chóta is giorra dó a léine.

charm

It worked like a ~. D'oibrigh sé go paiteanta.

chase

Cut to the ~! Abair amach é!

He brought us on a wild goose chase. Rinne sé gogaille gó dínn.

chattering

the ~ classes 1 lucht na clabaireachta **2** tiománaithe an chlaí

cheap

~ and nasty saor is suarach

I got it dirt ~. Fuair mé ar 'ardaigh orm' é.

It's ~ at the price. Is margadh é ar a leithéid de phraghas.

to do something on the ~ rud éigin a dhéanamh ar an bpingin is saoire

Words are ~. Téann focal le gaoth.

check

~ it out! 1 Bain triail as! **2** Féach leis!

What he says seems to ~ out. Bíonn dealramh na fírinne ar a mbíonn le rá aige.

cheek

He had the ~ to answer me back. Bhí sé de shotal aige aisfhreagra a thabhairt orm.

He said it tongue in ~. Dúirt sé é lena theanga ina phluc aige.

I've had enough of your ~! Tá mo dhóthain agam de do chuid dánachta!

The ~ of her! Nach dána an t-éadan atá uirthi!

to turn the other ~ an leiceann eile a iompú

What a ~! A leithéid de dhánacht!

cheers

1 *(gratitude)* **~, mate!** Féarplé duit, a chara! **2** *(farewell)* **~, see you tomorrow.** Slán, feicfidh mé amárach thú! **3** *(toasting)* **~!** Sláinte!

Three ~ for Seán! Trí gháir mholta do Sheán!

cheese

Hard ~! Faraor géar!

I'm really ~d off with this weather. Táim cráite dubh dóite leis an aimsir seo.

Say ~! *(photo)* Abair ispíní!

cheesy

It was a ~ ending. Ba leamh an chríoch a bhí air.

cheque

Basically, he gave them a blank ~. Go bunúsach thug sé seic bán dóibh.

The ~ bounced. Phreab an seic.

cherry

That put the ~ on the cake. 1 *(good)* Chuir sin barr maise air. **2** *(bad)* Chuir sin an dlaoi mhullaigh air.

Cheshire

to grin like a ~ cat cár ó chluas go cluas a bheith ort

chest

I got it off my ~. Chuir mé díom é.

chestnut

(joke) **Not that old ~!** Sin scéal le féasóg (fhada/liath) anois!

chew

She bit off more than she could ~. Ba mhó a huaillmhian ná a cumas.

chicken

Don't count your ~s before they're hatched! Ní breac é go mbeidh sé ar an bport!

He ~ed out in the end. Thaispeáin sé a chré bhuí sa deireadh.
He's ~! Níl ann ach croí circe!
It's a ~ and egg situation. Is ceist é cad 'tá ar dtús sicín nó ubh.
That's only ~ feed! Níl ansin ach airgead póca!
The ~s are coming home to roost. Tá an feall ag filleadh ar an bhfeallaire.
They were all running about like headless ~s. Bhí siad go léir ag rith timpeall amhail sicíní dícheannaithe.

chiefs
too many ~ and not enough Indians neart plúir ach gan aon duine ann le cáca a dhéanamh

child
It's ~'s play. Is caitheamh dairteanna é.

chill
I was ~ing out. Bhí mé ag ligean mo scíth.
Take a ~ pill! Beir go bog ort féin!
There's a ~ in their relationship. Fuaraíodh an caidreamh teolaí eatarthu.

chin
~ up! Bíodh misneach agat!
Take it on the ~ like a man! Níor cailleadh fear an mhisnigh riamh!

china
not for all the tea in China ní ar ór an Domhain

chip
He's a ~ off the old block. Is slis den seanmhaide é.
It was time for him to cash in his ~s. **1** Bhí a rás rite dósan. **2** Bhí sé in am dó imeacht ar shlí na fírinne.
When the ~s are down, he's a loyal friend. In uair na hanachana is dílis an cara é.

choice
We were spoilt for ~. Bhí an iliomad roghanna againn.

choose
There's not much to ~ between them. Níl mórán eatarthu.

chop
He got the ~. Tugadh an bóthar dó.
She was always ~ping and changing. Bhí sí i gcónaí ag síorathrú.

chord
The documentary struck a ~ with me. Chuaigh an scannán faisnéise i gcion go mór orm.

Christmas
~ cheer dea-mhéin na Nollag
Merry ~! Nollaig shona duit!

circle
He was running round in ~s. Bhí sé ag leanúint a eireabaill féin.
in certain ~s i ndreamanna áirithe

in theatrical ~s i measc lucht na hamharclainne
in your family ~ i measc do mhuintire féin
It came full ~. An rud a chuaigh timpeall tháinig sé timpeall.
It's a vicious ~. Is ciorcal lochtach é.

circumstance
due to ~s beyond our control de bharr cúrsaí nach bhfuil aon neart againn orthu
pomp and ~ mustar agus mórdháil
under no ~s i gcás ar bith
under the present ~s faoi mar atá cúrsaí anois

civil
Keep a ~ tongue in your head! Coinnigh snaidhm na sibhialtachta ar do theanga!

civilisation
It will be the end of ~ as we know it. Cuirfidh sé deireadh leis an tsibhialtacht mar a bhfuil aithne againn uirthi.

clanger
to drop a ~ meancóg mhór a dhéanamh

clap
from the first moment I ~ped eyes on him ón chéad uair a leag mé súil air
Such a load of ~trap! A leithéid de ghaotaireacht!

clappers
She ran off like the ~. Rith sí as go maolchluasach.

claws
to put your ~ in to someone do chrúcaí a chur i nduine

clay
Her/ his/ their hero had feet of ~. Bhí cosa cré ar a laoch.

clear
~ off! Tóg ort!
as ~ as a bell go han-soiléir ar fad
as ~ as crystal chomh glan lena bhfaca tú riamh
as ~ as day chomh soiléir le grian an mheánlae
as ~ as mud chomh doiléir le ceo tiubh (istoíche)
He was told to ~ his desk. Tugadh bata agus bóthar dó.
I wanted to ~ my name. Theastaigh uaim mo chlú a fháil ar ais.
I was in the ~. Bhí mise saor ó locht.
It will ~ the air. Scaipfidh sé ceo an amhrais.
The coast is ~. Tá an bealach glan.

clever
You're too ~ by half! Tá tú beagáinín ró-chliste anois!

click
Then it ~ed. Ansin tháinig gach rud le chéile agus thuig mé an scéal gan stró.
You're just one ~ away from the holiday of a lifetime! Níl idir tú féin agus saoire do shaoil ach cliceáil amháin!

climb
It was a bit of a ~ down for him. Níor bheag é an chéim síos a bhí le déanamh aige.
clipped
He had his wings ~. Bearradh na sciatháin air.
cloak
They were up to all sorts of ~-and-dagger stuff. Bhí cad é uisce faoi thalamh ar siúl acu.
clock
against the ~ in aghaidh an chloig
round the ~ lá is oíche
You can't put the ~ back. Ní féidir dul ar ais go dtí an aimsir sin.
clockwork
Everything is going like ~. Tá gach rud ag dul ar aghaidh bonn ar aon.
close
~ to hand in aice láimhe
It was a ~ call. Chuaigh sé go dtí an dóbair.
closed
~ road bealach stoptha
~ shop *(trade unions)* fostaíocht faoi ghad
behind ~ doors 1 taobh thiar de dhoirse dúnta **2** go príobháideach
closet
He is a ~ atheist. Is aindiachaí faoi choim é.
He came out of the ~. Tháinig sé amach.
cloth
man of the ~ eaglaiseach
You've got to cut according to your ~. Ná leath do bhrat thar do chumhdach.
cloud
Every ~ has a silver lining. **1** Ní bhíonn néal gan gealán. **2** Níor dhún Dia doras amháin riamh gan ceann eile a oscailt.
He's under a ~. Tá sé faoi scamall an bhróin.
She's on ~ nine! Tá sceitimíní uirthi.
clover
She lives her life in ~. Tá saol na bhfuíoll aici.
club
Join the ~! Tá mo ghalar féin ortsa!
clue
I haven't a ~. Níl cliú dá laghad agam.
coal
at the ~face sna línte tosaigh
carrying ~s to Newcastle ag tabhairt liúdar go Toraigh
I was hauled over the ~s. Tugadh íde na muc is na madraí dom.
coasting
~ along ag cóstóireacht ar aghaidh
coat
He's a turn~. Thréig sé a mhuintir féin.
cobwebs
to blow away the ~s an ceo a bhaint de d'intinn

cock

It was a monumental ~ up. Ba mhór an phraiseach a rinneadh.

That's a ~ and bull story. Sin scéal an ghamhna bhuí.

cockles

It warms the ~ of my heart. Cuireann sé ola ar mo chroí.

coffee

Wake up and smell the ~! **1** Dúisigh tú féin – tá an saol mór ar siúl lasmuigh! **2** *(BÁC)* Is mithid éirí as do chodladh agus an caife a bhlaiseadh!

coffin

That was another nail in their ~. B'in tairne eile ina gcónra.

cog

I'm just a small ~ in the wheel. Níl ionamsa ach lúb bheag i slabhra mór.

coin

He was paid back in his own ~. Tugadh tomhas a láimhe féin dó.

on the other side of the ~ ar an taobh eile den scéal

to toss a ~ bonn airgid a chaitheamh san aer

Trump ~ed the phrase 'fake news'. Chruthaigh Trump an nath cainte 'nuacht bhréagach'.

coincidence

by a happy ~ ar ámharaí an tsaoil.

by a strange ~ aisteach go leor

What a ~! A leithéid de chomhtharlú!

cold

He throws ~ water on anything she says. Déanann sé beag is fiú d'aon rud a deir sise.

He blows hot and ~. Beireann an fuacht ar an teas aige.

He's out ~. Tá sé gan aithne gan urlabhra.

I broke into a ~ sweat. Tháinig fuarallas liom.

in the ~ light of day go fuarchúiseach

It makes my blood run ~. Déanann sé gual de mo chroí.

She was left out in the ~. **1** Tugadh cúl láimhe di. **2** *(BÁC)* Fágadh amuigh sa bhfuacht í.

colour

He nailed his ~s to the mast on this issue. Ní raibh aon amhras cén taobh ar a raibh sé an uair seo.

He showed his true ~s. Thaispeáin sé conas mar a bhí sé i ndáiríre.

Let me see the ~ of your money. Níl cianóg rua de do chuid airgid feicthe agam fós.

She passed the examination with flying ~s. D'éirigh léi sa scrúdú le hardonóracha.

That's a horse of a different ~. Cuireann sin dreach eile ar an scéal.

come

~ again? Arís, le do thoil!

~ clean and be done with it! Inis an fhírinne agus bí réidh leis!
~ off it! Éirigh as!
~ what may is cuma cad a tharlóidh
I came to like him. Thaitin sé liom de réir a chéile.
to ~ back to what I was saying mar a bhí mé a rá

comfort
That is of small ~ to me now. Is beag an sólás dom é sin anois.
That was too close for ~. Bhí sin ró-chóngarach ar fad.

coming
He had it ~ to him. Bhí sé ag dul dó.
I see where you're ~ from. Tuigim cad chuige a bhfuil tú.

common
He's as ~ as muck. Tá sé chomh mímhúinte le muc.
It's just a ~ or garden stew. Níl ann ach gnáthstobhach coitinn laethúil.
She has the ~ touch. Bíonn sí ar a compord le gnáthdhaoine.

company
present ~ excepted gan a bhfuil i láthair a chomhaireamh
She's great ~! Is breá an chuideachta í!
to keep good ~ comhluadar maith a thaithí

compare
It's beyond ~. Níl a shárú ann.
Let's ~ notes. Téimis i gcomhairle le chéile.
to ~ like with like comparáid a dhéanamh idir rudaí atá cosúil lena chéile

compliment
~s of the season! Beannachtaí na féile!
back-handed ~ moladh ceilte
My ~s to the chef! Beatha agus sláinte uaim chuig an chócaire!
Please accept my ~s! Beir beannachtaí uaim!

con
He's a ~ artist. Is caimiléir é.
I was ~ned. Buaileadh bob orm.

concern
as far as I'm ~ed chomh fada liomsa de
It's none of your ~. Ní bhaineann sé leatsa.
This ~s me greatly. Táim buartha go mór faoi seo.

conclusion
Let's not jump to ~s! Ná déanaimis dóigh dár mbarúil.

concrete
Nothing is set in ~ yet. Níl aon rud nárbh fhéidir a athrú fós.

confidence
in strictest ~ faoi bhrí na mionn
to ask for a vote of ~ tairiscint mhuiníne a iarraidh

conscience
In all ~ I couldn't agree to that. An fhírinne choíche, ní fhéadfainn aontú leis sin.

My ~ wouldn't let me do such a thing. 1 Bheadh scrupall orm a leithéid a dhéanamh. 2 Ní ligfeadh mo chroí dom a leithéid a dhéanamh.

conspiracy

~ of silence tost comhcheilgeach

contempt

He was treated with utter ~. Níor tugadh meas madra dó.

content

to your heart's ~ a oiread agus is mian leat

contention

bone of ~ cnámh spairne

contradiction

a ~ in terms téarmaí i gcoimhlint lena chéile

I'm open to ~. Má táim mícheart, abradh aon duine liom é!

contrary

~ to expectation murab ionann agus a bhí súil leis

Quite the ~ is true! A mhalairt ar fad is fíor!

unless you hear to the ~ mura gcloisfidh tú a mhalairt

control

~ freak smachtadán

It's beyond our ~. Ní bhíonn smacht againn air.

out of ~ as smacht

under ~ faoi smacht

converted

You're preaching to the ~. Ní gá duit rud ar bith a áitiú ormsa.

convictions

to have the courage of your ~ beart a dhéanamh de réir briathair

cook

chief ~ and bottle-washer giolla agus sclábhaí an uile ní

to ~ the books cúbláil a dhéanamh ar na cuntais

Too many ~s spoil the broth. An iomarca cócairí a mhilleann an t-anraith.

cookie

He was caught with his hand in the ~ jar. Fuarthas é ag cúbláil airgid.

That's the way the ~ crumbles. Sin mar a thiteann na díslí.

cool

Isn't she a ~ customer! Nach í atá go réchúiseach!

Keep ~! Tóg go bog é!

She kept ~ and collected. Choinnigh sí guaim uirthi féin.

That's ~! Tá sin go snasta!

coop

to fly the ~ an nead a fhágáil

We were all ~ed up in the hotel room. Bhíomar go léir sáinnithe i seomra an óstáin.

corner

Don't be cutting ~s! Ná bí ag gearradh na bpóiríní!

in some far-flung ~ of the world i gcúinne iargúlta den domhan

to fight your ~ an fód a sheasamh

correct

All present and ~, Sir! I láthair is i gceart, a dhuine uasail!

corridors

the ~ of power hallaí na cumhachta

cop

Have some ~-on! Bíodh splinc chéille agat!

His answer was a bit of a ~-out. Bealach furasta chun éalú ón cheist a bhí ina fhreagra.

It's the ~s! Tá na péas anseo.

copybook

to blot your ~ smál a fhágáil ar do chlú

cost

at all ~s ar ais nó ar éigean

He learned it to his ~. Fuair sé amach ar an drochuair é.

It ~ him his life. Dhíol sé as lena anam.

It ~s an arm and a leg. Cosnaíonn sé lab mór airgid.

counsel

I kept my ~. Choinnigh mé mo thuairim dom féin.

count

~ me out! Fág mise as!

I had to ~ to ten. **1** Chomhair mé go dtí a deich. **2** Bhí orm guaim a choinneáil orm féin.

I was out for the ~. Bhí mé sínte amach gan aithne gan urlabhra.

I'm ~ing on you! Táim ag brath ort.

counter

running ~ to all expectations ag dul in aghaidh gach rud lena mbeifeá ag súil

under the ~ faoin chuntar

courage

Dutch ~ misneach óil

I was trying to pluck up the ~ to ask the question. Bhí mé ag iarraidh an mhisneach a mhúscailt ionam féin chun an cheist a chur.

course

It's all par for the ~! Nach cuid den chluiche iomlán é!

They are on a collision ~. Tá siad ag dul i dtreo timpiste.

to stay the ~ fanacht go dtí an deireadh

court

If I said that I'd be laughed out of court. Dá ndéarfainn a leithéid dhéanfaidís geoin mhagaidh díom.

cover

to ~ your back do chúl a chosaint

to break ~ 1 éirí as an leaba dhearg **2** tú féin a thaispeáint mar atá

under the ~ of darkness faoi choim na hoíche

working under ~ for them ag obair faoi cheilt dóibh

cow

That's their sacred ~. Tá sin ina dhia beag dóibh!

We could sit here till the ~s come home. D'fhéadfaimis

bheith inár suí anseo go malairt saoil.

crack

Bríd isn't all she's ~ed up to be. Ní cathair mar a tuairisc í Bríd.

Let me have a ~ at it! Lig dom féachaint leis!

Let's get ~ing! Cuirimis tús leis!

The Gardaí are ~ing down on drink-drivers. Bíonn na Gardaí ag éirí dian ar thiománaithe a bhíonn ar meisce.

to paper over the ~s na gága agus na scoilteacha a cheilt

cradle

from the ~ to the grave ó bhreith go bás

craic

What's the ~? Cén chraic é?

crap

Cut the ~! Cuir uait an amaidí!

Why do you buy this ~? Cén fáth go gceannaíonn tú an truflais seo/ *(BÁC)* an crap seo?

craw

It sticks in my ~ that she wasn't even interviewed. Goilleann an éagóir go mór orm nár tugadh fiú agallamh di.

creature

~ comforts sónna saolta

I'm a ~ of habit. Is sclábhaí mo ghnáthamh féin mé.

credit

~ where ~ is due! Moladh don té a thuill é!

I gave you more ~ than that! Cheap mé níos mó céille a bheith agat ná sin!

To his ~, he immediately stepped down from office. Is mór an meas atá tuillte aige gur fhág sé a phost láithreach.

creek

We're up the ~ now. Táimid san fhaopach anois!

creeps

That guy gives me the ~. Cuireann an leaid sin creathnú ionamsa.

crest

on the ~ of a wave ar mhuin na muice

critic

armchair ~ tiománaí an chlaí

crocodile

~ tears deora bréige

cropper

He fell off the wall and came a ~. Thit sé den bhalla agus bascadh go deas é.

cross

It never ~ed my mind. Níor smaoinigh mé fiú air.

Let's keep our fingers ~ed! Bímis ag guí leis!

to ~ the Rubicon léim Dhroichead na nAlt a chaitheamh

We all have our ~ to bear. Bíonn ár gcros féin le hiompar ag gach duine againn.

We got our wires ~ed concerning the dates. Bhí meascán mearaí orainne maidir leis na dátaí.

crossfire

We got caught in the ~. Rugadh orainne sa chroslámhach.

crossroads

We had reached a ~. Bhíomar tagtha ar chor cinniúnach inár saol.

crow

as the ~ flies díreach trasna na tíre

It's nothing to ~ about! Nach tusa an cearc choiligh ar charn aoiligh!

cruel

You have to be ~ to be kind. Ní mór an crann a bhaint anuas le seolta a chur suas.

crumbs

~ of information blúirí eolais

crunch

when it comes to the ~ nuair a théann an scéal go bun an angair

crush

She has a ~ on her teacher. Tá sí splanctha i ndiaidh a múinteora.

cry

For ~ing out loud! In ainm Chroim!

He was there when she needed a shoulder to ~ on. Bhí seisean ann nuair a bhí páirtí cumainn de dhíth uirthi.

The garden is just ~ing out for rain. Tá an gairdín in umar na haimléise de cheal báistí.

crystal

~ ball liathróid chriostail

as clear as ~ chomh soiléir le criostal, chomh soiléir leis an lá geal

Have I made myself ~ clear?! An bhfuil aon amhras faoina bhfuil ráite agam?!

I don't go in for this ~ ball-gazing. Ní bheadh muinín dá laghad agamsa as fáidhithe criostail.

cuckoo

cloud ~ land parthas na n-amadán

cucumber

She's as cool as a ~. Ní fhéadfaí corraí a bhaint aisti.

cuff

off the ~ answer freagra a thagann uaidh féin/ dá dheoin féin

to speak off the ~ labhairt gan réamhullmhú ar bith

cup

There's many a slip twixt the ~ and the lip. Ní breac é go mbeidh sé ar an bport!

cupboard

~ love grá na hailpe

skeleton in the ~ oil in úir

curiosity

~ killed the cat – information made him fat! Fiosracht na luiche a faoi deara a lot – ón eolas a fuair sé saor ón gcat!

curry

to be ~ing favour with the teachers bheith ag pláibistéireacht leis na múinteoirí

curtain

~-raiser gearrdhráma tosaithe

It's ~s for him! Tá a chosa nite!

The Iron ~ *(historical)* An Cuirtín Iarainn

cut

~ above the rest céim os cionn a bhfuil eile ann

~ and dried arguments argóintí bodhra

~ it out! Éirigh as!

She ~ me dead. **1** Dhún sí an tsúil orm. **2** Shéan sé go huile agus go hiomlán mé.

She wasn't ~ out for the army. Ní raibh mianach saighdiúra inti.

That ~s both ways. Bíonn dhá fhaobhar ar an gclaíomh sin.

the ~ and thrust of politics coimhlint shíoraí na polaitíochta

to ~ a long story short agus chun scéal gearr a dhéanamh de scéal mór fada

D

dab

She's a ~ hand at painting. Is scoth péintéara í.

dabble

He ~s at photography. Bíonn ladar aige sa ghrianghrafadóireacht.

daggers

She was looking ~ at me. Bhí bior nimhe ar a súile ag féachaint orm.

They are at ~ drawn all the time. Bíonn an chloch sa mhuinchille acu dá chéile an t-am ar fad.

daisy

He's pushing up the daisies. Tá sé ag tabhairt an fhéir.

damage

What's the ~? **1** Cad é an damáiste? **2** Cé mhéad san iomlán?

damn

~ you all anyway! Go mbeire an Diabhal oraibh go léir!

He's a ~ liar! Is bréagadóir mallaithe é!

I did my ~edest! Rinne mé mo sheacht ndícheall!

I'm ~ed if I know! Dheamhan a bhfuil a fhios agam!

It's of ~ all use! Ní fiú focal mallachta é!

the whole ~ lot of you an chuid iomlán mallaithe agaibh

We're ~ed if we do and ~ed if we don't. Níl ach rogha idir ifreann agus teach an diabhail againn.

damp

The party was a ~ squib. Bhí an chóisir ina dólás caillte.

damper

That put a ~ on the evening's fun. Chuir sin smúit ar spraoi na hoíche.

damsel

to rescue a ~ in distress ógbhean i dtrioblóid a tharrtháil

dance

to lead someone a merry ~ staicín áiféise a dhéanamh de dhuine

dander

They went for a wee ~ up to the park. Rinne siad spaisteoireacht bheag suas chun na páirce.

to get a person's ~ up duine a chlipeadh chun feirge

dangling

He kept us ~. D'fhág sé sinn ar tinneall.

dare

~devil duine gan eagla

~devil exploits gníomhartha gaile is gaisce

How ~ you! Nach dána an mhaise duit!

I ~ you do it! Do dhúshlán é a dhéanamh!

dark

a shot in the ~ urchar bodaigh i bpoll móna

Get out of my sight and never ~en my door again! Imigh as mo radharc agus ná dall mo dhoras go brách arís!

I'm totally in the ~ about her plans. Táim dall ar fad maidir lena a cuid pleananna.

date

blind ~ coinne caoch

out of ~ as dáta

That one has long passed her sell-by ~. Tá a dáta deiridh caite aici siúd le fada an lá anois.

To ~ I have heard nothing. Go dtí seo níor chuala mé faic.

to go out on a ~ siúl amach le buachaill/ le cailín

to keep me up to ~ mé a choimeád suas chun dáta

daunted

nothing ~ gan a dhath mairge

dawn

at the crack of ~ le breacadh an lae

It eventually ~ed on me that they weren't coming. Rith sé chugam sa deireadh nach mbeidís ag teacht.

day

~ in ~ out Domhnach is dálach

at the end of the ~ i ndeireadh an lae, sa deireadh thiar thall

He wouldn't give us the time of day. Ní bhreathnódh sé cam orainn.

His ~s are numbered. **1** Is gearr uaidh anois an reilig thiar. **2** Tá sé ar a leabhar ag an bhfiach dubh. **3** *(BÁC)* Tá a laethanta uimhrithe.

It was ~light robbery. Gadaíocht i lár an lae ghil a bhí ann!

It was just one of those ~s! Bíonn laethanta mar iad ag cách is dócha!

That news really made my ~! Nach agamsa a bhí lá na bhfuíoll nuair a chuala mé an nuacht sin!
That will be the ~! Is fada a bheimid ag fanacht leis sin!
The ~ is still young! Tá cnag fós sa lá!
the ~ of reckoning lá an bhreithiúnais
to live from ~ to ~ maireachtáil ó lá go lá
to put money aside for a rainy ~ airgead a chur ar leataobh le haghaidh na coise tinne
We carried the ~. Bhí an lá linn.
You lost your coat, your wallet, your hat – it isn't your ~! Chaill tú do chóta. do vallait, do hata – ní hé do lá fómhair inniu é!

daylight
He scared the living ~s out of us. Scanraigh sé an croí asainn.
It was ~ robbery. Ba ghadaíocht i lár an lae ghil é.

dead
~ly! Go marfach!
~-end job 1 post gan todhchaí **2** post gan aon dul chun cinn ann
Are you ~ sure? An bhfuil tú lánchinnte?
as ~ as a dodo chomh marbh le hart/ le hAnraí a hocht
He was ~ drunk. Bhí sé ar stealladh meisce.
He's ~ from the neck up. Níl a dhath idir an dá chluas aige.
He's ~ meat if the boss finds out. Fear marbh é má fhaigheann an bas amach.
He's a ~-and-alive sort. Is é an bás ina sheasamh é.
He's a ~ loss. Is caillteanas glan é.
I wouldn't be seen ~ in that dress. Ní chuirfinn an gúna sin orm chun m'anam a shábháil!
I'm ~ against it. Táim glan ina aghaidh.
You're ~ lucky! Tá ádh an diabhail ort!
You're a ~ ringer for Prince Harry. Is macasamhail an Phrionsa Harry ina steillbheatha thú!

deaf
He's as ~ as a doorpost. Tá sé chomh bodhar le slis.
Her advice fell on ~ ears. Tugadh an chluas bhodhar dá comhairle.
I'm somewhat ~. Tá allaíre orm.

death
He'll be the ~ of me. Beidh mé curtha san uaigh aige.
He's at ~'s door. Tá sé ag comhrá leis an mbás.
I'm sick to ~ of it. Táim bréan dóite de.
That car is a ~trap! Is gaiste báis an carr sin!

You'll catch your ~! Gheobhaidh tú galar do bháis!

deep

He's a ~ one! **1** Is duine dúnárasach é. **2** Is deacair é a léamh.

I was thrown in at the ~ end. Caitheadh isteach (sa ghnó) mé gan tacaíocht ar bith agus bhí ormsa snámh nó dul faoi.

If you're not careful you'll find yourself in very ~ water. Mura mbíonn tú go haireach beidh tú gafa i bhfarraigí suaite.

in the ~est despair in umar na haimléise

My ~est sympathies! Comhbhrón ó chroí!

She went off the ~ end. Chuaigh sí le báiní.

Still waters run ~. Is ciúin iad na linnte lána.

You have to dig ~. Ní mór tochailt go domhain.

degree

He gave me the third ~. Chroscheistigh sé mé faoi mar nach mbeadh ionamsa ach coirpeach cruthanta.

to the nth degree go dtí an nú céim, go dtí pointe éaguimsithe

delay

~s are inevitable. Bíonn moilleanna ann.

I was ~ed. Baineadh moill asam.

without ~ gan mhoill

without further ~ gan a thuilleadh moille

delicate

~ health meathshláinte

~ situation suíomh tinneallach

deliver

signed, sealed and ~ed sínithe, séalaithe agus seachadta

The band is popular and they ~ the goods. Tá gnaoi an phobail ar an mbanna agus déanann siad an gnó.

delusions

~ of grandeur siabhrán mórgachta

demon

He has his own ~s. Bíonn a dheamhain féin ag cur as dó.

He's a ~ for the drink. Is diabhlaí an fear óil é!

He's a right little ~! Is áibhirseoir beag cruthanta é!

departed

the ~ *(the dead)* na mairbh

depend

as though your life ~ed on it faoi mar a bheadh tine ar do chraiceann

It ~s. Braitheann sé

to be ~ing on the government bheith ag brath ar an rialtas

You can ~ on it! **1** Tugaim m'fhocal duit. **2** Is féidir talamh slán a dhéanamh de.

dependents

How many ~ have you got? Cé mhéad de chleithiúnaithe atá agat?

depth

She has hidden ~s. Tá buanna aici nach eol don saol.

You're completely out of your ~. Tá tú thar do bhaint ar fad.

designs

He had ~ on acquiring Aer Lingus. Bhí pleananna aige seilbh a fháil ar Aer Lingus.

She had ~s on my boyfriend. Bhí sé de rún aici mo stócach a mhealladh chuici féin.

desire

The tablets had the ~d effect. Rinne na táibléid an beart.

This new format leaves a lot to be ~d. Níl an fhormáid nua seo thar moladh beirte.

You can sing to your heart's ~. Is féidir leat canadh an méid is mian leat.

details

the gory ~ na sonraí fuilteacha

devices

They were left to their own ~. Fágadh ar an gconlán féin iad.

devil

Better the ~ you know! Is fearr an diabhal a bhfuil aithne agat air, ná an diabhal nach bhfuil!

Do you think he's sorry? – ~ the bit! Meas tú go bhfuil brón air? – diabhal é!

Talk of the ~ and he's sure to appear! Tig gach aon rud lena iomrá *(ach an madra rua is an marbhánach).*

The ~ is in the detail. Bíonn donas dearg i gcónaí ar na mionsonraí.

to be between the ~ and the deep blue sea bheith idir dhá thine Bhealtaine

to play ~'s advocate feidhmiú mar abhcóide an diabhail

We had the ~'s own job trying to find this place. Bhí obair an diabhail againn ag iarraidh an áit seo a aimsiú.

You crafty ~! Nach tusa atá chomh glic le sionnach!

diamond

~s are forever. Maireann na diamaint go deo.

He's a rough ~. Is garbhánach é.

dice

I tried to buy an old copy but no ~. Rinne mé iarracht seanchóip a cheannach ach bhí fuar agam.

loaded ~ díslí calaoiseacha

No ~! Baol air!

The ~ are loaded against her. Tá an corrlach ina haghaidh.

They ~d with death. Chuir siad iad féin i mbaol a mbáis. *(see also: **die**)*

did

He ~ time in Mountjoy. Chaith sé tamall faoi ghlas i Muinseó.

They ~ away with him. Chuir siad é dá chois.

They ~ him in. Chuir siad cos i bpoll leis.
They ~ up the house. Rinne siad an teach suas/ a tahchóiriú.
*(see also: **do**)*

die
Never say ~! Dhá dtrian catha an misneach!
The ~ is cast. Tá na díslí caite.
to ~ with your boots on bás a fháil ar pháirc imeartha an tsaoil/ ar pháirc an áir

difference
Let's split the ~! Scoiltimis é!
That makes all the ~! Cuireann sin cruth eile ar fad ar an scéal!
There's not much ~ between them. Is beag eatarthu.

different
~ strokes for ~ blokes leas Mhurchaidh aimhleas Mhánais
at ~ times ar ócáidí éagsúla

dig
~ in! *(at a meal)* Déan do ghoile!

dignity
It was beneath her ~ to ask for assistance. Ní ísleodh sí í féin le cúnamh a iarraidh.

dilemma
I was on the horns of a ~. Bhí mé idir dhá thine Bhealtaine.

dip
I love to ~ into Ó Dónaill's dictionary from time to time. Is breá liom corrghiota a léamh as foclóir Uí Dhónaill ó am go chéile.
Would you like to go for a ~? Ar mhaith leat fliuchadh a thabhairt duit féin?

dipping
to go skinny-~ dul ag snámh go lomnocht

dirt
They are trying to dig up the ~ on him. Tá siad ag iarraidh a chlú a mhilleadh.

dirty
He doesn't like to get his own hands ~. Ní maith leis a lámha féin a shalú.
She did all the dirty work for the manager. Rinne sise an obair ghránna go léir don bhainisteoir.
They did the ~ on him. D'imir siad cleas gránna air.

disadvantage
You have me at a ~. Tá buntáiste agat ormsa.

discretion
~ is the better part of valour! Is fearr rith maith ná drochsheasamh!

dish
to ~ out the dirt scéalta mailíseacha a scaipeadh

dislike
We took an instant dislike to one another. Chuireamar aithne na mbó maol ar a chéile.

distance
After she was so rude, I kept my ~. Tar éis di bheith chomh drochbhéasach sin, d'fhan mé amach uaithi.

I don't know if he'll go the ~. Níl a fhios agam an bhfuil an bhuanseasmhacht ann.
within spitting ~ faoi urchar méaróige (do)

divide
~ and conquer scar agus bris

do
~'s and don'ts rudaí gur ceart agus nach ceart a dhéanamh
I could ~ with a short break. Ní bheinn in aghaidh sosa bhig.
I'll make ~ somehow. Tiocfaidh mé leis ar bhealach éigin.
It's a case of ~ or die. Is cás de bhás nó bheatha é!
That took some ~ing. Ní gan dua a rinneadh é sin.
That will ~! Is leor sin!
That'll ~ it. Déanfaidh sin an gnó.
(see also: ***did****)*

dock
in the ~ *(court)* os comhair na cúirte
The ship is in ~. Tá an long i nduga.

doctor
That's just what the ~ ordered. Sin go díreach an rud a bhí ag teastáil.

dog
Every ~ has its day. Bhí lá ag an asal féin (nuair a cuireadh craobhacha pailme faoina chosa).
Excuse me, I have to see a man about a dog. Gabh mo leithscéal, caithfidh mé dul go teach an asailín.
He'll be in the ~house tonight! Beidh sé i gcró na madraí anocht!
He's the top ~ round here. Is eisean an máistir thart anseo.
It's ~ eat ~ round here. Bíonn gach duine i bpíobán a chéile anseo.
It's a ~'s life being a general practitioner. Is céasta an saol a bhíonn ag duine mar ghnáthdhochtúir.
She's gone to the ~s altogether. Tá sí imithe chun an donais ar fad.
There's life in the old ~ yet. Tá beatha sna seanchnámha fós.
They treated me as their general ~sbody. Chaith siad liom faoi mar a bheinn i mo sclábhaí paróiste dóibh.
You can't teach an old ~ new tricks. Is deacair cleas nua a mhúineadh do sheanmhadra.
You lucky ~! Nach agatsa atá ádh an diabhail!
You made a right ~'s dinner out of it. Rinne tú praiseach cheart de.

dog-in-the-manger
Don't be such a ~! Ná bí i do tharbh bán Mhuisire!

dollar
Another day – another ~! **1** Muise, ní chrúnn na ba iad féin! **2** *(BÁC)* Lá eile, dollar eile!

I paid top ~ for it. Thug mé pingin mhór air.
I'd bet my bottom ~ he'll be late again. Chuirfinn mo phingin dheiridh air go mbeidh sé déanach arís!

done
~ and dusted 1 Sin agat anois é! **2** *(BÁC)* Déanta agus dustáilte!
Are you ~ with the magazine? An bhfuil tú réidh leis an irisleabhar?
I feel really ~ in after the flu. Táim buailte amach ar fad tar éis an fhliú.
We're ~ for if he ever gets wind of it. Tá ár gcnaipe déanta má fhaigheann sé choíche aon chogar faoin scéal.

donkey
~ work 1 sclábhaíocht **2** obair mhaslach
I haven't seen her for ~'s years. Ní fhaca mé le haois gadhair í.

doom
It's not all ~ and gloom. Níl an scéal chomh dona sin.

doomsday
until ~ go dtí Lá an Bhreithiúnais

door
from ~ to ~ 1 ó dhoras go doras **2** ó theach go teach
He has a foot in the ~ now. Tá cos leis sa doras aige anois.
I showed him the ~. Thaispeáin mé an bealach amach dó.
out ~s amuigh faoi spéir
When one door closes, another always opens. Níor dhún Dia aon doras riamh gan doras eile a oscailt.

doornail
as dead as a ~ chomh marbh le hart

dork
Don't be a complete ~! Ná déan sreangaire ar fad díot féin!
He's a ~! Is gamal é!

dose
I can take him in small ~s. Faighim go bhfuil sé ceart go leor mura gcaithim mórán ama leis.
It was a nasty ~ you got. Ba nimhneach an babhta duit é!

dot
She arrived on the ~. Tháinig sí ar an bpointe.
to ~ the 'i's and cross the 't's na t-anna a chrosáil
to join the ~s na poncanna a cheangal

dotted
on the ~ line ar an líne poncanna

dotty
He has gone ~. Tá sifil air.

double
in ~ quick time ar luas reatha
She led a ~ life. Thug sí dhá shaol léi in éineacht.
~ or nothing an dá oiread nó faic

doubt
I have my ~s about that. Táim in amhras faoi sin.

No ~ about it! Gan amhras ar bith!
to give a person the benefit of the ~ sochar an amhrais a thabhairt do dhuine

doubting
~ Thomas Tomás an Amhrais

down
~-and-out *(person)* gioblachán
~-to-earth explanation míniúchán fódúil
He's a very ~-to-earth person. Is duine gan aon chur i gcéill é.
It was all ~hill after that!
1 *(worsening)* Chuaigh gach rud chun meatha ina dhiaidh sin.
2 *(easing)* Chuaigh gach rud chun reatha ina dhiaidh sin.
She's ~ in the dumps. Tá lagar spride uirthi.
the man ~ below *(devil)* an fear thíos

dozen
baker's ~ dosaen fada
He talks nineteen to the ~. Bíonn sé ag giolcaireacht gan stad.
They're a dime a ~. Tá siad chomh fairsing le gaineamh na trá.

drag
He was ~ging his feet on this. Bhí sé ag tarraingt na gcos maidir leis seo.
The party was a bit of a ~. Bhí an chóisir sách leadránach.
to ~ a person's name through the mud ainm duine a tharraingt tríd an bpuiteach

drain
money down the ~ airgead imithe le gaoth

drama
~ queen cailleach an uafáis
Let's not make a ~ out of it! Ná déanaimis scéal chailleach an uafáis de!

draw
Back to the ~ing board! Tosaímis ag an tosach arís!
I ~ the line at lying. Ní rachainn chomh fada le bréag a rá.
It's just the luck of the ~. Sin mar a thiteann rudaí amach.
quick on the ~ sciobtha ar an tarraingt
The investigation was long and ~n out. Chuaigh an fiosrúchán chun fadála.
*(see also: **drew**)*

dream
~ on! (In your ~s!) Níl cosc ar chaisleáin óir a thógáil!
Everything went like a ~. Chuaigh gach rud ar nós aislinge.
Isn't he a ~! Nach iontach an chuid mná é!
Never in my wildest ~s could I have imagined it. Ní chreidfinn agus ní shamhlóinn go deo é.
The American ~ An Aisling Mheiriceánach

dress
~ it up any way you want, it's still a lie. Is cuma cén cruth a chuireann tú air, is bréag fós é.

She gave him a ~ing down. Thug sí íde béil dó.
She was ~ed to kill. Bhí éadaí uirthi a bhainfeadh an t-amharc as an tsúil agat.

drew
Pádraig drew the short straw. Tharraing Pádraig an tráithnín gearr.
*(see also: **draw**)*

dribs
People came in ~ and drabs. Tháinig daoine go drae drogallach.
We got news in ~ and drabs. Fuaireamar scéala i mblúirí beaga.

drift
Do you catch my ~?
1 'Bhfuil tú liom go fóill?
2 'Bhfuilimid ag treabhadh an ghoirt chéanna?

drink
~-driver tiománaí ólta
He ~s like a fish. D'ólfadh sé Loch Éirne.
He would ~ anyone under the table. D'ólfadh sé an chros den asal.
to ~ to their health a sláinte a ól

drip
steady ~ of information an síorsceitheadh eolais
He's a real ~. Is meatachán marbhánta é.

driven
She was ~ to it. Tugadh uirthi é a dhéanamh.

driver
designated ~ tiománaí tirim
in the ~'s seat ar an stiúir
Sunday ~ tiománaí an Domhnaigh

driving
He was ~ home to us the importance of the Irish language. Bhí sé ag cur ina luí orainne an tábhacht atá le teanga na Gaeilge.
The children are ~ me up the wall. Tá na páistí ag ardú na hintinne orm.
What are you ~ at? Cad chuige a bhfuil tú?

drop
~ by ~ 1 braon ar bhraon **2** ina bhraonta
~ dead! 1 Téigh go hifrinn!
2 *(BÁC)* Faigh bás!
~-dead gorgeous íocshláinte an domhain
~ it, will you! Cuir uait é mura miste leat!
a ~ in the ocean mún dreoilín san fharraige
Do ~ in to see us any time! Buail isteach chugainn am ar bith!
Don't ~ your guard! Bí ar d'aire i gcónaí!
He ~ped a brick (*a clanger*).
1 Chuir sé a spága ann.
2 Rinne sé meancóg mhór.
He had a ~ too much. Bhí deoch an chapaill ólta aige.
I was so tired I simply ~ped off. Bhí mé

chomh tuirseach sin gur shleamhnaigh an codladh orm gan choinne.
Suddenly the penny ~ped. Go tobann tháinig sé abhaile chugam.
You can ~ the act. Is féidir leat éirí as an chur i gcéill.
You really ~ped me in it! Nach mé gur fhág tú san fhaopach!

drown
like a ~ed rat fliuch báite
to ~ one's sorrows do bhrón a dhíbirt le biotáille

drum
to ~ up support 1 tacaíocht a iarraidh **2** bheith ag canbhásáil

drunk
He was as ~ as a lord. Bhí sé ar stealladh na ngrást.
He was legless ~. Bhí sé gan cos le cur faoi.
He was blind ~. Bhí sé dallta ag an ól.
~ and disorderly ar meisce agus go mí-iomprach
She became ~ with success. **1** Chuir an rathúnas mearbhall ina ceann. **2** Chuaigh a rath saolta go dtí a ceann.

dry
~ run triail chleachtaidh
as ~ as a bone chomh tirim le púdar
He's a ~. stick Is duine tur é.
There wasn't a ~ eye in the house. Ní raibh grua thirim sa teach.
We were left high and ~. Fágadh sinn ar an trá thirim.
Would you ever ~ up! An bhféadfá do ghob a dhúnadh!

duck
He's a bit of a lame ~. Tá iarracht den chapall bacach ann.
I was left there like a sitting ~. Agus fágadh mise ansin tóin le gaoth.
like a ~ to water amhail mac an chait ar lorg luiche
like water off a ~'s back amhail an ghrian ag dul deiseal

dump
This place is a right ~. Is ballóg cheart an áit seo.

dull
as ~ as dishwater chomh leamh le huisce portaigh
Never a ~ moment! Níl deireadh riamh leis anseo!

dust
~ to ~, ashes to ashes ó luaith go luaith, ó chré go cré
He bit the ~. 1 Chuaigh sé faoi chlár. **2** *(BÁC)* D'ith sé an chré.

Dutch
He was talking Double ~. Bhí gibiris éigin á labhairt aige.
We decided to go ~. Shocraíomar go n-íocfadh gach duine as féin.

dyed-in-the-wool
~ Protestant Protastúnach go smior na gcnámh

dying

till my ~ day go dtí lá mo bháis

E

eager

She's an ~ beaver. Is díograiseoir díocasach í.

ear

He has the principal's ~. Tá sé isteach leis an bpríomhoide.

I heard it with my own ~s! Mo dhá chluas a chuala é!

I'm all ~s. Tá éisteacht mo dhá chluas agat/ agaibh!

It was music to my ~s. B'ola ar mo chroí agam é sin a chloisteáil.

Keep an ~ to the ground! Coinnigh cluas le héisteacht ort féin!

She gave me an ~ful. Tá mo chluasa bodhar aici.

She has an ~ for music. Tá cluas don cheol aici.

She plays by ~. Seinneann sí de réir na cluaise.

She turned a deaf ~ to their suffering. Thug sí an chluas bhodhar dá bhfulaingt.

up to my ~s in debt báite go hiomlán i bhfiacha

You can't make a silk purse out of a sow's ~. Is deacair olann a bhaint de ghabhar.

early

in the ~ hours i dtráthanna beaga na maidine

It's ~ days yet! Is moch ar maidin fós é!

earn

to ~ one's keep do chuid a shaothrú

earner

That's a nice little ~ for him. Déanann sin pingin dheas dósan.

earth

Where on ~ have you been?! Cá háit faoin spéir a raibh tú?!

Why on ~ did you do it? Cén donas a thug ort é a dhéanamh?

It would cost the ~! Chosnódh sé cluasa do chinn ort (agus baile beag)!

You've got to come down to ~! Caithfidh tú teacht anuas chun talaimh!

He promised me the ~, moon and stars. Gheall sé an ghrian agus an ghealach dom.

It was like nothing on ~!
1 Bhí sé dochreidte!
2 Ní bhfaighfeá tada cosúil leis ar an domhan seo.

easier

~ said than done! Is fusa a rá ná a dhéanamh! easy

~ come, ~ go! An rud a fhaightear go héasca, imíonn sé go héasca!

~ does it! Go bog réidh anois!

as ~ as falling off a log chomh héasca lena bhfaca tú riamh

Go ~ on the butter! Tarraing go caol ar an im!
I'm ~. Is cuma liomsa.
She's very ~-going. Is duine sochma/ so-ranna í.
Take it ~! Tóg (go) bog é!
to go ~ on the beginners gan bheith ró-dhian ar na tosaitheoirí
to take the ~ way out an tslí éasca a roghnú
We'll be living on ~ street. Beidh saol an mhadra bháin againn.

eat
~ your heart out, Elvis! Bíodh do chroí á shníomh le héad, Elvis!
I'll make him ~ his words. **1** Cuirfidh mise a chuid cainte ina ghoile dó. **2** Tabharfaidh mé air a chuid cainte a tharraingt siar.
She has him ~ing out of her hand. Tá sé ar teaghrán aici.
She will ~ me alive. Íosfaidh sí go beo beathach mé.
What's ~ing you? Cad tá ag déanamh scime duit?

ebb
I was at a very low ~. Bhí mé in ísle brí.
My strength is ~ing away. Tá mo neart ag trá.
the ~ and flow of life tuile agus trá na beatha

economical
to be ~ with the truth bheith spárálach leis an fhírinne

edge
I couldn't get a word in ~ways. Ní raibh caoi agam fiú focal amháin a chur isteach.
I was all on ~ and jittery. Bhí mé ar aon bharr amháin creatha.
In the examination she had the ~ on the other candidates. Sa scrúdú bhí sí giota beag níos fearr ná na hiarrthóirí eile.
It took the ~ off the bad news. Bhain sé an ghoimh den drochscéal.
on a knife-~ ar tinneall
We were on the ~ of our seats. Bhíomar ar cheann cipíní.

effing
to be ~ and blinding bheith ag eascainí is ag mallachtú

egg
as sure as ~s is ~s chomh cinnte agus go bhfuil an Cháisc ar an Domhnach
Don't put all your ~s in one basket. Ní thiocfaidh tú i dtír ar na prátaí amháin!
He was left with ~ on his face. Fágadh é le cuma amaideach air.
She ~ed him on. **1** Shéid sise faoi. **2** D'ardaigh sí thiar leis.
That will be a nice little nest ~ for you when you retire. Beidh sin ina bhonnachán beag deas agat agus tusa ar scor.
to kill the goose that lays the golden ~s gé na n-uibheacha óir a mharú

eight

behind the ~ ball *(US)* **1** faoi mhíbhuntáiste **2** mearaithe

He had one over the ~. *(slightly drunk)* Bhí braon thar an gceart ólta aige.

elbow

He ~ed his way to the front of the queue. Bhrúigh sé a shlí ar aghaidh lena uillinneacha go barr na scuaine.

He doesn't know his rear end from his ~. Níl cliú dá laghad aige.

There's no ~ room here to work properly. Níl fairsinge anseo chun aon obair fhiúntach a dhéanamh.

More power to your ~! Go méadaí Dia thú!

Put some ~ grease into it! Cuir bealadh faoi na hioscaidí!

element

She braved the ~s. Thug sí dúshlán na síne uirthi féin.

She was in her ~. Bhí sí ar a buaic.

elephant

the ~ in the room an eilifint sa seomra

This was just another of the government's white ~s! Ní raibh anseo ach eilifint bhán eile de chuid an rialtais.

eleven

to go for ~ses dul i gcomhair sosa bhig (ag a haon déag) *(see also: **hour**)*

empty

He left ~ handed. D'imigh sé agus an dá lámh chomh fada lena chéile.

It's just ~ words. **1** Níl ann ach caint dhíomhaoin. **2** Níl ann ach focail gan cur leo.

enchilada

the whole ~ *(US)* an t-iomlán dearg go léir

end

He came to a bad ~. Rug droch-chríoch air.

I'm at the ~ of my tether. Táim i ndeireadh na péice.

They're finding it hard to make ~s meet. Níl siad ag maireachtáil ach ó láimh go dtí an béal.

to reach the ~ of the road an ceann scríbe a bhaint amach

to tie up loose ~s barr slachta a chur ar a bhfuil fágtha

We went to the ~ of the earth to help her. Chuamar trí thinte ifrinn chun cabhrú léi.

enemy

Alcohol is public ~ number one. Tá an t-alcól ina namhaid poiblí uimhir a haon.

He's his own worst ~. Is eisean é féin an namhaid is measa atá aige.

enough

~ is ~! Is leor sin!

~ said! Ní beag a bhfuil ráite!

It's ~ to make a cat laugh! Chuirfeadh sé na ba ag gáire.

enter
~! Tar isteach!
Try to ~ into the spirit of the occasion! Déan iarracht páirt a ghlacadh san ócáid le croí mór.

envelope
Comedians are always trying to push the ~. Bíonn fuirseoirí i gcónaí ag iarraidh iomairí nua a threabhadh.

envy
You are the ~ of the world. Tá an domhan go léir ag éad leat.

equal
all things being ~ agus gach ní eile mar a chéile
first among ~s saoi i measc na sua

err
It's better to ~ on the side of caution. Is fearr bheith cúramach ná dul sa seans.
to ~ is human níl saoi gan locht

error
He saw the ~ of his ways. Thuig sé an dul amú a bhí air.

even
~ stevens ar comhscór
Don't get mad, get ~! Na bí feargach, bain díoltas amach!
It's ~ money! Tá sé leath ar leath.
We just about broke ~. Is ar éigean gur bhaineamar an pointe meá ar mheá amach.
We're ~ now. Táimid cothrom anois.

event
In any ~ I won't be there. Ar chaoi ar bith ní bheidh mé ann.
It's easy to be wise after the ~. Tar éis tuigtear gach beart.

every
~ now and then anois is arís
~ other day, week... gach re lá, seachtain...
I've tried ~ which way. Tá gach bealach chuige triailte agam.
It's ~ man for himself! Gach duine ar a shon féin!

evil
I kept putting off the ~ day. Bhí mé de shíor ag iarraidh an drochlá a chur ó dhoras.
It's a necessary ~. Is olc é nach bhfuil aon dul as.
She put the ~ eye on him. Leag sí an tsúil mhillte air.
They have fallen on ~ days. Tá siad tite in umar na haimléise.

example
for ~ mar shampla
She made an ~ of him. Rinne sí eiseamláir de.
to set a good ~ dea-shampla a thabhairt

exception
It's the ~ proves the rule. Cruthúnas ar an riail an eisceacht.
without ~ gan eisceacht

exhibition
Don't make an ~ of yourself! Ná déan seó saolta díot féin!

expect

I ~ you're right. Is dócha go bhfuil an ceart agat.

She is ~ing. Tá sí ag feitheamh clainne.

What do you ~?! Cad eile a mbeifeá ag súil leis?!

expedition

Are we on a fishing ~? *(looking for info)* Fios a mharaigh an cat!

expense

At my ~! Agus mise (atá) thíos leis!

She was laughing at my ~. Bhí sí ag magadh fúmsa.

Spare no ~! Ná bíodh aon bheann ar an gcostas!

travelling ~s costais taistil

extreme

It was foolish in the extreme. Bhí sé go hamaideach amach is amach.

That's a little ~! Tá sin pas beag thar fóir!

The ~s meet. Soir gach siar faoi dheireadh thiar.

to go to ~s dul thar fóir ar fad

eye

a keen ~ for fashion tuiscint mhaith aici ar chúrsaí faisin

Get an ~ful of this! Bain lán do dhá shúil as seo!

He couldn't look me straight in the ~. Níorbh fhéidir leis féachaint orm idir an dá shúil.

He couldn't take his ~s off that girl. Bhí na súile ar tí preabadh amach as a cheann agus é ag stánadh ar an gcailín sin.

I can't keep my ~s open. Tá mo shúile ag titim ar a chéile.

I saw it with my own two ~s. Mo dhá shúil a chonaic é.

I'm up to my ~s with work. Tá an fómhar ag leathadh orm.

It is easier for a camel to go through the ~ of a needle than for a rich man to enter the kingdom of God. Is fusa do chamall dul trí chró snáthaide ná d'fhear saibhir dul isteach i ríocht Dé.

Keep an ~ on the children! Coimeád súil ar na páistí!

Open your ~s to the facts! Oscail do shúile ar na fíricí!

She cried her ~s out. Chaoin sí uisce a cinn.

She did it with an ~ to being promoted. Rinne sí é agus súil aici go bhfaigheadh sí ardú céime dá bharr.

She was making ~s at me. Bhí sí ag iompú catsúile liom.

That monument is an ~ sore. Is gránnacht shaolta é an leacht sin.

That was an ~-opener for him. **1** D'oscail sin na súile dó. **2** Bhain sin na fachailí as na súile aige.

That's all my ~! *(nonsense)* Níl ansin ach amaidí!

There's more to this than meets the ~. Tá tuilleadh anseo don té a thuigfeadh é.

very much in the public ~ go mór os comhair an phobail
We don't see ~ to ~ on politics. Ní bhímid ar aon fhocal maidir le cúrsaí polaitíochta
with his ~s wide open lena shúile ar lánoscailt aige
You'd need eyes in the back of your head. Bheadh súile i gcúl do chinn ag teastáil uait.
Your ~s were bigger than your belly. Ba mhó do shúil ná do bholg.

eyelid
She didn't bat an ~. Níor lig sí dada uirthi féin.

F

face
~ to ~ 1 aghaidh ar aghaidh, **2** os comhair a chéile
He won't show his ~ here again in a hurry. Ní thaispeánfaidh sé a aghaidh anseo arís go ceann tamaill fhada.
I didn't want to lose ~. Níor theastaigh uaim bheith náirithe.
I found it hard to keep a straight ~. Ba chrua liom dreach stuama a choinneáil orm féin.
in-your-~ advertising fógraíocht a bhíonn sa bhéal ag daoine
It flies in the ~ of reason to do that. Tá sé glan i gcoinne and réasúin a leithéid a dhéanamh.
Let's ~ it – that project is dead in the water. An fhírinne choíche, tá an tionscnamh sin caite i gcártaí.
on the ~ of things de réir cosúlachta
She was pulling ~s. Bhí sí ag cur strainceanna uirthi féin.
the acceptable ~ of capitalism an taobh daonna den chaipitleachas
The answer is staring you in the face. Tá an freagra ag stánadh idir an dá shúil ort.
to save ~ oineach a chosaint
We'll have to ~ the music. **1** Caithfimid an píobaire a íoc. **2** Ní mór dúinn aghaidh a thabhairt ar an anfa.
Why the long ~?! Tuige an aghaidh ghruama?!

fact
~s are ~s! Ní féidir an fhírinne a shéanadh!
owning to the ~ that he was late ós rud é go raibh sé déanach
to face the ~s aghaidh a thabhairt ar na fíricí

fail
without ~ gan teip

faintest
I haven't the ~ idea. Níl tuairim dá laghad agam.

fair
~ play to you! Féar plé duit!
~'s ~. Níl ann ach an ceart.
by ~ means or foul 1 ar bhealach cóir nó a mhalairt **2** ar ais nó ar éigean

He won it ~ and square. Bhuaigh sé go macánta é.
It isn't ~ on the children. Níl sé féaráilte ar na páistí.
To be fair, she's only a beginner. Le cothrom na Féinne a dhéanamh, níl inti ach tosaitheoir.

fairies
Don't mind Seán, he's with the ~. Ná bac le Seán, tá sé ar shiúl sa chloigeann.

fairness
in all ~ le cothrom na Féinne a dhéanamh

fair-weather
~ friends cairde na soininne
He's only a ~ friend. Níl ann ach mo-ghrá-thú-rud-agat.

faith
I did it in good ~. Le dea-rún a rinne mé é.

fall
~ guy crann crústa
~ing behind with the work ag titim siar leis an obair
At first, they were ~ing over backwards to help him. Ar dtús, bhí siad ag baint na sála dá chéile chun cabhrú leis.
He took the ~ for them. Thóg sé an milleán thar a gceann.
I'm just ~ing on my feet from the tiredness. Táim díreach ag titim de mo chosa de dheasca na tuirse.
It ~s on me to say a few words. Ormsa an dualgas cúpla focal a rá.
to have qualifications to ~ back on cáilíochtaí a bheith agat mar chúltaca
*(see also: **fell**)*

fame
What's his claim to ~? Cén t-ábhar gaisce atá déanta aige siúd?

familiarity
~ breeds contempt. Méadaíonn an taithí an tarcaisne.

family
She's in the ~ way. *(pregnant)* Tá sí ag iompar clainne.

famous
~ last words briathra cinniúnacha roimh bhás
the rich and ~ na maithe móra

fancies
He ~ her. 1 Tá suim aige inti. **2** Tá lé aige léi.
He ~ himself as a dancer. Damhsóir den scoth é dar leis féin.

fancy
~ that! Féach air sin anois!
A little of what you ~ does you good. Is maith an rud é an mheasarthacht.
Do you ~ a drink? Cad a déarfá le deoch?
How do you ~ your chances? Cén seans atá agat, meas tú?

far
~ and wide i gcéin is i gcóngar
~ be it from me to pour cold water on it. Ní hé go

mbeinnse ag iarraidh beag is fiú a dhéanamh de.

as ~ as I know ar feadh a bhfuil a fhios agam

He's no genius – ~ from it! Ní ginias é – ná gar dó (é)!

It's a ~ cry from the first computers. Is fada buí ó na chéad ríomhairí é.

It's by ~ the best way. Is é an tslí is fearr go mór fada é.

She is ~ and away the best. Níl a sárú ann.

That's going too ~. Tá sin ag dul thar fóir.

fashion

He works after a ~. Bíonn sé ag obair ar chaoi éigin.

gone out of ~ imithe as faisean

in ~ san fhaisean

the world of ~ saol an fhaisin

fast

~ and furious (go) tiubh tapa

~ food mearbhia, bia mear

He pulled a ~ one on me. Bhuail sé bob orm.

to play ~ and loose with the rules neamhaird ar fad a thabhairt do na rialacha

fat

A ~ lot of use you are! Ní mór an mhaitheas atá ionatsa!

He lives off the ~ of the land. Bíonn an chuid is fearr de gach rud aige siúd.

It isn't over till the ~ lady sings. *(BÁC)* Ní bhíonn sé thart go dtí go gcanann an bhean ramhar.

Now the ~ is in the fire. Tá an lasair sa bharrach anois.

fate

Dishonour is a ~ worse than death. Is fearr an bás ná an easonóir.

Don't tempt ~! Ná bí ag iarraidh anachain a tharraingt ort féin!

He met his ~ in a motorbike accident. Tháinig an bás chuige i dtionóisc ghluaisrothair.

That's what sealed her ~. Sin an rud a chuir faoi deara a turnamh.

The ~s na Fáithe

They were ~d to meet one another. Bhí sé i ndán dóibh bualadh lena chéile.

They were left to their ~. Fágadh iad i muinín a gcinniúna.

father

Like ~ like son. Cad a dhéanfaidh mac an chait ach luch a mharú.

fatted

to kill the ~ calf *(Bible)* an lao biata a mharú

fault

She is generous to a ~. Is beag nach dtéann sí thar fóir leis an bhféile.

favour

Would you do me a ~? An bhféadfá gar a dhéanamh dom?

You're doing yourself no ~s telling lies! Níl tú ag déanamh aon mhaith duit féin le do chuid bréag!

fear

He used to put the ~ of God into the pupils. Chuireadh sé scanradh a n-anama sna daltaí.

No ~! Beag an baol!

Not much ~ of that happening. Is beag an baol go dtarlódh sé sin.

without ~ or favour gan chamadh gan chlaonadh

feather

Birds of a ~ flock together. Aithníonn ciaróg ciaróg eile.

That's a ~ in her wing! Sin cleite ina sciathán!

You could have knocked me down with a ~. D'fhéadfaí mé a leagan le tráithnín.

fed

I'm ~ up (to the back teeth) with it. Táim bréan dóite de.

feel

~ free to have a go! Bain triail as! Tá fáilte romhat!

It took time but I eventually got the ~ of the new job. Thóg sé tamall ach sa deireadh tháinig mé isteach ar an obair nua.

There's a storm brewing. I ~ it in my bones. Tá stoirm air. Mothaím i mo chnámha é.

feelings

He has no ~. Tá sé gan croí ar bith.

He made his ~ clear. Nocht sé a chroí go soiléir.

No hard ~! Ná tagadh sin eadrainn!

She was able to vent her ~. Bhí sí ábalta a racht a ligean amach.

feet

He always manages to land on his ~. Éiríonn leis i gcónaí tuirlingt ar thalamh slán.

He has two left ~. Tá dhá chos chlé air.

He was swept off his feet (because of his love for her). Baineadh dá chosa é (de bharr a ghrá dise).

I wanted to do it but I got cold ~. Theastaigh uaim é a dhéanamh ach loic mé.

I'm rushed off my ~ with the work. Tá lúth na gcos bainte díom leis an obair.

It's nice to be able to put one's ~ up. Is aoibhinn nuair is féidir leat do scíth a ligean.

*(see also: **foot**)*

fell

All our plans ~ through. Thit an tóin as ár bpleananna go léir.

The party ~ flat. Theip ar an chóisir glan.

*(see also: **fall**)*

fence

to sit on the ~ fanacht ar an gclaí

fettle

I'm in fine ~. Tá mé go buacach.

few

He's had a ~. *(drinks)* Tá braon faoin bhfiacail aige.

Her supporters are ~ and far between. Is tearc iad a lucht tacaíochta.

fiddle

I'm not playing second ~ to her! Nílim chun bheith i mo ghiolla freastail dise!

The accountant was on the ~. Bhí an cuntasóir i mbun cúblála.

field

The reporters had a ~ day when the news broke. Bhí lá fómhair ag na tuairisceoirí nuair a bhris an scéal.

fierce

I have a ~ thirst. Tá tart fiánta orm.

The queues for tickets were something ~. B'uafásach ar fad na scuainí i gcomhair ticéad.

fifteen

~ minutes of fame seal beag gairid i mbéal an phobail

fight

~ or flight troid nó teitheadh

~ the good ~! *(Bible)* Cuir an dea-chath!

~ to the death troid go himirt anama

I'm trying to ~ off this cold. Táim ag iarraidh gan ligean don slaghdán seo greim a fháil orm

It's better to live to ~ another day! Is fearr rith maith ná drochsheasamh!

to ~ tooth and nail for justice troid a dhéanamh idir chorp agus anam ar son an chirt

figment

It was just a ~ of your imagination. Níl raibh ann ach oibriú do shamhlaíochta féin.

figure

Go ~! Déan machnamh air sin tú féin!

That ~s. Luíonn sin le réasún.

file

in single ~ duine i ndiaidh duine

fill

I have had my ~. Tá mo dhóthain agam.

I'll be ~ing in for the teacher while she is out sick. Beidh mise in áit an mhúinteora fad is a bhíonn sise tinn.

Let me ~ you in on everything that has happened so far. Lig dom eolas an scéil uile ar ar tharla go dtí seo a thabhairt duit.

find

I couldn't ~ it in my heart to say it. Ní ligfeadh mo chroí dom é a rá.

I'm slowly ~ing my feet in the new job. Bím go mall réidh ach de réir a chéile ag teacht isteach ar an obair sa jab nua.

*(see also: **found**)*

finders

~ keepers, losers weepers! Fuair mé é, liomsa é, nach trua don té gur caill dó é!

fine

Not to put too ~ a point on it! Gan fiacail a chur ann!

one of these ~ days lá de na laethanta breátha seo
This wasn't his ~st hour. Níorbh é seo uair a ghlóire!
You're cutting it ~ if you want to catch the bus! Níl tú ag fágáil mórán ama duit féin más mian leat bheith in am don bhus!
Aoife went through the proofs with a ~-tooth comb. Rinne Aoife na profaí a scagadh go mín mion.

finger
~ of blame méar chúisitheach
everything at your ~tips gach rud faoi láimh agat
He's a diplomat to his ~tips. Is taidhleoir go smior na gcnámh é.
I don't want to point the ~ at anyone. Ní theastaíonn uaim méar chúisitheach a shíneadh chuig duine ar bith.
I worked my ~s to the bone and this is the thanks I get. Thug mé marú an daimh dom féin leis an obair agus seo an buíochas a fuair mé.
If he ever lays as much as a ~ on her again, I shall call the Gardaí. Má leagann sé oiread is barr méire uirthi arís, cuirfidh mé fios ar na Gardaí.
more ability in her little ~ than he has in his whole body níos mó den chumas ina lúidín aici ná mar atá aige in a chorp iomlán
She's all ~s and thumbs. Tá méara sliopacha uirthi.
to count them on the ~s of one hand iad a chomhaireamh ar mhéara mo láimhe
to give a person the ~ an mhéar lárnach a thaispeáint do dhuine
to put it on the long ~ é a chur ar an mhéar fhada
with a click of his ~s le smeach dá mhéara
You put your ~ on it. Leag tú do mhéar air.

fingertips *(see: **finger**)*

finish
to fight to the ~ troid a dhéanamh go bun an angair

fire
He won't set the world on ~. Ní chuirfidh sé an domhan trí thine.
If you have any questions, ~ away! Má tá ceisteanna ar bith agat, ar aghaidh leat!
The government in under ~ from the Press. Tá an rialtas á ionsaí ag an bPreas.
You are playing with ~. Tá tú ag rith ar thanaí.

firing
The business is ~ on all (four) cylinders again. Tá an gnó i mbarr a réime arís.
The government is in the ~ line again over health. Tá

an rialtas faoi ionsaí arís mar gheall ar shláinte.

first

~ **come** ~ **served** gach duine ar a sheal féin

~ **things** ~! Tosaímis ag an tús!

at ~ ar dtús

at ~ **hand** ón fhoinse bhunaidh

at the ~ **opportunity** ar an gcéad seans

I don't know the ~ **thing about computers.** Níl eolas dá laghad agam ar na ríomhairí.

I'll do it ~ **thing when I get back.** Déanfaidh mé é a luaithe is a thiocfaidh mé ar ais.

She has ~ **hand knowledge of it.** Tá eolas bunaidh aici ar an scéal.

fish

Enrico sleeps with the ~es. Codlaíonn Enrico leis na héisc.

He's ~ing for compliments. Ag faire ar mholadh atá sé.

He's ~ing in troubled waters. Bíonn sé ag teacht i dtír ar anró dhaoine eile.

He's a queer ~. Is ait an t-éan é.

I have other ~ **to fry.** Tá a mhalairt de chúram ormsa.

It sounds ~y. Tá boladh an mhadra rua uaidh.

She's like a ~ **out of water.** Tá sí mar a bheadh cág i measc péacóg.

That's a different kettle of ~. Sin paróiste eile ar fad.

There are plenty more ~ **in the sea.** Tá breac san abhainn chomh maith is a gabhadh fós.

fist

iron ~ **in a velvet glove** lámh iarainn i lámhainn shíoda

She made a good ~ **of the work.** Rinne sí lámh mhaith den obair.

They're making money hand over ~. Tá siad ag carnadh airgid.

fit

He's as ~ **as a fiddle.**
1 Tá sláinte an bhradáin aige.
2 Tá sé chomh folláin le breac.

I was in ~s of laughter. Bhí mé sna trithí dubha le gáire.

I work in ~s and starts. Buaileann taomanna oibre mé.

I'm ~ **to drop.** Táim i riocht titim.

If she sees ~ **to do such a thing.** Má fheictear di gur chóir a leithéid a dhéanamh.

It's a coat ~ **for a king!** Is díol rí de chóta é!

She did it in a ~ **of temper.** Rinne sí é agus racht feirge uirthi.

She was ~ **to be tied.** Bhí sí le ceangal.

She'll have a ~ **if she finds out.** Tiocfaidh an lí buí uirthi má fhaigheann sí amach.

five

Give me ~! *(greeting)* Tabhair dom a cúig!

Let's take ~! Tógaimis cúig nóiméad sosa.

nine to five an naoi-go-dtí-a-cúig laethúil

fix

I need my ~ of coffee every morning. Ní féidir liom gan mo steall chaife gach maidin.

I'll fix you something to eat. Réiteoidh me rud éigin le hithe duit.

The race was ~ed. Bhí toradh an rása réamhshocraithe.

flag

~-waving nationalism náisiúnachas antoisceach

false ~ bratach bhréagach

to fly the ~ at half-mast an bhratach a chrochadh ar leathchrann

to wave the white ~ an bhratach bhán a chroitheadh

flake

He ~d out. Thit sé ina chnap.

flame

an old ~ of mine seanleannán de mo chuidse

flash

~y car carr taibhseach

I had a ~back to a time when I was at school. Fuair mé iardhearcadh ar am nuair a bhí mé ar scoil.

It came to me in a ~. Tháinig sé chugam de phreab.

It was a flash in the pan. Gal soip a bhí ann.

flat

He ~ly refused. Dhiúltaigh sé go lom.

I was working ~ out. Bhí mé ag obair faoi lánseol.

It's as ~ as a pancake. **1** Tá sé ina leircín. **2** Tá sé chomh leata le pancóg.

on the ~ ar thalamh réidh, ar dhromchla cothrom

on the ~ of your back ar shlat do dhroma

flattery

Imitation is the sincerest form of ~. Ní moladh go haithris.

flavour

At that time electric bikes were the ~ of the month. Bhí na rothair leictreacha san fhaisean faoin tráth sin.

flea

She was sent away with a ~ in her ear. Tugadh chun bealaigh í go maolchluasach.

flesh

~pots of Dublin ceantair fheolmhara Bhlá Cliath

He did it to his own ~ and blood. Rinne sé é in aghaidh a ghaolta fola féin.

I saw him in the ~. Chonaic mé é ina steillbheatha.

The ~ is weak. Tá an cholainn claon.

We're all just ~ and blood. Níl ionainne go léir ach cré an duine.

flew

He flew off the handle. Chaill sé a ghuaim.

*(see also: **fly, flying**)*

flies

There are no flies on him. Níl aon néal air.

*(see also: **fly, flying**)*

flight

~ **of fancy** spadhar

flog

That matter has been ~ged to death. Tá sú na beatha fáiscthe (go huile agus go hiomlán) as an scéal sin.

to ~ stolen goods earraí goidte a reic

flood

a flood of emails rabharta de ríomhphoist

She was in ~s of tears. Bhí sí ag sileadh na ndeor.

since before the Flood ó aimsir na Díleann

The room was flooded with light. Bádh an seomra le solas.

floor

I have the ~! Liomsa cead cainte!

She wiped the ~ with me. Rinne sí madra draoibe díom.

flow

The concert was in full ~. Bhí an cheolchoirm faoi lánseol.

to go with the ~ dul leis an sruth

flush

in the first ~ of success/ of youth leis an chéad loinne den rath/ den óige

flutter

I'm just going for a wee ~. **1** Táim ag dul le mo sparán a chroitheadh. **2** Táim ag dul le cúpla geall a chur.

fly

He wouldn't hurt a ~. Ní ghortódh sé cuileog.

He's a ~ -by-night. Is 'Tomaí Uí Láthair – Tomaí Uí bhfad' é

I'd love to be a ~ on that wall. Ba bhreá liom bheith i mo chuileog (éisteachta) ar an mballa sin.

*(see also: **flew, flying**)*

flying

to pay a ~ visit to Sligo sciuird a thabhairt go Sligeach

*(see also: **fly, flew**)*

foaming

He was ~ at the mouth. Bhí cúr lena bhéal.

fog

I haven't the ~giest notion. Níl cliú dá laghad agam.

under the ~ of war faoi bhrat an chogaidh

follow

~ **the yellow brick road!** Lean bóthar na mbrící buí!

Great wealth ~ ed on the heels of his success. Sna sála ar a rath lean an saibhreas mór.

He went to bed early and I ~ed suit. Chuaigh sé chun a

leapa go luath agus rinne mise amhlaidh.
I'm ~ing in my father's footsteps. Tá lorg m'athar á leanúint agam.

food
It gave me much ~ for thought. Thug sé ábhar maith machnaimh dom.

fool
~s rush in where angels fear to tread. Bíonn focail an daoi ina dtrost tráth go bhfanann gach saoi ina thost.
Don't play the ~ with me! Ná bí ag pleidhcíocht liomsa!
He made a ~ of himself. Rinne sé amadán de féin.
I am not angry. – You could have ~ed me! Níl fearg orm. – Muise, déanann tú aithris mhaith air!
I was sent on a ~'s errand. Turas in aisce a bhí agam.
More ~ you for believing him! Nach tusa an t-amadán gur chreid tú é!
She's nobody's ~. **1** Ní bhíonn néal ar bith uirthi siúd. **2** Ní chuirfeadh duine ar bith dallam-ullóg uirthise.
There's no ~ like an old ~. Ní amadán go seanamadán.
You're only ~ing yourself in the long run. Níl tú ach do do mhealladh féin sa deireadh thiar thall.

foot
And don't ever set ~ in my doorway again! Agus ná dall mo dhoras go brách arís!
He has a ~ in both camps. Tá iarann aige sa dá thine.
He keeps putting his ~ in it. Bíonn sé de shíor ag déanamh meancóga móra.
Now that the shoe is on the other ~, he's singing a different tune. Anois ó tá sé i mbróga an duine eile, bíonn a mhalairt de scéal aige.
She has a ~ in the door now. Tá cos léi sa doras aici anois.
She never puts a ~ wrong. Ní chuireann sí choíche cos amú.
She put her ~ down and said no. Chuir sí in iúl go neamhbhalbh nach dtarlódh a leithéid.
(see also: feet)

footloose
~ and fancy-free gan ghá gan ghrá

forbidden
~ fruit úll na haithne

force
by ~ le lámh láidir
by brute force **1** le neart brúidiúil **2** le tréan urra
May the ~ be with you! Go raibh an Fórsa leat!
The Gardaí were there in ~. Bhí na Gardaí ann ina sluaite.

fore
~! *(golf)* Aire!

at the ~ 1 ag an gcrann tosaigh **2** chun tosaigh
She has recently come to the ~ in politics. Tá sí le tabhairt faoi deara i gcúrsaí polaitíochta le déanaí

fork
I had to ~ out 4,000 euro. Bhí ormsa ceithre mhíle euro a shíneadh amach.
White man speak with ~ed tongue. Labhraíonn fear bán le teanga ghabhlánach.

form
for ~'s sake ar mhaithe le gnás
He's in great ~ these days. Bíonn sé lán de cheol na laethanta seo.
How's the ~? Conas tá an misneach?

fort
I'm holding the ~. Tá mise i mo sheasamh sa bhearna.

fortune
~ favours the brave. Níor chaill fear an mhisnigh riamh
He read her ~. D'inis sé a fortún di.
It costs a small ~. Cosnaíonn sé moll mór airgid.

foul
~ play feall
He fell ~ of the law. Tháinig sé salach ar an dlí.

found
She ~ God. D'aimsigh sí Dia.
*(see also: **find**)*

four
from the ~ corners of the earth ó na ceithre hairde den domhan
The baby was on all ~s. Bhí an leanbán ar a cheithre boinn.

frame
He was ~ed. Bhí sé frámáilte.
in the ~ sa bhfráma

free
~ and easy life saol breá éasca
~ of charge saor in aisce
It's a ~ country! Beatha duine a thoil!
She got off scot-~. Thug sí na haenna léi go slán sábháilte.
She makes ~ with our milk. Déanann sí a cuid féin dár mbainne.
The debate soon descended into a ~free-for-all. Níorbh fhada go ndeachaigh an díospóireacht ó smacht ar fad.
There is no such thing as a ~ lunch. Ní fhaightear dada saor in aisce sa saol seo.

freezing
I'm ~ with the cold. Tá mé préachta leis an bhfuacht.
It's ~ out there. Tá sé ag cur seaca amuigh.

French
Excuse my ~! Maith dom na focail throma!

fresh
as ~ as a daisy 1 chomh húr le haer na maidine **2** chomh haibí le huan

I'm ~ out of coffee. Táim díreach rite as caife.
while it's still ~ in my memory fad is atá cuimhne ghrinn agam air

Freudian
~ slip rith focal Freudach

Friday
It's that ~ feeling! Is éirí croí Dé hAoine é!

friend
She has a ~ at court. *(influential friend)* **1** Tá lapa aici. **2** Tá cara sa chúirt aici.

fright
You look a ~! Is scanrúil an feic thú!

frighten
I was ~ed out of my wits. Cuireadh scanradh m'anama orm.

fro
to and ~ anonn is anall
*(see also: **to-ing**)*

frog
She can't talk because she has a ~ in her throat. Ní féidir léi labhairt mar tá piachán ina scornach aici.

frosty
We got a ~ reception. Cuireadh fáilte dhoicheallach romhainn.

frozen
~ account cuntas calctha/ reoite
~ with fear sioctha leis an eagla

fruit
~less inquiry fiosrúchán gan toradh
All his efforts bore ~ in the end. Thug a chuid iarrachtaí go léir toradh sa deireadh.

fry
out of the ~ing pan into the fire ó theach an deamhain go teach an diabhail
She's only small ~. Níl inti siúd ach mionachar.

fuel
to add ~ to the fire/ flames adú leis an achrann

full
~ steam ahead! Ar aghaidh faoi iomlán gaile!
He's ~ of himself. Tá sé lán de féin.
on a ~ stomach ar bholg lán
You should enjoy life to the ~. Ba chóir duit taitneamh iomlán a bhaint as an saol.

fullness
in the ~ of time in am agus i dtráth

fun
Let's do it just for ~! Déanaimis é le teann spóirt!
Life isn't just ~ and games. Ní spraoi agus cuideachta i gcónaí é an saol.
to poke ~ at a person magadh a dhéanamh faoi dhuine

funeral
He'd be late for his own ~. Bheadh sé déanach dá shochraid féin.

It's your ~! Cuirfidh mé cloch ar do charn!

funk

He was in a blue ~. Bhí sé ar crith le heagla.

funny

None of your ~ business! Cuir uait do chuid geáitsí!

to see the ~ side an taobh greannmhar a fheiceáil

furniture

He's been with us for so long now he's part of the ~. Tá sé linn chomh fada sin go bhfuil sé mar chuid den troscán.

fuss

What's all the ~ about? Cad faoi a bhfuil an fuadar go léir?

fusser

He's a terrible ~! Is fústaire uafásach é!

future

Back to the ~ *(film)* Siar chun na Todhchaí

at some ~ date ag dáta éigin sa todhchaí

G

gaff

There was rubbish all over the ~. Bhí dramhaíl scaipthe ar fud an bhláir.

gaffe

He made a big ~. Chuir sé a dhá chos isteach ina bhéal.

gain

No pain, no ~! Ní bhíonn só gan anó.

They're ~ing ground on us. Tá siad ag teannadh orainn.

to ~ the upper hand an lámh in uachtar a fháil

You'll ~ absolutely nothing by doing that. Ní bheidh faic agat de bharr é sin a dhéanamh.

gallery

to play to the ~ *(theatre)* do phort a athrú chun an slua a shásamh.

game

~, set and match! Cluiche, cor agus comórtas!

Come on out with your hands in the air! The ~ is up! Tar amach le do lámha in airde! Tá an báire thart!

He's off his ~ lately. Tá sé curtha dá bhuille na laethanta seo.

I know your ~! Is maith is eol domsa cad a bhíonn ar siúl agatsa!

I'm ~! Rachaidh mise leis!

It's still anyone's ~. Ní le duine ar bith an cluiche seo fós!

Politicians are fair ~ for press criticism! Níl ann ach an ceart a bheith ag cáineadh polaiteoirí sa phreas.

Stop playing ~s! What do you want? Éirigh as an chur i gcéill! Cad tá uait?

That's not playing the ~! Ní cothrom na Féinne é sin!
The name of the ~ is computers. Is le ríomhairí a bhíonn gach duine ag dul anois.
Two can play at that ~! Cor in aghaidh an chaim (agus cam in aghaidh an choir).
You gave the ~ away with the big grin on your face. Sceith tusa an scéal leis an chár mór gáire sin a bhí ort.
You're playing a losing ~. Tá tú ag imirt i gcluiche caillte.

garbage
~ in ~ out *(computer)* dramhaíl isteach, dramhaíl amach

garden
They led us up the ~ path. **1** Chuimil siad sop na geire dínn. **2** Chuir siad cluain an mhadra mheallta orainn.

gas
Put your foot on the ~! Brúigh do chos chun an urláir!
That's ~! Nach mór an spórt é sin!
You're a ~ man! Is iontach an chraic thú!

gasp
He's on his last ~. **1** Níl ann ach an dé. **2** Tá cos leis san uaigh. **3** Tá seisean i ndeireadh na preibe.
I'm ~ing for a drink. Táim spalptha leis an tart.

gauntlet
She threw down the ~ when she called him a cheat. D'éiligh sí uaidh a mhalairt a chruthú nuair a thug sí séitéir air.
to run the ~ of public scorn tarcaisne an phobail a sheasamh

gave
He ~ them hell when they came home late. Thug sé íde na muc is na madraí dóibh nuair a tháinig siad déanach abhaile.
*(see also: **give**)*

genie
The ~ was let out bottle when they exploded the first nuclear bomb. Osclaíodh cófra Phandóra nuair a phléasc siad an chéad bhuama núicléach.

gentleman
a ~ to his fingertips fear uasal go smior na gcnámh é.

genuine
It's the ~ article. Is é an rud féin é.

get
~ a life! Faigh beatha duit féin!
How's the essay? I'm ~ting there. Conas atá an aiste ag teacht ar aghaidh? – Táim beagnach ann.
I just want to ~ away from it all for a while. Níl uaim ach a bheith saor ó chúraimí uile an tsaoil ar feadh tamaillín.

It really ~s (to) me how lazy he is. Cuireann sé isteach go mór orm cé chomh leisciúil is a bhíonn sé.
It's ~ting on for four o'clock. Tá sé ag teannadh ar a cheathair a chlog.
She gives as good as she ~s! Tugann sí slat dá dtomhas féin do dhuine ar bith.
She told him where to get off. Dúirt sí leis céard arbh fhéidir leis a dhéanamh leis féin.
Where's your ~-up-and-go? It got up and went. Cá bhfuil do ghus is do ghaisce? – Gafa i ngaiste ag gadaí an tsaoil!
*(see also: **got**)*

ghost
He gave up the ~. Chuaigh sé ar shlí na fírinne.
the ~ in the machine an taibhse sa mheaisín

gift
Don't look a ~ horse in the mouth! Ná lochtaigh an rud a gheobhaidh tú saor in aisce.
She has a ~ for singing. Tá bua na hamhránaíochta aici.

gig
It's the only ~ in town. Ní bhíonn a mhalairt de rogha ann.
The ~ is up. 1 *(matter concluded)* Tá an mhuc sa mhála. **2** *(caught out)* Tá an cluiche thart.
*(see also: **jig**)*

give
~ it up! Éirigh as!
~ me a bell sometime! Cuir scairt orm am éigin!
Don't ~ me that! Ná bac leis an tseafóid sin!
I ~ you the bride and groom! *(toast)* Ólaimis sláinte na brídeoige agus an ghrúim!
I couldn't ~ a monkey's/ ~ a toss! Is cuma sa sioc liom!
I ~ up. Géillim.
I haven't ~n up on you yet. Níl mo shúil bainte díot go fóill!
There has to be a little ~ and take! Cead dom cead duit!
What ~s? Cén scéal é?
*(see also: **gave, giving**)*

giving
He's always ~ out (the pay). Bíonn sé i gcónaí ag tabhairt amach.

glad rags
I put on my ~. Chuir mé mo bhalcaisí Domhnaigh orm féin.

glass
People who live in ~ houses shouldn't throw stones!
1 An pota ag aor ar an gciteal! **2** Achasán na hóinsí don amaid! **3** Cibé atá saor ó pheaca, caitheadh seisean an chéad chloch!

glory
in his ~ days 1 i mbarr a mhaitheasa **2** nuair a bhí sé in ard a réime
That was the crowning glory of her captaincy.

Ba é sin sméar mhullaigh a captaenachta.

glove

It fits like a ~. Is ar éigean atá slí ann.

She treated him with kid ~s. Chaith sí é go cáiréiseach leis.

The ~s were off when she was cross-questioning him. D'imir sé neart lámh air agus í á chroscheistiú.

glut

There is a ~ of graduates on the market these das. Tá an margadh calctha le céimithe na laethanta seo.

glutton

You must be a ~ for punishment. Is amhlaidh nach luíonn aon bhuille ar chor ar bith ortsa, an ea?!

gnawed

~ by hunger stiúgtha leis an ocras

go

~ easy now! Tóg go bog é!

all in one ~ d'aon iarraidh amháin

All the success has ~ne to his head. Chuaigh an rath go léir ina cheann dó.

Are you ~ing to ~ through with it? An bhfuil tú chun é a thabhairt chun críche?

Bang ~ our chances of reaching the final! Is féidir slán a rá le haon seans a bhí againn an cluiche ceannais a bhaint amach!

Everything is ~ing great guns. Tá uile shórt ag dul go seoigh!

From the word ~ he was trouble. Ó thosach báire bhí an t-achrann ann.

Have a ~! Bain triail as!

I've been on the ~ all day! Bhí mé ag imeacht gan stad ó mhaidin.

That's all the ~ now! Níl ann ach é faoi láthair!

to be touch and ~ bheith idir dhá cheann na meá

Try to make a ~ of it. Déan iarracht caoi éigin a chur air!

*(see also: **goes**)*

goal

He scored an own ~. Scóráil sé cúl ina éadan féin.

to move the ~posts na rialacha a athrú (i lár báire)

goat

He really gets my ~ at times! Cuireann sé straidhn (buile) ormsa ar uaire

God

~ bless you! Go mbeannaí Dia thú!

~ forgive you! Go maithe Dia thú!

~ have mercy on his soul! Go ndéana Dia trócaire ar a anam!

~ help us! Go bhfóire Dia orainn!

~ willing! Le cúnamh Dé!

He thinks he's ~'s gift to women! Measann sé gurb

é féin bronntanas Dé don bhantracht é.
It's in the lap of the ~s. Faoi Dhia amháin atá sé.
Thanks be to ~! Buíochas le Dia!
You can't play ~ with other people's lives. Ní féidir dia beag a dhéanamh díot féin maidir le beatha dhaoine eile.
with ~'s help le cúnamh Dé

goes
Anything ~. Bíonn gach uile shórt ceadaithe.
as far as it ~ chomh fada agus a théann sé
Who ~ there? Cé tá ansin?

going
~, ~, gone! *(auctioneers)* A haon, a dó, a trí, imithe!
Leave now while the ~ is good. Fág anois ó tá rith an rása leat.
She has a lot ~ for her. Bíonn a lán buntáistí ag baint léi.

gold
All that glitters is not ~. Ní théann an áilleacht thar an gcraiceann.
as good as ~ chomh socair le huan
fool's ~ ór bréige
Good plumbers are like ~ dust. Ní féidir teacht ar phluiméir mhaithe ar ór ná ar airgead.
She has a heart of ~. Tá croí fial flaithiúil aici.
She is worth her weight in ~. Is fearr í ná an t-ór buí.

golden
~ opportunity sárfhaill
~ rule sár-riail, an príomhphrionsabal
He's the ~ boy. Is é an buachaill bán é.
The ~ fleece Lomra an Óir
When it comes to music, I prefer the ~ oldies. Maidir le ceol, is fearr liom na seanamhráin.

goldfish
I don't wan't to live my life in a ~ bowl. Ní theastaíonn uaim mo shaol a chaitheamh i mbabhla iasc órga.

good
~ afternoon! Tráthnóna maith agat!
~ enough! Ceart go leor!
~ for you! Mo cheol thú!
~ Heavens! A Dhia Mhóir!
~ morning! Dia duit ar maidin!
~ night! Oíche mhaith agat!
~ to see you! Tá áthas orm tú a fheiceáil!
A lot of ~ it will do you! Is beag an tairbhe a bheidh agat dá bharr!
all in ~ time bíonn a ionú féin ag gach rud
He's ~ for a laugh. Ní bheifeá gan cúis gháire agus eisean timpeall.
He's a ~-for-nothing. Is beag de mhaith é.
It did me the world of ~. Rinne sé maitheas mhór dom.

It's as ~ as done! Tá sé ionann agus déanta!
It's no ~ talking about it. Is beag an chabhair a bheith ag caint faoi.
It's simply too ~ to be true. Tá sé dochreidte go dtarlódh maitheas dá leithéid.
One ~ turn deserves another. Dlíonn comaoin cúiteamh.
So far so ~! Tús maith leath na hoibre!
That's a ~ one! Sin scéal maith!
The kids are up to no ~. Tá rógaireacht éigin ar siúl ag na gasúir.
This is as ~ as it gets. Ní éiríonn sé níos fearr ná seo.
to make ~ on your promise cur le d'fhocal

goodbye
Kiss ~ to your new bike! Abair slán (go deo) le do rothar nua!

goods
She always manages to come up with the ~s. Bíonn rath uirthi i gcónaí.

google
I'll ~ it. Déanfaidh mé é a ghúgláil.

goose
She's a silly ~! Is óinsín í!
The Wild Geese Na Géanna Fiáine
What's sauce for the ~ is sauce for the gander. Ní faide gob na gé ná gob an ghandail.
Your ~ is cooked! Tá do chnaipe déanta!

gooseberry
I felt like a complete ~. Bhí mé i m'éan corr amach is amach.
to play ~ bheith sa bhealach ar leannán

gospel
That's the ~ truth! Sin lomchlár na fírinne.

got
He ~ off with Lauren. D'éirigh leis siúl amach le Lauren.
*(see also: **get**)*

grab
This job is up for ~s. Tá an post seo ar lorg iarrthóirí.

grace
in good ~ i bpáirt mhaitheasa
It's very nice of you to ~ us with your presence. Nach deas uait an chomain a dhéanann tú orainn agus 'bheith i láthair.
She had the good ~ to admit her mistake. Bhí sé de dhea-mhéin inti a dul amú a admháil.
This is his one saving ~. Is é seo an t-aon suáilce amháin a bhíonn aige.

grade
He didn't make the ~. Níor éirigh leis an caighdeán cuí a bhaint amach.

grain

It goes against the ~ to do something like that. Téann sé in aghaidh an fhionnaidh a leithéid a dhéanamh.

There's a ~ of truth in what he says. Tá ruainne den fhírinne ina bhfuil á rá aige.

grandmother

Don't teach your ~ how to suck eggs! 1 Ní mhúineann an t-uan méileach dá mháthair.
2 Ná cuir ainbhios ar sheanóir!

granted

Don't take that for ~! Ná codail ar an gcluas sin!

He takes too much for ~. Is ró-éasca leis dóigh a dhéanamh dá bharúil.

grapevine

I heard it on the ~. Chuala mé ag dul tharam é.

grasp

He has a good ~ of the matter. Tá greim maith/ tuiscint mhaith ar an scéal aige.

Things like that are out of my ~. Ní bhíonn breith agamsa ar rudaí dá leithéid.

grass

Don't let the ~ grow under your feet! 1 *(BÁC)* Ná lig don fhéar fás faoi do chosa!
2 Tapaigh do dheis!

The ~ on the other side is always greener. 1 Is milse i gcónaí arán na gcomharsan.
2 Is glas iad na cnoic i bhfad uainn.

The old manager was put out to ~. Cuireadh an seanbhainisteoir ar féarach.

to get ~ roots support tacaíocht a fháil ón ghnáthphobal

grasshopper

I've been riding since I was knee high to a ~. Bhí mise ag marcaíocht sula raibh mé in ann siúl.

grave

from beyond the ~ ón taobh thall, ón saol eile

He has one foot in the ~. Tá cos leis san uaigh.

My father would turn in his grave if he saw that. Murab é go raibh m'athair marbh, chuirfí chun na cille cinnte é dá bhfeicfeadh sé a leithéid!

You're digging your own ~. Tá tú do do chur den saol seo.

gravy

Bankers rode the ~ train. Bhí saol an mhadra bháin ag na baincéirí.

great

He's a ~ one for giving other people advice. Is fear mór é le comhairle a thabhairt do dhaoine eile.

the ~ and the good maithe agus móruaisle

Greek

Beware of ~s bearing gifts! **1** *(lit.)* Fainic na Gréagaigh ag iompar féiríní! **2** Nuair a thagann an ceann cait go lá spóirt na luch – ní chun rith sa sac-rás é!

It's all ~ to me! Ní thuigim focal de!

green

as ~ as grass chomh glas leis an bhféar

He is still ~ in this line of business. Níl sé ach tais/ glas ar a leithéid seo de ghnó.

She has ~ fingers. Tá méara glasa uirthi.

She was ~ with envy. Bhí sí ite ag an éad.

There'll be wigs on the ~! Beidh sé ina raic.

We got the ~ light to proceed. Fuaireamar an solas glas le dul ar aghaidh.

grey

This is a ~ area. Is limistéar doiléir é seo.

grief

That bike gave me a lot of ~. Ba mhór an crá croí dom an rothar sin.

You'll come to ~ if you do that. Tiocfaidh tú in anchaoi má dhéanann tú é sin.

grim

I was hanging on to the rail for ~ death. Bhí greim an fhir bháite agam ar an ráille.

grind

Do we have to visit auntie Méabh? – What a ~! An gcaithfimid cuairt a thabhairt ar Aintín Méabh? – Dia idir sinn agus an anachain!

I need ~s in Irish. Tá pulcadh de dhíth orm sa Ghaeilge.

Let's keep our nose to the ~stone! Fanaimis faoi dhaoirse na gcorr.

the daily ~ tiaráil an lae

grip

Get a ~! Beir ar do chiall!

I'm getting to ~s with the biology. Táim ag fáil lámh in uachtar ar an bhitheolaíocht.

grist

It's all ~ for the mill! Tugann sé sin agus uile uisce chun ár muilinn.

grit

You've just got to ~ your teeth and bear it. Ní mór duit d'fhiacla a fháscadh ar a chéile agus broic leis.

ground

above ~ os cionn talún

He got into that business on the ~ floor. Fuair sé isteach sa ghnó sin ar urlár na talún.

He has ~s for suspicion. Tá bunús aige le haghaidh amhrais.

He has both feet firmly on the ~. Tá an dá chos go daingean ar an talamh aige.

He has no ~s for complaint. Níl cúis ghearáin ar bith aige.
It was difficult for us to find any common ~. Bhí sé go deacair dúinn bunús caibidle ar bith a aimsiú.
She cut the ~ from under him. Níor fhág sí cos faoi.
She did all the ~work for it. Rinne sise an réiteach uile ina chomhair.
That suits me down to the ~! Déanfaidh sé sin mo ghnó go hálainn!
The scheme never got off the ~. Níor éirigh leis an scéim ó thús.
The terrorists went to ~. Chuaigh na sceimhlitheoirí i bhfolach.
to break new ~ talamh úr a bhriseadh
to find the middle ~ an meán a fháil
to stand one's ~ an fód a sheasamh
What is happening here on the ~? Cad tá ag tarlú anseo ar an láthair?

grow
He ~s on you. Téann tú i dtaithí air.

grub
~'s up! Tá an bia ar an mbord!

guard
She caught me off ~. Tháinig sí aniar aduaidh ormsa.
the old ~ na seanfhondúirí
You can't relax with him because he's always on his ~. Ní féidir leat bheith ar do shuaimhneas leis mar bíonn sé i gcónaí san airdeall ar ionsaí éigin.

guess
~ what?! We're going to Rome! Ní chreidfeá go deo é! – Táimid ag dul chun na Róimhe!
I ~ you're right. Is dócha go bhfuil an ceart agat.
I'll give you three ~es! Tabharfaidh mé trí sheans duit!
It's pure ~work. Níl ann ach tuairimíocht.
She is still keeping me ~ing. Táim fágtha san amhras aici fós.
What the result will be is anybody's ~. Is ag Dia amháin a bhfuil a fhios cén toradh a bheidh air.
You've ~ed it! Tá sé ráite agat!
Your ~ is as good as mine. Tá a fhios agatsa a oiread liom féin.

guest
Can I look for myself? – Be my ~! An féidir liom féachaint mé féin? – Tá fáilte romhat!/ Féach agus fáilte!

guinea-pig
I don't want to be their ~. Ní theastaíonn uaimse bheith i mo mhuc ghuine dóibh.

gum
It ~med up the whole works. Bhí gach rud calctha leis.

gun

He stuck to his ~s. Sheas sé an fód.

smoking ~ gunna deataigh, cruthúnas cinnte

The management took the big ~s out. Thug an bhainistíocht na gunnaí móra amach.

You're jumping the ~ here! Tá tú ag léim isteach róluath anois!

gut

Crant hated my ~s. Bhí fuath an diabhail ag Crant domsa.

I busted a ~ trying to help him. Ba bheag nár mháraigh mé mé féin ag iarraidh cabhrú leis.

I had a ~ feeling about it. Bhraith mé i mo chnámha é.

It's the ~s of a thousand euro. Ní bheadh mórán fágtha agat as míle euro.

The thief spilt his ~s to the Gardaí. Sceith an gadaí an scéal iomlán do na Gardaí.

gutter

~snipe maistín lathaí

He was born in the ~. **1** Sa lathach a rugadh é. **2** Ó ghramaisc na sráide a tháinig sé.

the ~ press nuachtáin lathaí

H

habit

to kick the ~ éirí as an drochnós

I've got out of the ~. Táim éirithe as an chleachtadh.

from force of ~ de bharr cleachtaidh

hack

He just couldn't ~ it as a teacher. Ní raibh sé ar a chumas bheith ina mhúinteoir.

He's not a writer – he's a cheap ~. Ní scríbhneoir atá ann – is iriseoir táir tablóideach é.

I don't think I could ~ the pressure of that job. Ní dóigh liom go bhféadfainn brú na hoibre sin a láimhseáil.

They ~ed into my bank account. Haiceáil siad (isteach i) mo chuntas bainc.

had

I've just about ~ it with his constant whining. Tá mo sháith agam dá olagón síoraí.

She ~ it in for me. Bhí cloch sa mhuinchille aici dom.

She ~ it out with him. Phléigh sí a raibh á crá go hoscailte leis.

That school bag has ~ it. Níl maitheas ar bith fágtha sa mhála scoile sin.

You've been ~! Buaileadh bob ort!

*(see also: **having, has, have**)*

hail

He is very ~ fellow well met. Is duine mór-liom-thú-plámásach é.

Where does he ~ from? Cad as dósan?

hair

A ~ of the dog that bit you! Leigheas na póite é a ól arís!

I was tearing my ~ out. Bhí mé i mbarr mo chéile.

It made my ~ stand on end. Thug sé an ghruaig de mo cheann.

It's a ~-raising tale. Scéal é a choimeádfadh ar cheann cipíní thú.

Keep your ~ on! Ná himigh as do chrann cumhachta!

She's having a bad ~ day. 1 Tá saol anuas agus ina haghaidh uirthi inniu. **2** *(BÁC)* Lá na gruaige crosta atá aici inniu.

That's only splitting ~s. Níl ansin ach buail an ceann agus seachain an muineál!

half

~ **and** ~ leath agus leath

~ **asleep** idir codladh agus múscailt

I'm ~ afraid you're right. Tá cineál eagla orm go bhfuil an ceart agat!

I've ~ a mind to go and tell him myself. Is beag a bhéarfadh orm dul ann agus é a rá leis mé féin.

You certainly don't do things by ~! Is cinnte nach barainneach a bhíonn tú!

(see also: ***halves****)*

halfway

~ **house** ionad leathbhealaigh; comhghéilleadh

It's not even a ~ decent accommodation. Níl fiú caighdeán measartha maith ag an lóistín.

to meet a person ~ teacht ar chomhréiteach le duine

halt

Everything grinds to a ~. Moillíonn gach rud go stopann sé ar fad.

halves

I'll go ~ with you on the cost. Déanaimis an costas a roinnt ina dhá leath.

(see also: ***half****)*

ham

~ **actor** aisteoir ciotógach

He did it in a ~-fisted way. Rinne sé go ciotógach é.

hammer

He'll ~ himself into shape before the match. Cuirfidh sé caoi cheart air féin roimh an chluiche.

I was trying to ~ home to her that she would have to work harder. Bhí mé ag iarraidh é a chur abhaile uirthi go gcaithfeadh sí obair níos crua a dhéanamh.

It came under the ~. Cuireadh ceant air.

She went at it ~ and tongs. Thosaigh sí air an méid a bhí ina craiceann.

They ~ed our team. Bhuail siad dual na droinne ar ár bhfoireann.

hammering

Our team really took a ~. Buaileadh greasáil ar ár bhfoireann.

hand

~ to ~ fighting gráscar na lámh

~s up! Lámha in airde!

~s off! Ná leag lámh air!

All ~s on deck! Gach uile dhuine ar deic!

He was given a free ~ to do as he wanted. Tugadh cead a chinn dó a rogha rud a dhéanamh.

He washed his ~s of the matter. Nigh sé a lámha den ghnó.

I bought it second-~. Cheannaigh mé ar athlámh é.

I didn't want to do that but you forced my ~. Níor theastaigh uaim é sin a dhéanamh ach níor thug tú an dara rogha dom.

I have everything in ~. Tá gach uile rud faoi smacht agam.

I have to ~ it to you – you had me there for a while! Féar plé duit! – bhí mé meallta agat ansin ar feadh tamaillín!

I like to keep my ~ in at the golf. Is maith liom mo lámh a choimeád isteach sa ghalf.

I saw it first-~. Chonaic mé é le mo shúile féin.

In cases like this, the lawyers have the whip ~. I gcásanna mar seo bíonn an lámh in uachtar ag na dlíodóirí.

Let us deal with the matter in ~! Téimis i mbun an scéil atá idir lámha againn!

My hands are tied. **1** Tá mo lámha ceangailte. **2** Nílim saor le mo rogha rud a dhéanamh.

Our team won ~s down. Bhuaigh ár bhfoireann gan stró ar bith.

She could do that with both ~s tied behind her back. D'fhéadfadh sí é sin a dhéanamh agus a dá shúil dúnta aici.

She won ~s down! Bhuaigh sí gan dua ar bith!

The children have got completely out of ~. Tá na páistí imithe ó smacht ar fad.

They were working ~ in glove together. Bhí siad ag obair as lámh a chéile.

You have your ~s full looking after the children. Tá do shá ar do chúram agat ag tabhairt aire do na páistí.

handle

I'm trying to get a ~ on the situation. Táim ag iarraidh meabhair a bhaint as an scéal.

handshake

golden ~ cnapshuim scoir

handy

That'll come in ~. **1** Beidh sin áisiúil go leor. **2** Tiocfaidh sé sin isteach úsáideach.

hang

~ in there, man! Coinnigh leis, a dhuine!

~ it anyway! Pleoid air!

~ on a moment! Fan ort go fóillín!

~ on to your hats! Coinnígí greim ar bhur hataí!

~ing on his every word ag éisteacht le gach uile fhocal a tháinig as a bhéal

Don't worry about losing the book – It's not a ~ing matter! Ná bí buartha gur chaill tú an leabhar – Ní peaca marfach é!

I'll be ~ed if I know! Diabhal a bhfuil a fhios agam!

You'll get the ~ of it after a while. Tiocfaidh tú i dtaithí air tar éis tamaill.

*(see also: **hung**)*

ha'p'orth

Let's not spoil the ship for a ~ of tar! Caí na dothairne de dhíth an tairne!

happen

Bad things happen. Bíonn an tubaiste ann.

happy

Happy anniversary! Comhghairdeas ar lá comórtha bhur bpósta!

Happy birthday! Breithlá sona!

He is very ~-go-lucky. Bíonn sé chomh meidhreach le huan óg.

He's not a ~ camper. **1** Níl sé sásta ná gar leis. **2** *(BÁC)* Ní campálaí sona sásta in aon chor é.

hard

between a rock and a ~ place idir dhá thine Bhealtaine

He can play ~ball when he needs to. Is boc crua é más gá.

He's as ~ as nails. Tá sé chomh crua le cloch.

She was playing ~ to get with him. Bhí sí ag ligean uirthi go mba chuma léi ann ná as é.

the school of hard knocks cora crua an tsaoil

There are no ~ and fast rules. Níl aon rialacha daingne ann.

Why do you have to do everything the ~ way?! Cén fáth go roghnaíonn tú de shíor an tslí is deacra?!

You'd be ~ put to replace her. Ní rachadh sé go héasca leat duine a fháil ina hionad.

hare

He runs with the ~s and hunts with the hounds. Is Tadhg an dá thaobh é.

harking

He keeps ~ back to the old days. Bíonn sé i gcónaí ag teacht ar ais go dtí na seanlaethanta.

harm

out of ~'s way as baol

There's no ~ in trying. Níl dochar ar bith féachaint leis.

What's the ~ in that? Cár mhiste sin?

harping
She's always ~ on about it. Bíonn sí i gcónaí ag seinm ar an téad cheannann chéanna.

has
He ~ what it takes. Tá an mianach ceart ann.
That bike ~ had it. Níl maitheas ar bith fágtha sa rothar sin.
(see also: ***had and have****)*

hash
He has made a complete ~ of everything. Tá gach uile shórt ina chéir bheach aige.

hat
at the drop of a hat gan nóiméad moille
Keep that under your ~! Ná cluineadh clocha na talún é sin!

hatch
Batten down the ~es! Teannaigí na haistí!
Down the~! Ól siar!
hatches, matches and dispatches *(births, marriages deaths)* breitheanna, bainiseacha agus básanna

hatchet
It's time to bury the ~. Tá sé in am an chloch a chaitheamh as an mhuinchille.
The critics did a ~ job on her latest book. Stróic na léirmheastóirí a leabhar nua as a chéile.

haul
We're in for a long ~ here. Beidh sclábhaíocht fhada le déanamh againn anseo.

have
I ~ it! Tá agam!
I ~ something on tonight. Tá rud éigin ar siúl agam anocht.
the ~s and the ~ -nots lucht a bhfuil acu agus lucht nach bhfuil
They ~ nothing on him. Níl aon chúis acu ina aghaidh.
You ~ me there! Sin an áit a bhfuil mé gafa agat!
You can't ~ it both ways. Ní féidir an craiceann agus a luach bheith agat.
(see also: ***having, had, has****)*

having
Let's be having you! Tagaigí/ Tar i láthair anois!
You're ~ me on! Tá tú ag magadh fúm!
(see also: ***have, had, has****)*

havoc
The drink played ~ with his health. Rinne an t-ólachán slad ar fad ar a shláinte.

hawk
He watched her like a ~. Bhí sé ag faire uirthi le súile an tseabhaic.

hay
to make ~ while the sun shines an t-iarann a bhualadh fad is a bhíonn sé te

I guess I'll hit the ~. Is dócha go rachaidh mé chun soip.

head

~s or tails? Aghaidh nó droim?

Are you off your ~? An bhfuil tú as do mheabhair?

He got it into his ~ that she was unfaithful. Lonnaigh an smaoineamh ina cheann go raibh sí mídhílis.

He has a good ~ on his shoulders. Tá cloigeann maith air.

He hung his ~ in shame. Bhuail sé a cheann faoi le teann náire.

I can't get it into his ~. Ní féidir liom é a chur ina luí air.

I try to keep my ~ down and avoid trouble. Déanaim iarracht gan dul sa bhearna bhaoil agus an t-achrann a sheachaint.

I'm keeping my ~ above water. Táim ag teacht i dtír, fiú más ar éigean é.

If you do that, you need your ~ examined! Tá tú craiceáilte má dhéanann tú a leithéid!

It all goes over my ~. Ní thuigim bun ná barr de.

On your own ~ be it! Is ar mhullach do chinn féin a thitfidh sé!

Racism reared its ugly ~. Bhí aghaidh ghránna an chiníochais le feiceáil.

She has a good ~ for maths. Tá ceann maith uirthi le haghaidh an mhata.

She has her ~ in the clouds. Bíonn a ceann sa spéir aici.

She is ~ over heels in love with him. Tá sí splanctha ar fad ina dhiaidh.

She's ~ and shoulders above the rest. Tá airde a cinn ar an gcuid eile.

That dress will make ~s turn. Tarraingeoidh an gúna sin súile an phobail.

The strike brought matters to a ~. Thug an stailc an scéal chun ainchinn.

The wealth went to his ~. Chuaigh an saibhreas ina cheann dó.

to give a person the ~s up fainic a chur ar dhuine

to keep your ~ in a crisis do chloigeann a choinneáil nuair a théann an lasóg sa bharrach

Two ~s are better than one. Is fearr dhá chloigeann ná aon chloigeann amháin.

headless

The ~ coachman an cóisteoir gan cheann *(i.e. an bás)*

headline

~ news ceannlínte na nuachta

to hit the ~s bheith sna ceannlínte nuachta

heap

bottom of the ~ áit na leathphingine

They have ~s of money. Tá na múrtha airgid acu.

hear

Go out in this rain! – I will not ~ of it! Dul amach faoin bháisteach seo! – Ní ligfinn a leithéid!

I ~ tell that he's a famous writer in France. Chuala mé iomrá gur scríbhneoir iomráiteach san Fhrainc é.

That's only ~say. Níl ansin ach scéal scéil.

We'll never ~ the end of this. **1** Ní bheidh aon deireadh leis seo. **2** Déanfar scéal an ghamhna bhuí den rud seo.

heart

Ask yourself in your ~ of ~s. Fiafraigh díot féin i do chroí istigh.

Cross my ~! M'anam do Dhia!

Don't lose ~! Ná caill do mhisneach!

Have a ~! Bíodh croí agat!

He has his ~ set on going to Madrid. Níl faoi ná thairis ach dul go dtí Maidrid.

Her ~ is in the right place. Tá a croí san áit cheart.

I had a ~ to ~ chat with him. Bhí comhrá ó chroí agam leis.

My ~ goes out to those poor people. Téann mo chroí amach go dtí na daoine bochta sin.

My ~ isn't in the work. Níl mo chroí san obair.

My ~ was in my boots. Bhí eagla m'anama orm.

She put her whole ~ into the work. Bhí a croí uile sáite san obair.

She was singing her ~ out. Bhí sí ag cur a croí amach ag canadh.

to learn a poem by ~ dán a fhoghlaim de ghlanmheabhair

to win over ~s and minds croí agus aigne an phobail a tharraingt ar do thaobh

with all my ~ ó mo chroí amach

You put the ~ across me. Chuir tú mo chroí amach thar mo bhéal agam!

You're a man after my own ~. Is fear de mo dhóigh féin thú.

heartbeat

a ~ away from signing the contract ar thairseach an conradh a shíniú

I would go there again in a ~. Rachainn arís ann ar iompú do bhoise.

heat

I said it in the ~ of the moment. Dúirt mé é agus mé tógtha.

If you can't stand the heat, stay out of the kitchen! Greim nach bhfuil tú in ann a shlogadh, ná taosc é!

They began to turn the ~ on to get the information from

him. Thosaigh siad ag cur brú air chun go bhfaighidís an t-eolas uaidh.

heaven

~ forbid! Nár lige Dia é!

~ help us! Go sábhála Dia sinn!

~ only knows! Ag Dia amháin (atá) a fhios!

for ~'s sake ar son Dé

He's gone, thank ~s! Tá sé imithe, buíochas le Dia!

It stinks to high ~s. Tá boladh bréan marfach uaidh.

It was ~ on earth! Flaitheas ar an saol seo ea ba é!

It was a marriage made in heaven. Cleamhnas a shocraigh na haingil ea ba é.

She moved ~ and earth to help them. Rinne sí a seacht ndícheall chun cabhrú leo.

The ~s opened. Thosaigh sé ag díle báistí.

What in ~'s name made you say that?! Céard sa diabhal a bhí i do cheann lena leithéid a rá?!

heavy

I find 'The Islander' ~ going. Is crua liom 'An tOileánach' a léamh.

They treated the prisoners in a ~-handed manner. D'imir siad an lámh láidir ar na príosúnaigh.

This engine is ~ on fuel. Éilíonn na t-inneall seo a lán breosla.

heck

just for the ~ of it ar mhaithe leis an gcraic

Where the ~ were you?! Cén áit sa diabhal a raibh tusa?!

Will we have a go? Sure, what the ~! An mbainfimid triail as? – Muise, le haghaidh na craice!

hedge

You look like someone who has been dragged through a hedge backwards. Tá tú cosúil le bacach sraoillte sa lathach.

heel

He dug his ~s in. **1** Chuir sé a chosa i dtaca. **2** Dhiúltaigh sé bogadh.

in the ~ of the hunt i ndeireadh na dála

They took to their ~s. Bhuail siad na boinn as an áit.

They turned on their ~. D'iompaigh siad ar a sála.

to drag your ~s bheith ag tarraingt na gcos

height

at the ~ of his career in airde a réime

It was the ~ of folly to do such a thing. Ba é corp na hamaidí é a leithéid a dhéanamh.

held

He ~ his own against them all. Bhain sé a cheart féin den iomlán acu.

*(see also: **hold**)*

hell

~ hath no fury like a woman scorned. Is measa bean thréigthe ná an diabhal é féin.

~, I don't know! A dhiabhail, níl a fhios agamsa.

Give 'em ~! Tabhair dóibh go garbh é!

He ran ~ for leather down the road. D'imigh sé leis síos an bóthar mar a bheadh an chaor thine ann.

He shaved his head just for the ~ of it. Bhearr sé gruaig a chinn le teann diabhlaíochta amháin.

It was ~ish hot in Cyprus. Bhí sé chomh te le hifreann sa Chipir.

My tooth is giving me ~. Táim i bpianta ifrinn leis an fhiacail seo.

She's ~ bent on climbing the Rocky Mountains. Nach é an t-aon rún daingean (damanta) amháin a bhíonn aici – ná na Sléibhte Creagacha a dhreapadh.

till ~ freezes over go dtitfidh ballaí ifrinn

We had a ~ of a good time in Crete. Ba dhamanta maith an tamall é gur chaitheamar sa Chréit.

What the ~ do I care?! Nach cuma sa diabhal liomsa?!

When he arrived all ~ broke loose. Nuair a tháinig seisean is ansin a bhí ceann scaoilte le diabhail ifrinn.

helm

with a new headmaster at the ~ le fear nua stiúrach mar ardmháistir

help

~ yourself! Tarraing ort!

I can't ~ it! Níl neart agam air!

So ~ me God! Go bhfóire Dia orm!

You're a great ~! Nach breá an cúnamh atá ionatsa!

hen

~ party/ night cóisir/ oíche na gcearc

jumping around like a ~ on a hot griddle ag léim timpeall amhail fear póite le tóin dóite

here

~ and there anseo is ansiúd

~ today gone tomorrow anseo inniu, ansiúd amárach

I'm up to ~. Níl nóiméad le cois agam.

in the ~ after an saol atá le teacht

That's neither ~ nor there! Níl aon bhaint aige sin leis an scéal!

herring

That is a red ~. Is scéal thairis é sin.

hide

We have seen neither ~ nor hair of her. D'imigh sí agus

níl tasc na tuairisc againn uirthi ó shin i leith.

high

~brow literature litríocht do lucht an ardléinn

~lights of the match codanna suntais den chluiche

Feelings were running ~. Bhí daoine ag éirí tógtha.

He has got very ~ and mighty of late. Tá a chuid sotail agus a mhórchúis dulta chun ainchinn ar fad le déanaí.

He is ~ly rated. Tá ardmheas ag an phobal air.

He's a ~-flyer in the money-market. Bíonn ard-mheas air mar dhuine an-ábalta sa mhargadh airgid.

I searched ~ and low for it. Chuardaigh mé dóigh agus andóigh agus mé ar a thóir.

It was a ~ price he had to pay. Ba mhór an praghas a bhí le híoc aige.

It's ~ time he got down to his work! Is fada an lá gur mithid dó dul i mbun a chuid oibre!

That orchestra is ~ly overrated. Tugtar an iomarca tábhachta don cheolfhoireann sin.

the ~s and lows of show-business na sealanna thuas agus thíos i ngnó na siamsaíochta

This was the ~ spot of his career/ of the match Ba é seo buaic a réime/ an chluiche

You're for the ~ jump! Tá tusa faoina chomhair!

hill

He's going down~ rapidly. Tá sé ag meath go tapa.

She's well over the ~ now. Tá blianta a maitheasa imithe le fada.

hilt

I'd back her to the ~. Ghabhfainn go muineál i bhfarraige di.

up to the ~ in debt go muineál i bhfiacha

hind

He'd talk the ~ legs off a donkey. Ní théann dúnadh ar a bhéal.

hindrance

It's more of a ~ than a help. Is mó de bhac é ná de chúnamh.

hint

to drop a ~ nod a thabhairt

Can't you take a ~! Nach leor duit leid?!

hip

Those two are joined at the ~. Tá an bheirt acu siúd ag ithe as béal a chéile.

history

He has a ~ of telling lies. Tá scéal amuigh air go n-insíonn sé bréaga.

If I catch you again, you're ~! Má bheirim ort arís, beidh do phort seinnte!

It's ~ in the making. 1 Beidh cuimhne go deo ar an lá seo. **2** Lá dár saol atá ann.

The rest is ~. Tá a fhios ag an saol Fódlach cad a tharla ina dhiaidh sin.
to rewrite ~ athscríobh a dhéanamh ar an stair

hit
~ and run *(vehicle)* buille agus teitheadh
I think you've ~ upon something there. Táim ag ceapadh gur leag tú do mhéar ar rud éigin ansin.
It was ~-or-miss. Ceapaim gurbh urchar an daill a bhí ann.
She was ~ting on him. Bhí sí ag iarraidh é a mhealladh.
That drink really ~ the mark. D'aimsigh an deoch sin a sprioc.
They ~ the streets to celebrate. Thug siad na sráideanna orthu féin le ceiliúradh a dhéanamh.
They really ~ it off well together. D'éirigh siad an-mhór lena chéile.
They won't know what ~ them. Ní bheidh a fhios acu cad a tháinig orthu.
Unexpectedly, we ~ a brick wall. Gan choinne, bhí fál go haer romhainne.

hive
The school hall was a ~ of activity. Bhí trangláil daoine i mbun gnó i halla na scoile.

hog
Don't ~ the chocolates! Ná bí ag alpaireacht na seacláidí uile!
You bought the dress – go the whole ~ and buy the shoes too! Cheannaigh tú an gúna – ó loisc tú an choinneal, loisc an t-orlach… agus ceannaigh na bróga freisin.

hoisted
The manager introduced clamping to the carpark but one day found his own car clamped. He was ~ by his own petard. Thug an bainisteoir clampáil isteach sa chlós páirceála ach lá amháin fuair sé a charr féin clampáilte. Ba é an tslat a bhain sé féin a bhuail é.

hold
~ on a moment! Fan ort go fóill!
~ your head high! Bí go ceann-ard!
She has some kind of ~ over him. Tá ceangal éigin aici air.
There'll be no ~ing him now! Ní bheidh cosc le cur air anois.
We had to put the wedding on hold. Bhí orainn an pósadh a chur siar.
*(see also: **held**)*

hole
a ~ in one liathróid i bpoll d'aon iarracht amháin
He punched ~s in my argument. Bhain sé na cosa de m'argóint.
He's very negative and likes to pick ~s in everything. Bíonn sé

an-diúltach agus is breá leis lochtanna agus easnaimh a aimsiú i ngach rud.
I need that like I need a ~ in the head! Tá sin de dhíth orm mar a bheadh buicéad uisce de dhíth ar fhear báite!
When you're in a ~, stop digging. Agus tú i bpoll, éirigh as an tochailt!

holier
I don't like his ~-than-thou attitude. Ní maith liom an meon uasal-go-híseal a bhíonn aige.

holy
By all that's ~! Dar a bhfuil ar neamh!
He's a real ~ Joe. Is saoithín béalchráifeach amach is amach é.
The ~ of holies An tIonad Ró-Naofa, Naofacht na Naofachta.
There'll be ~ war when she finds out. Beidh sé ina chogadh dearg nuair a gheobhaidh sí amach.

home
I can't get it ~ to him that he has to come. Ní féidir liom é a chur abhaile air go gcaithfidh sé teacht.
It's a ~ from ~. Is baile as baile é.
Let's take an example nearer ~. Tógaimis sampla a bhaineann níos gaire dár saol féin.
Make yourself at ~! Déan do chuid féin den teach!
The lights are on but there's no one at ~. *(BÁC)* Tá na soilse ar lasadh ach níl éinne sa bhaile.
Their criticisms struck ~. Chuaigh a gcuid cáintí i gcion go mór.
There's no place like ~!, ~ sweet ~! Níl aon tinteán mar do thinteán féin!
We'll be ~ and dry. Beidh rith an rása linn.

honest
~ly speaking leis an fhírinne a rá, déanta na fírinne
as ~ as the day is long chomh cneasta le sagart
That is the ~ truth! Sin í an fhírinne ghlan!
Well ~ly! Bhuel, i ndáiríre!

honey
~ trap gaiste meala
~moon period mí na meala
I'm home, ~! Táim sa bhaile, a stóirín!
Where did you go on your ~moon? Cá ndeachaigh sibh ar mhí na meala?

honour
I give you my word of ~. Tugaim m'fhocal duit.
I'm ~-bound to tell her the truth. Mar dhualgas oinigh orm, caithfidh mé é a rá léi.
Let me do the ~s! Lig domsa riar ar an haíonna!

hook

by ~ or by crook ar ais nó ar éigean

He swallowed it ~, line and sinker. Shlog sé fiú gan chogaint é.

They let him off the ~. Lig siad saor é.

to get a person off the ~ duine a shábháil ón chrochadóir

hoops

She certainly put them through the ~. Is cinnte gur chuir sí gach uile chonstaic rompu.

hoot

I couldn't give a ~! Is cuma sa sioc liom!

Isn't he a ~! Nach é an fear grinn é!

hop

~ it! Tóg ort!

He was ~ping mad. Bhí sé ag imeacht le báiní. Bhí sé ag gearradh fáinní le teann feirge.

You caught me on the ~! Fuair tú mé in antráth.

hope

~ springs eternal! Bíonn súil le muir!

I ~ so. Tá súil agam.

I pinned my ~s on winning that match. Chuir mé mo dhóchas i mbuachan an chluiche sin.

My ~s are high. Tá ard-dóchas agam.

Not a ~ in hell! Níl seans dá laghad ann!

We must ~ against ~. Caithfimid ár ndóchas a choinneáil.

You are my last ~! Ionatsa atá mo dhóchas deireanach!

horizon

There are new possibilities on the ~. Beidh féidearthachtaí nua ar fáil go luath.

horn

~ of plenty corn na flúirse

hornet

to stir up a ~'s nest an lasair a chur sa bharrach

horse

~s for courses! Iascaire don naomhóg, sagart don naomh!

He's a dark ~ that one! Is dorcha an mac é siúd!

He's on his high ~ again. Bhuail tallann mórtais arís é.

Hold your ~s! 1 Fanadh an dreoilín go fóillín! **2** Tóg go bog é anois!

I could eat a ~. Táim stiúgtha leis an ocras.

It's shutting the stable door after the ~ has bolted. Is é fál ar an ghort é i ndiaidh na foghla.

Stop your ~ play! Éirígí as bhur rancás!

straight from the ~'s mouth ó bhéal an duine féin

You can't change ~s midstream. Ní bhaintear an diallait i lár an rása.
You're flogging a dead ~. Tá tú ag marú madra marbh.

hostage
to be a ~ to fortune bheith i muinín na cinniúna

hot
You're getting ~ter! *(in game)* Tá tú ag téamh!
He is a ~head. Is duine teasaí meargánta é.
He was getting ~ under the collar. Bhí sé ag éirí corraithe go mór.
It's is a ~bed of corruption. Is ceárta an oilc é.
She dropped him like a ~ potato. Gan an dara smaoineamh, thug sí cúl leis go beo.
She landed herself in a lot of ~ water. Tharraing sí a lán trioblóide uirthi féin.
The police were ~ on the heels of the thief. Bhí na póilíní go te sa tóir ar an ghadaí.
The story is too ~ to handle. Tá an scéal ró-íogair ar fad.

hour
at all ~s go moch is go mall
at the eleventh ~ ag an nóiméad deireanach
in the small ~s of the morning i ndeireadh na hoíche
the rush ~s na tráthanna brúite

house
~ of cards teach cártaí
Drinks on the ~! Cur deochanna don chuideachta ar an teach!
The new comedy brought the ~ down. Chuir an choiméide nua an lucht éisteachta sna trithí ag gáire.
to put your ~ in order do theach a chur i ndea-chaoi
We're getting on like a ~ on fire. Táimid ag éirí lena chéile thar cionn.

housetops
to proclaim it from the ~ é a fhógairt ó na hairde

how
~ about a drink? Cad a déarfá le deoch?
~ are you? 1 Conas tá tú? **2** Cén chaoi a bhfuil tú? **3** Goidé mar atá tú?
~ come? Conas sin?
~ long are you here for? Cá fhad anseo thú?
~ much? Cé mhéad?
~ nice of you! Nach deas uait é!
~ often? Cá mhinice?
~ old are you? Cén aois thú?
~ wide? Cén leithead?
~ would I know? Cá bhfios domsa?
Would you like to dance? – And ~! Ar mhaith leat damhsa? – A leithéid de cheist!

huff

He went off in a ~. D'imigh sé leis agus stuaic air.

hum

Stop ~ming and hawing! Cuir uait do chuid stagarnaíola!

Business is starting to ~. Tá beocht ag teacht ar chúrsaí gnó.

human

She is the milk of ~ kindness. Foinse gach uile chineáltais í.

It is not ~ly possible. Níl sé i gcumhacht an duine é a dhéanamh.

humble

He had to eat ~ pie. Bhí air a chuid cainte a tharraingt siar go humhal.

hump

We're over the ~ by now. Tá an chuid is measa curtha dínn faoin am seo.

hung

He hung us out to dry. D'fhág sé sinn ar an trá fholamh!

*(see also: **hang**)*

hunt

It's a witch-~ Is feachtas géarleanúna é.

hunting

bargain-~ cuardach saorála

We went house-~. Chuamar ar lorg tí.

hurry

I tell you I won't do that again in a ~! Mise duitse, is fada go deo sula ndéanfaidh mé é sin arís!

There's no ~. Níl deifir leis.

What's your ~? Cá bhfuil do dheifir?

hush

~! Fuist!

He was given ~ money. Tugadh breab dó le fanacht ciúin.

It's all terribly ~-~. Is rún daingean ar fad é.

hymn

to sing from the same ~ sheet bheith ar aon fhocal

*(see also: **sing**)*

I

ice

That cuts no ~ with me. Ní bhíonn meas madra agamsa ar rudaí mar sin.

to break the ~ at a party leac an doichill a bhriseadh ag cóisir

You're on thin ~ there. Tá tú ag rith ar thanaí ansin.

idea

Hey, what's the big ~?! Hé, cén diabhal atá ort?!

I've no ~. Níl tuairim dá laghad agam.

Stop putting silly ~s into his head! Éirigh as bheith ag cur smaointe amaideacha isteach ina cheann.

That'll give you some ~ of the problem. Tabharfaidh sin tuiscint éigin duit ar an bhfadhb.

Was it expensive? – You've no ~! An raibh sé costasach? – Ní chreidfeá mé!
Where did you get that ~ from? Conas ar tháinig tú ar an tuairim sin?

ill
~-gotten gains saibhreas a cruinníodh ar dhroim an diabhail

illusion
He was under the illusion that she was interested in him. Bhí breall air go raibh suim aici ann.
I don't wish to shatter your ~s. Nílim ag iarraidh an seachmall atá ort a dhíbirt.
I have no ~s about that. Níl seachrán ar bith orm faoi sin.

image
He's the ~ of his father. Is é íomhá chruinn a athar é.
She is very ~-conscious. Tugann sí an-aird ar a híomhá féin.

imagine
~ meeting you here! Ní féidir gur casadh orm anseo thú!
~ that! Féach air sin anois!

imitation
It's a pale ~ of the original product. Níl ann ach droch-chóip den táirge bunaidh.
*(see also: **flattery**)*

immemorial
from time ~ ó thús an tsaoil

impression
I was under the ~ that you were leaving. Is é an tuiscint a bhí agamsa ná go raibh tú ag imeacht.
She made a good ~. Rinne sí imprisean maith.
The book made a great ~ on me. Chuaigh an leabhar go mór i bhfeidhm orm.

in
He's well ~ with this new government. Tá lámh istigh aige leis an rialtas nua seo.
She is ~ on it. **1** *(a: part of it)* Tá sise ina cuid de. **2** *(b: knows the secret)* Tá eolas an scéil aici.
the ~s and outs of the matter fios fátha an scéil
You're ~ for it now! Tá tú faoina chomhair anois!

inch
~ by ~ ina chodanna beaga
Give him an ~ and he'll take a mile! Nuair a théann gabhar go dtí an teampall ní stadann sé go haltóir.
They'll not give an ~! Ionga ná orlach ní ghéillfidh siad!

inclined
I'm ~ to agree with you. Bheadh an claonadh agam aontú leat.

Indian
Let's get an ~ takeaway! Faighimis béile amach Indiach!

indoor
an ~ swimming pool linn snámha faoi dhíon

influence
under the ~ (of drink) faoi anáil (an óil)

injury
You'll do yourself an ~. Déanfaidh tú dochar duit féin.

inside
~r trading trádáil taobh istigh
I know this building ~ out. Tá gach poll agus prochóg den fhoirgneamh seo ar eolas agam.

insignificance
This pales into ~ when compared to the war. Ní faic é seo má chuirtear i gcomparáid leis an gcogadh é.

instance
take for ~ tóg mar shampla
in the first ~ sa chéad dul síos

intents
To all ~ and purposes it is finished. Tá sé ionann agus críochnaithe.

interest
It would in your own ~ to be at the extra classes. Chun do thairbhe féin a rachadh sé dá mbeifeá ag na ranganna breise.

Irish
He has the luck of the ~. Bíonn ádh an diabhail ar an mboc siúd.
That's a bit ~! Tá sin ag dul thar cailc!

iron
He had too many ~s in the fire. Bhí barraíocht idir lámha aige.
He has an ~ constitution. Tá téagar capaill ann.
She has an ~ will. Tá sí chomh daingean ina hintinn féin le cnoc.
She rules her children with a rod of ~. Is beag nach bhfuil na páistí á gcoinneáil ar slabhra aici.
to ~ out difficulties deacrachtaí a smúdáil (amach)
to pump ~ meáchain a chrochadh
You should strike while the ~ is hot. Ba chóir an t-iarann a bhualadh nuair atá sé te.

issue
Don't make an ~ out of it! Ná déan fadhb mhór de!
I took ~ with him over it. Chuaigh mé i ngleic leis faoi.
the point at ~ ábhar na cúise

itch
I was ~ing to do it. Bhí mé ar gor lena dhéanamh.

itchy
He has ~ feet. Is cos ar siúl é.

item
an ~ of interest 1 ábhar suime, **2** díol spéise
Are Sue and Sam an ~? An bhfuil Sue agus Sam ag siúl amach le chéile?

ivory
He lives in an ~ tower. 1 Tá saol an mhadra bháin aige. **2** Bíonn cónaí air i gcaisleán óir.

J

Jack

Every man ~ of them! 1 An t-iomlán dearg acu! **2** Gach mac máthar díobh!

He's a ~ of all trades. Is gobán é ach ní hé an Gobán Saor!

I ~ed it in. *(BÁC)* Chaith mé an tuáille isteach.

jackpot

to win the ~ an pota óir a bhuachan

jail

~bird príosúnach

clap a person in ~ duine a chartadh i bpríosún

get-out-of-~ card cárta éalú-ó-phríosún

jam

I'm in a ~. Táim i sáinn.

There'll be a ~ up in the hall tonight. Beidh seisiún ceoil thuas sa halla anocht.

James

Home ~, and don't spare the horses! Abhaile, a Shéamais, agus tiomáin na capaill ar cosa in airde!

jerk

He's a total ~! Is gamal go smior é!

jet

the ~ set lucht taistealach

jewel

the family ~s na seodra clainne

This song is the ~ in the crown. Is é an t-amhrán seo an tseoid is luachmhaire.

jig

Between the ~s and the reels, I didn't manage to finish the work. Idir seo, siúd agus eile, níor éirigh liom an obair a chríochnú.

The ~ is up. Tá an cat as an mhála.

jiggery-pokery

There was ~ going on with the raffle tickets. Bhí caimiléireacht ar siúl leis na ticéid raifil.

job

~s for the boys fabhar le do mhuintir féin

He gave it up for a bad ~. Chaith sé a chloch is a ord leis.

I had quite a ~ trying to convince him. Bhí obair agam é a chur ina luí air.

It is a good ~ you came. Is mór an rud é gur tháinig tú.

It's more than your ~'s worth to say anything about that! Más mian leat do phost a choimeád ná habair faic faoi sin!

on the ~ i mbun oibre; i mbun suirí

That's just the job! Sin díreach a bhí ar iarraidh!

to make the best of a bad ~ an chuma is fearr a chur ar dhrochghnó

Job

a ~'s comforter crann taca Iób

jockeying

People were ~ for the position. Bhí daoine ag iarraidh iad féin a chur sa suíomh is fearr chun an post a fháil.

join

He ~ed up. Liostáil sé (san arm).

Will you ~ us? An mbeidh tú linn?

joint

She had her nose put out of ~. **1** Bhí sí maslaithe. **2** *(BÁC)* Cuireadh a srón as alt.

to smoke a ~ toitín raithní a chaitheamh

joke

I did it for a ~. Rinne mé ar son grinn é.

It's no ~! Ní rud greannmhar é!

The ~ is he still doesn't know. Is é an chuid is greannmhaire den scéal ná nach bhfuil a fhios aige fós!

The ~'s on him now! Eisean atá ina cheap magaidh anois!

This has gone beyond a ~. **1** Tá seo dulta thar ghreann. **2** Ní rud greannmhar é seo a thuilleadh!

You must have your little ~! **1** Nach aoibhinn duit agus do chuid amaidí! **2** Ní féidir leat gan d'ábhairín beag den ghreann bheith agat!

*(see also: **joking**)*

joker

He's the ~ in the pack. Is é an t-éan corr sa scéal.

practical ~ cleasaí

joking

~ aside! **1** An magadh ar leataobh! **2** Leis an ghreann a fhágáil inár ndiaidh!

You're ~! Ag magadh atá tú!

*(see also: **joke**)*

Joneses

keeping up with the ~ cos a choinneáil leis na comharsana

jowl

cheek by ~ le hais a chéile

joy

Don't postpone ~! Ná cuir an sonas ar athlá!

full of the ~s of Spring lán le haoibhneas an earraigh

I was jumping for ~! Bhí mé ag damhsa le háthas!

Judas

~ kiss **1** póg Iúdáis **2** feall ar iontaobh

judge

~ for yourself! Ar do bhreithiúnas-sa atá sé!

judgement

against my better ~ d'ainneoin mo bharúla ar is fearr ar an gceist

jugular

to go for the ~ fogha (marfach) gan trócaire a thabhairt faoi dhuine

jump

~ to it! **1** Déan anois láithreach é! **2** Go gasta anois!

Go ~ in the lake! Téigh in ainm an diabhail!

She nearly ~ed out of her skin with the fright. **1** Is beag nár léim sí amach as a craiceann leis an eagla. **2** Is beag nár thit an t-anam aisti le teann eagla.
to ~ ship imeacht gan cead
to ~ through hoops to get it an cnoc thall a chur ar an gcnoc abhus lena fháil
We got the ~ on them. Fuaireamar an buntáiste orthu.

jungle
blackboard ~ cogadh na cailce
concrete ~ dufair choincréiteach
The only law that criminals recognize is the law of the ~. Ainriail is ea an t-aon riail a thuigeann coirpigh.

jury
The ~ is still out on that one. Tá sé idir dhá cheann na meá fós maidir leis sin.

just
~ so! Go díreach glan!
Do you remember him? – Don't I ~! An cuimhin leat é? – Is liom is cuimhin!
He got his ~ desserts. **1** *(positive)* Fuair sé a raibh ag dul dó mar ba chóir. **2** *(negative)* Fuair sé a raibh ag dul dó go dóite.
It's ~ the same. Is ionann an cás é.

justice
It doesn't do him ~. Ní thugann sé a cheart dó.
rough ~ **1** ceart easnamhach **2** dlí éagórach
to bring someone to ~ duine a thabhairt os comhair na cúirte
Well, you certainly did ~ to that meal! Bhuel, rinne tú do cheart don bhéile sin!

K

kangaroo
~ court cúirt bhradach

keel
to keep everything on an even ~ gach rud a choimeád ar chíle chothrom

keen
as ~ as mustard chomh díbhirceach le beach
I'm not ~ on it. Níl dúil agam ann.

keep
~ it to yourself! Buail fiacail air!
~ it up! Coinnigh leis!
Did you give it to him for ~s? Ar thug tú dó é le coinneáil?
Don't let me ~ you! Ná cuirimse moill ort!
He ~s in with the new principal. Bíonn sé ag fosaíocht leis an bpríomhoide nua.
She ~s on at him about his drinking. Bíonn sí de shíor ag gabháil dó faoina chuid ólacháin.
*(see also: **Joneses**)*

ken

Such things are beyond my ~. Bíonn rudaí mar iad thar m'eolas.

kettle

The pot calling the ~ black! An pota ag aor ar an gciteal!

key

It's not a ~ issue. Ní ceist lárnach é.

The crowd was ~ed up before the match. Bhí díbhirce ar an slua roimh an chluiche.

to sing off ~ canadh as gléas

kibosh

That put the kibosh on the project entirely. Ba é sin an chaidhp bháis ar an tionscnamh ar fad.

kick

He needs a good ~ in the pants. Cic maith sa tóin atá de dhíth air.

I could have ~ed myself when I heard the answer. Bhíos ag ithe na méar díom féin nuair a chuala mé an freagra.

It was like a ~ in the teeth. Bhí sé amhail cic sa phus a fháil.

They ~ed him upstairs. Bogadh suas staighre as an tslí é.

They ~ed up an awful fuss. Thóg siad raic uafásach.

You shouldn't ~ a person when they are down. Ní cóir satailt ar dhuine agus é thíos.

kid

but all ~ding aside ach cuirimis an greann ar leataobh

I ~ you not. Ní ag magadh atáim.

Who are you ~ ding?! Ní leanbh ó aréir mé!

You're ~ding?! Ag magadh atá tú?!

kill

I could ~ (for) a beer! Thabharfainn m'anam don diabhal ar son beorach!

I nearly ~ed myself laughing when I heard that. Ba bheag nár mharaigh mé mé féin leis an gháire nuair a chuala mé é sin.

I'm going to finish this, even if it ~s me! Táim chun é seo a chríochnú fiú má mharaíonn sé mé.

They were ~ing us with kindness. Bhí siad dár marú le cineáltas.

to ~ two birds with one stone an dá chúram a dhéanamh in éineacht

We have time to ~. Tá am le meilt againn.

killing

They made a ~. *(profit)* Bhí lá fómhair acu.

kilter

The wheel is out of ~.Tá an roth ag casadh go guagach.

kin

our kith and ~ ár gcairde gaoil

to inform his next of ~ an scéal a chur chuig a mhuintir

kind

I don't take ~ly to people calling me names. Ní ró-shásta a bhím nuair a chuirtear as m'ainm mé.

I said nothing of the ~. Ní dúirt mé sin ná a chosúlacht.

She paid him back in ~. Thug sí tomhas a láimhe féin dó.

They're two of a ~! Aithníonn ciaróg ciaróg eile!

kingdom

Everyone present was blown to ~ come. Pléascadh a raibh ann chun an tsaoil úd eile.

We'll be waiting here till ~ come. Beimid ag fanacht anseo go deo na ndeor.

kip

I didn't get much ~ last night. Níor chodail mé aon néal aréir.

That place is such a ~! Is bothóg cheart an áit sin!

kiss

~-and-tell stories scéalta suirí le duine cáiliúil

A letter of recommendation from her would be the ~ of death.

1 Póg an bháis litir mholta uaithi siúd.

2 Creill bháis do dhuine aon litir mholta uaithise.

I think you ~ed the Blarney Stone. Ceapaim gur phóg tusa Cloch na Blarnan.

kitchen

everything but the ~ sink *(BÁC)* gach rud ach amháin doirteal na cistine

kite

Go fly a ~! Imigh leat agus ná bí faoi mo chosa anseo!

She was high as a ~. Bhí sí as a ceann ar na drugaí.

kittens

She will have ~ when she finds out. Beidh sí thairsti féin nuair a gheobhaidh sí amach.

knee

He thinks he's the bee's ~s. Ceapann sé an dúrud de féin.

I'll not bend the ~ to anyone. Ní fheacfaidh mé an ghlúin do dhuine ar bith.

on your mother's ~ ar ghlúin do mháthar

The bankers brought the country to its ~s. D'fhág na baincéirí an tír in anchaoi ar fad.

knife

~ in the back buille fill

He has his ~ in me. Tá nimh san fheoil aige dom.

He went under the knife. *(operation)* Chuaigh sé faoin scian.

like a hot ~ through butter
1 go héasca, gan dua **2** *(BÁC)* mar a ghearrfadh scian ghéar daba ime

knight

~ of the road ridire bóthair

Bob was ~ed. Rinneadh ridire de Bob.

knob

He's such a knob! Nach caillte an chábóg é!

The same to you with ~s on! Gurab amhlaidh duit agus a dhá oiread níos measa!

knock

~ it off! Éirigh as!

~ yourself out! Scaoil faoi!

~, ~, who's there? *(joke)* Cnag, cnag, cé tá ansin?

He ~ed that one on the head. Thug sé íde báis don cheann sin.

He was knocking them back. *(drink)* Bhí sé ag taoscadh siar.

I was so nervous my knees were ~ing. Bhí mé chomh neirbhíseach sin go raibh mo dhá ghlúin ar creathadh.

I'll ~ his block off. Buailfidh mé an cloigeann de.

The flu ~ed the stuffing out of me. Bhain an fliú an gus ar fad asam.

The news ~ed me sideways. Bhain an scéala croitheadh asam.

The summer camp ~ed him into shape. Chuir an campa samhraidh cruth agus caoi air.

They ~ed the living daylights out of him. Bhuail siad dual na droinne air.

to ~ off work scor den obair

We ~ed their socks off. Bhaineamar an anáil díobh.

knot

Get ~ted! Breast thú!

She got tied up in ~s trying to explain it. Chuaigh sí i bhfostú na bhfocal agus í ag iarraidh é a mhíniú.

They decided to tie the ~. *(get married)* Shocraigh siad ar an tsnaidhm a cheangal eatarthu féin.

know

as far as I ~ ar feadh a bhfuil a fhios agam

as you may already ~ mar is eol duit cheana féin, b'fhéidir

Before you ~ where you are, you'll find yourself up to your ears in debt. Sula bhfuil a fhios agat cad tá ag tarlú beidh tú báite ar fad i bhfiacha.

Don't I ~ it! Nach agam atá a fhios!

for all I ~ go bhfios domsa

He ~s his own mind. Tá fios a aigne féin aige.

He ~s the score! Tuigeann seisean faoi mar atá an scéal!

He ~s what he's at. Tá fios a ghnó aige.

He knows where the bodies are buried. Tá fios fátha gach scéil ar eolas aige siúd.

How do I ~?! Cá bhfios domsa?!

I ~ her to see. Tá aithne shúl agam uirthi.

I didn't ~ where to turn. Ní raibh a fhios agam cá bhfaighinn cúnamh.

I'll spend my first day at the new job with Úna as she ~s

the ropes. Caithfidh mé an chéad lá ag an jab nua le hÚna mar tá seantaithí aici siúd ar an obair.

It takes one to ~ one. Aithníonn ciaróg ciaróg eile.

to be in the ~ bheith ar an eolas

You ought to ~ better. Ba chóir go mbeadh fios a mhalairte agat.

knowing

There's no ~ what he'd do if he found out. Ní bheadh a fhios agat cad a dhéanfadh sé dá bhfaigheadh sé amach.

known

Anna Heussaff is a well-~ novelist. Is úrscéalaí iomráiteach í Anna Heussaff.

He's a ~ criminal. Tá a fhios ag an saol gur coirpeach é.

if the truth be ~ leis an bhfírinne a rá

She let it be ~ that she knew what she was doing. Thug sí le fios go raibh eolas maith ar a gnó aici.

This coat has ~ better days. Tá cuma na scríbe ar an gcóta seo.

knowledge

It is a matter of common ~ that he is leaving. Is eol do chách go bhfuil sé ag imeacht.

without my ~ gan 'fhios dom

knuckle

It was a rap on the ~s for him. Ba rabhadh dó é.

That was a bit near the ~. Bhí sin saghas i ngaireacht don chnámh.

You'll have to ~ down to some work now! Caithfidh tú luí isteach ar an obair anois!

L

labour

I don't want to ~ the point but… Ní theastaíonn uaim paidir chapaill a dhéanamh de, ach…

It was a ~ of love. Ba shaothar é a raibh taitneamh ann.

ladder

The further up the ladder – the nearer the trapdoor. Dá airde ar an dréimire, is é is giorra é don chomhla thógála.

to get on the property ~ cos a chur ar dhréimire na tithíochta

ladies

Ladies and gentlemen! A dhaoine uaisle!

lady

~ muck 1 bean uasal na láibe móire **2** bean uasal mar dhea

~ of the night bean sráide

He's a ~killer! Is cliúsaí ban é.

He's a ~'s man. Is fear mór i measc na mban é.

She is a real ~! Is bean uasal go barr na méar í!

laid

~-back attitude meon réchúiseach

He ~ his life on the line. Chuir sé é féin sa bhearna bhaoil.
He is ~ up at the moment. Tá sé ina leaba ar fhleasc an dhroma faoi láthair.
She ~ it on the line. Dúirt sí amach go díreach é.
They ~ down their lives for the freedom of their country. Thug siad suas a mbeatha ar son shaoirse a dtíre féin.
They fairly ~ into him. Thug siad léasadh maith dó.
*(see also: **lay**)*

lamb
as gentle as a ~ chomh mín mánla le haingeal
like a ~ to the slaughter amhail uan chun an áir

lame
~ excuse leithscéal bacach

land
land of milk and honey tír faoi mhil agus faoi bhláth
The Promised ~ An Tír Tairngire
The Holy ~ An Tír Bheannaithe
The ~ of Eternal Youth Tír na nÓg
That will ~ you up in hospital! Tamall san ospidéal a bheidh agat dá bharr a leithéide!
I'll wait and see how the ~ lies. Fanfaidh mé go bhfeicfidh mé conas mar atá an scéal.

landscape
It's a blot on the ~. Is smál ar an tírdhreach é.

lane
to live your life in the fast ~ 1 do shaol a chaitheamh sa lána tapa **2** saol gan sos gan faoiseamh a chaitheamh

language
Mind your ~! Cuir uait an gháirsiúlacht!
There's a lot of strong ~ in the play. Tá cuid mhaith den chaint láidir sa dráma.
to use bad ~ droch-chaint a úsáid

lap
He's living in the ~ of luxury. Tá saol na bhfuíoll aige.
This opportunity just dropped into his ~ Fuair sé an deis seo gan faic a dhéanamh.

large
~r than life 1 gáifeach **2** thar fóir
as ~ as life ina steillbheatha
on a ~ scale ar an mórchóir
prisoner at ~ príosúnach gan breith air

lark
as happy as a ~ chomh meidhreach le dreoilín teaspaigh
Stop ~ ing about! Cuir uait an áilteoireacht!
to get up with the ~ éirí le giolc an ghealbhain

Larry
I was as happy as ~. Bhí mé chomh sásta le píobaire.

lash

The teacher's in a foul mood – he's ~ing out at everyone. Tá stodam ar an mhúinteoir – tá gach duine faoi ionsaí aige.

We decided to ~ out on a new car. Shocraíomar ar an airgead a chaitheamh go rábach ar charr nua.

last

~ but not least… agus ar ndóigh, cá mbeimis gan…

as a ~ resort mar bheart in am an éigin

at long ~ faoi dheireadh thiar thall

He would always try to have the ~ word. Bheadh sé ag iarraidh i gcónaí an focal scoir a bheith aige.

I came to pay my ~ respects. Tháinig mé chun mo chomhbhrón a dhéanamh.

I'm afraid the washing machine is on its ~ legs. Is eagal liom go bhfuil an meaisín níocháin i ndeireadh na feide/ ar a chosa deiridh.

If it comes to punctuality, she is the ~ person to talk. Más poncúlacht atá i gceist, níl de cheart aici siúd bheith ag caint.

It's the ~ thing I do before I go home. Sin an rud is deireanaí ar fad a dhéanaim sula dtéim abhaile.

It's the ~ word in virtual reality. Is é an focal deiridh é sa réaltacht fhíorúil.

That's the ~ thing I need right now. Sin an rud deireanach atá ag teastáil uaim díreach anois.

late

Better ~ than never! Is fearr mall ná go brách!

by Monday at the ~st Dé Luain ar a dhéanaí

I'll see you ~r! Feicfidh mé níos déanaí thú!

It's a bit ~ in the day to be changing your mind. Tá sé pas beag déanach sa lá chun teacht ar athrach intinne.

my ~ grandfather mo sheanathair, trócaire ar a anam

She is very tired of ~. Bíonn sí go han-tuirseach le déanaí.

What is the ~est? Cad é an scéal is déanaí?

laugh

Don't make me ~! Ná cuir ag gáire mé!

I'll make him ~ on the other side of his face. Bainfidh mise an magadh dá aghaidh!

It's enough to make a cat laugh. Chuirfeadh a leithéid cat (bodhar) ag gáire.

It's nothing to ~ about! Ní cúis gháire ar bith é!

She ~ed herself silly. Chuir sí a hanam amach ag gáire.

She ~ed it off. Rinne sí scéal grinn de.

She had the last ~. Ise a bhí ag gáire sa deireadh thiar thall.
The new manager is a ~ a minute. *(Ironically)* Is gáire gan stad é an bainisteoir nua.

laughing
I don't want to be a ~ing stock. Ní theastaíonn uaim bheith i mo cheap magaidh.
I'll be ~ up my sleeve. Beidh mé ag gáire faoi choim.
It's no ~ matter. Ní cúis gháire ar bith é.
She was ~ing all the way to the bank. Bhí sise ag gáire an bealach ar fad chun an bhainc.

laurels
He's resting on his ~. Ceapann sé ó tá cáil an mhochóirí air gur féidir leis codladh go headra.

law
He loves to lay the ~ down. Is breá leis bheith ag déanamh dlí.
He's a ~ unto himself. 1 Níl riail ná dlí air. **2** Tá a dhlí féin aige.
I'll have the ~ on you! Cuirfidh mé an dlí ort!
No one is above the ~. Níl aon duine os cionn an dlí.
She does everything to the letter of the ~. Déanann sí gach rud de réir fuarlitreach an dlí.
She took the ~ into her own hands. Thug sí neamhaird ar fad ar an bpróiseas dlí.
the ~ of diminishing returns dlí an toraidh laghdaithigh
the long arm of the ~ lámh fhada an dlí
There is no ~ against it. Níl aon dlí ina aghaidh.

lay
It's best if we ~ low for a while. B'fhearr dúinn fanacht as radharc ar feadh tamaillín.
the ~ of the land 1 luí na talún **2** an tslí mar atá cúrsaí
*(see also: **laid**)*

lead
He's still got ~ in his pencil. Tá dúch ina pheann go fóill aige!
Hurry up! Get the ~ out! Déan deifir! Bain na bróga luaidhe díot!
That suggestion went down like a ~ balloon. Chuaigh an tairiscint sin go tóin poill amhail meall luaidhe.
to swing the ~ obair/ dualgas a sheachaint

leading
The blind ~ the blind. Giollaíocht an daill don dall.

leaf
She promised to turn over a new ~. Gheall sí saol níos fearr a chleachtadh.

league
He's not in the same ~ as you. Níl aon ghoir aige ort.
in ~ with the Devil i bpáirt leis an diabhal
She's in a ~ of her own. Níl a sárú le fáil.

You're in the big ~ now. Tá tú leis na foirne móra anois!

leak

to ~ the story to the press an scéal a sceitheadh don phreas

to go for a ~ *(WC)* dul chun cnaipe a scaoileadh

to spring a ~ uisce a ligean isteach

leaned

They ~ on him. Chuir siad brú air.

leap

~ in the dark léim chaorach sa duibheagán

~ of faith dul i muinín Dé

coming along in ~s and bounds 1 ag teacht ar aghaidh i mbarr na bhfáscaí **2** ag teacht chun cinn de léimeanna móra

lease

The birth of the baby gave me a new ~ of life. Thug breith an leanbáin beatha nua dom.

least

~ said soonest mended! Is binn béal ina thost!

at the very ~ ar an mhéid is lú

He's not too sociable to say the very ~! Níl sé ró-chuideachtúil agus gan ach é sin a rá!

I'm not in the ~ afraid. Níl eagla dá laghad ormsa.

It's the ~ you could do! Is é is lú is gann duit!

That is the ~ of my worries. 1 Sin an chloch is lú ar mo phaidrín. **2** Sin an dual is faide siar ar mo choigeal.

You could at ~ apologize! D'fhéadfá, ar a laghad, do leithscéal a ghabháil.

leave

~ of absence cead scoir

~ well alone! Fan (i bhfad) amach uaidh!

to take French ~ imeacht gan chead gan cheiliúradh

without so much as by your ~ gan fiú 'le do chead' a rá

leech

He stuck to me like a ~. Ghreamaigh sé díom mar a bheadh bairneach ann.

leeway

Give him a little ~ on account of his illness. Lig beagáinín den scód dó as siocair a thinnis!

She has much ~ to make up. Tá thiar go mór uirthi.

left

from ~ field aniar aduaidh

He threw money away ~, right and centre. Chaith sé a chuid airgid dólámh.

I ~ him to his own devices. 1 Níor chuir mé isteach ná amach air. **2** Scaoil mé leis.

leg

He's on his last ~s. 1 Níl ann ach an dé. **2** Tá sé i ndeireadh na preibe. **3** Tá sé ag comhrá leis an mbás.

We'd better ~ it out of here! 1 Ba cheart dúinn na

boinn a bhaint as an áit!
2 Bainimis na bonnaí as an áit! *(Dún na nGall)*
You didn't leave him a ~ to stand on. Bhain tú na cosa uaidh.
You're pulling my ~! Tá tú ag magadh fúm!

legend
Alaoise, you're a ~! Alaoise, is laoch thú!

legit
It's all perfectly ~! Ní aon chaimiléireacht ann!

leisure
Read it at your ~. Léigh ar do chaoithiúlacht é!

lend
~ me a hand! Tabhair lámh chúnta dom!
~ me your ears! Claonaigí bhur gcluas chugam!
This place ~s itself to tourism. Oireann an áit seo don turasóireacht.

length
at ~ faoi dheireadh
He would go to any ~s to achieve his goal. Is beag nach ndéanfadh sé lena aidhm a bhaint amach.
the ~ and breadth of Ireland ó cheann ceann na hÉireann

Lent
What are you giving up for ~? Cad as a bhfuil tú ag éirí don Charghas?

leopard
A ~ never changes its spots. Is treise dúchas ná oiliúint.

less
in ~ than no time sula bhfuil a fhios agat cad atá ag tarlú
the ~er of two evils rogha an dá dhíogha

let
~ it be! Bíodh amhlaidh!
~ me know if you are coming! Cuir scéala chugam má tá tú ag teacht! **man of ~s** **1** fear léinn **2** fear léannta
~ there be no mistake about! Ná bíodh aon mhearbhall ar éinne faoi!
He ~ it slip while he was talking to her. Shleamhnaigh sé uaidh agus é ag caint léi.
House to ~! Teach le ligean!
She ~ herself go at the party and had a great night. Lig sí scód léi féin ag an gcóisir agus bhí an-oíche aici.
She has let herself go altogether. Lig sí di féin imeacht le sruth ar fad.

letter
man of ~s fear léinn, fear léannta
This was a red ~ day for him. Lá a gcuirtear eang sa ghabhal dó ea ba é.
We fulfilled her wishes to the ~. Chomhlíonamar a cuid achainí uile go beacht cruinn.

level
~-headed person duine stuama

Are you being on the ~ with me? An bhfuil tú ag insint na fírinne dom?
It's on the ~! **1** Nílim ag magadh! **2** Is rud ionraic é!
Regarding grants, we need to ~ the playing field. Maidir le deontais, ní mór páirc na himeartha a chothromú.

liberties
He was taking far too many ~ in his interpretation of the play. Bhí sé ró-cheadmhach ar fad maidir leis an gciall gur bhain sé as an dráma.

liberty
He is at ~ to do as he chooses. Tá cead a chinn aige a rogha rud a dhéanamh.
I took the ~ of borrowing your book. Bhí sé de dhánacht ionamsa do leabhar a thógáil ar iasacht.

lick
He's a ~. Is maidrín lathaí é.
I gave myself a ~ and a promise. Thug mé rinseáil na hainnise dom féin.
She went off at a hell of a ~. D'imigh sí léi ar nós an diabhail faoi lán seoil.
When he saw the food, he ~ed his lips. Nuair a chonaic sé an bia, chuimil sé a theanga dá liopaí.

lid
We're trying to keep a ~ on it. Táimid ag iarraidh cos a bhualadh ar an scéal.

lie[1]
black ~ **1** deargéitheach **2** deargbhréag
I tell you no ~! Agus sin é lomchlár na fírinne!
Not a word of a ~! Níl focal bréige ann!
She lied through her teeth. Rinne sí bréag mhór na hÉireann de.
The results gave the lie to that rumour. Bhréagnaigh na torthaí an ráfla sin go beo.
to live a ~ saol na mbréag a chaitheamh
white ~ **1** bréag gan dochar **2** bréag dhíomhaoin **3** bréag bhán

lie[2]
to ~ low **1** fanacht as radharc **2** dul i bhfolach
*(see also: **lying**)*

life
between ~ and death idir bás agus beatha
Do not on your ~ tell him! Ar d'anam ná hinis dó!
He was swimming for dear ~. Bhí sé ag snámh ar a chroí díchill.
I can't for the ~ of me understand why he did it. Ní thuigim beirthe ná beo cén fáth a ndearna sé é.
I had the time of my ~. Bhí an chraic ab fhearr riamh agam.
I've never seen anything like it in all my ~! Riamh le mo

bheo ní fhaca mé a leithéid!

It's a matter of ~ or death. Is ceist báis nó beatha é.

My ~ isn't worth living. Ní beo liom mo bheo.

She ran for her ~. Rith sí lena hanam.

She was the ~ and soul of the party. Ba í croí na cuideachta í.

Such is ~! Sin mar atá an saol!

the change of ~ an t-athrú saoil

the facts of ~ fíricí an tsaoil

The play came to ~ in the second act. Tháinig anam sa dráma sa dara gníomh.

You need to get yourself a ~! *(BÁC)* Caithfidh tú saol a fháil duit féin!

Where there's ~ there's hope. Bíonn súil le muir ach ní bhíonn súil le huaigh.

lifetime

not in my ~ ní le linn mo bheatha féin

The holidays seem like a ~ away. Tá an dealramh imigéiniúil ar na laethanta saoire.

lift

Can you give me a ~ to the shops? An féidir leat síob chun na siopaí a thabhairt dom?

He didn't ~ a finger to help us. Ní chorraigh sé cos leis chun cabhrú linn.

It gave me a ~. Thug sé ardú croí dom.

light

as ~ as a feather chomh héadrom le sop

He made ~ of it. Rinne sé beag is fiú de.

He made ~ work of that. Rinne sé sin gan stró ar bith.

I'm a ~ sleeper. Is é codladh an ghiorria a dhéanaim.

I'm beginning to see the light. Tá tuiscint an scéil á nochtadh dom faoi dheireadh.

in ~ of all the recent changes de bharr na n-athruithe uile a rinneadh le déanaí

in the cold ~ of day faoi sholas geal an lae

Many hands make ~ work. Ní fear amháin a bhaineann an fómhar ach meitheal bhuana.

She is a leading ~ in Irish opera. Is duine mór le rá i gceoldrámaíocht na hÉireann í.

She is the ~ of my life! Is í solas mo bheatha!

Some curious things came to ~. Nochtadh rudaí aisteacha don saol.

the bright ~s of London gealchathair Londan

This will never see the ~ of day. Ní fheicfidh súil an phobail é seo choíche.

lightning

Lightning never strikes the same place twice. Ní thiteann an chaor thine ar an áit chéanna faoi dhó.

like

She's nothing ~ as outgoing as her sister. Níl aon bhreith aici ar a bheith chomh so-ranna lena deirfiúr.

Their ~s will never be seen again. Ní bheidh a leithéidí arís ann.

lily-livered

He's a ~ scoundrel! Is cladhaire díomhaoin é!

limb

He'll tear you ~ from ~! Ní fhágfaidh sé deoir ionat!

out on a ~ stoite amach ó dhaoine eile

limbo

in ~ i liombó

Until I got the results I was in a state of ~. Sula bhfuair mé na torthaí bhíos sa láthair fholamh ar fad.

limelight

He always likes to grab the ~. Is breá leis i gcónaí an t-ionad is feiceálaí a fháil di féin.

in the ~ faoi sholas an tsaoil mhóir

limit

The sky's the ~! Ní bhíonn teorainn ort ach na teorainneacha a chuireann tú ort féin!

You are the ~! Níl aon teorainn leatsa!

line

a written exam or something in that ~ scrúdú scríofa nó a leithéid

along these ~s sa treo seo

Drop me a ~ when you get to Paris! Cuir focal chugam nuair a thagann tú go Páras!

Hard ~s! Is bocht an scéal é!

He'll just have to toe the ~ like everyone else. Caithfidh sé cloí leis na rialacha mar gach duine eile.

to fall into ~ with your plans teacht i líne le do chuid pleananna

to read between the ~s léamh idir na línte

to stand in ~ for hand-outs seasamh i líne ar son déirce

You're on the right ~s. Tá tú ar an mbealach ceart.

You're out of ~ here! Tá tú ag dul thar a bhfuil ceadaithe anois!

linen

One shouldn't wash one's dirty ~ in public! Ná lig do náire leis na comharsana!

lining

He is ~ his own pockets. Ag cnuasach saibhris dó féin atá sé.

lion

the ~'s den uaimh an leoin

to put one's head in the ~'s mouth dul sa bhearna bhaoil

lip

Less of your ~! Is leor sin de ghearrchaint uait!

My ~s are sealed. Tá glas ar mo theanga.

Read my ~s! *(US)* Déan mo bheola a léamh!
She pays ~ service to the rules. Molann sí na rialacha ó bhéal amach.

listen
He won't ~ to reason. **1** Ní éistfidh sé le réasún. **2** Ní féidir ciall a chur ina cheann.
to be ~ ing in on a conversation bheith ag cúléisteacht le comhrá
Why don't you ~? Cá raibh tú aimsir na gcluas?

little
~ by ~ beagán ar bheagán
be it ever so ~ dá laghad é
Every ~ helps. **1** Bailíonn brobh beart. **2** Is mór iad na beaganna i dteannta a chéile.
He eats ~ or nothing. Is beagáinín beag a itheann sé.
He made ~ of it. Rinne sé beag is fiú de.

live[1]
~ and let ~! Ceart dom, ceart duit!
as long as I ~ le mo bheo
He ~s it up in Spain. Bíonn sé ag déanamh aeir dó féin sa Spáinn.
He was living rough on the streets. Bhí sé gan dídean ar na sráideanna.
May you live to be a hundred! Go maire tú an céad!
to ~ by your wits teacht i dtír ar d'éirim aigne
You ~ and learn. Múineann an saol duine (cleas nó dhó).

live[2]
as ~ ly as a cricket chomh luaineach le dreancaid
He's a real ~ wire. Is é an tapaíoch i gceart é!
Look ~ly! Cuir smoirt ionat féin!
The programme is ~. Is clár beo é!

living
~ language teanga bheo
~ proof cruthú críochnaithe
~ wage tuarastal ar féidir maireachtáil air
a ~ hell saol ifreanda
to earn a ~ do bheatha a ghnóthú

load
Get a ~ of this! Féach ar an méid seo!
He had a heavy ~ on his mind. Bhí ualach mór ar a chroí.
She has ~s of money. Tá an dúrud airgid aici.
We have ~s of time yet. Tá neart ama againn fós.

loaf
Half a ~ is better than none. Is fearr leath ná meath.
He was ~ing about. Bhí sé ag fálróid thart.
Use your ~! Úsáid do cheann!

lock
~, stock and barrel idir chorp, chleite agus sciathán
under ~ and key faoi ghlas

log

I slept like a ~. Chodail mé spuaic mhaith.

loggerheads

They are at ~ with one another. Tá siad in adharca a chéile.

loiter

~ing with intent síománaíocht le drochfhuadar

long

~ ~ ago fadó, fadó

~ live Ireland! Éire abú!

~ time ago tamall fada ó shin

~ time no see! Is fada nach bhfaca mé thú!

as ~ as your arm chomh fada le do lámh

before ~ roimh i bhfad

for a ~ time ar feadh tamaill fhada

He is not ~ for this world. Is gearr le dul aige anois.

How ~ do the holidays last for? Cá fhad a mhairfidh na laethanta saoire?

How ~ is a piece of string? Cá mhéad eireaball a rachadh chun na gealaí?

How ~ is the beach? 1 Cén fad atá sa trá? **2** Cé chomh fada is atá an trá?

not by a ~ chalk/ shot ná baol air

The ~ and the short of it is he won't be coming. Is é bun agus barr an scéil nach mbeidh sé ag teacht.

long-drawn-out

~ story scéal an ghamhna bhuí

long-winded

~ speech óráid ó Shamhain go Bealtaine

look

~ on the bright side! Féach ar an taobh geal!

~s can be deceptive. Ní ionann i gcónaí cófra agus a lucht.

by the ~s of things de réir dealraimh

He ~s up to us. Tugann sé urraim dúinn.

I didn't even get a ~ in. Níor tugadh deis ar bith dom fiú mo dhá phingin a chaitheamh isteach sa scéal.

I don't want to live my life ~ing over my shoulder. Ní theastaíonn uaim mo shaol a chaitheamh ag féachaint thar mo ghualainn.

I know it's not much to ~ at. Tuigim nach mór an chuid súl é.

I'm ~ing forward to your arrival. Is fada liom do theacht (*plural:* bhur dteacht).

She ~s down her nose at us. Bíonn cor ina srón aici chugainn.

She has the ~ of her mother. Tá cosúlacht a máthar inti.

She really ~ed the part. Bhí an dealramh cuí ceart uirthi don ghnó.

You can't just ~ the other way. Ní féidir neamhaird a dhéanamh de.

lookout

to be on the ~ for a new job súil a choimeád amach le haghaidh jab nua

It's your ~! Is ar do cheann féin atá sé!

loom

Our examinations will soon be ~ing large on the horizon. Beidh na scrúdaithe á dtuar dúinn anois gan ró-mhoill.

loop

She's ~y. Tá sifil uirthi.

The little biplane did a ~ the ~. Rinne an déphlána beag lomlúbadh san aer.

to find a ~hole poll éalaithe a aimsiú

loose

I'm at a ~ end since I lost my job. Táim díomhaoin ó chaill mé mo chuid oibre.

There's a maniac on the ~. Tá duine buile imithe le scód.

lord

Good ~! A Thiarna Dia!

He likes to ~ it over everyone. Is maith leis bheith ag mursantacht ar dhaoine eile.

He lives like a ~. Tá saol na bhfuíoll aige.

lorry

It fell off the back of a ~. 1 Goideadh é. **2** *(BÁC)* Thit sé de chúl leoraí.

lose

I'm not going to ~ any sleep over it. Ní chuirfidh sé ó chodladh na hoíche mé.

There's no time to ~. Ní tráth faillí é.

What have you got to ~? Cad tá le cailliúint agat?

*(see also: **lost**)*

loser

~s are always in the wrong. An té atá thíos luitear cos air.

He's a ~! Is caillteachán é!

He's a bad ~. Ní chailleann sé i bpáirt na maitheasa.

loss

He's no great ~. Ní fearr ann é.

I am at a ~ to know what to advise. Tá sé ag dul sa mhuileann orm cén chomhairle ba chóir dom a thabhairt.

I cut my ~es. Níor chaill mé tuilleadh leis.

It's a dead ~. Is caillteanas glan é.

It's your ~! Tú féin a bheidh thíos leis.

lost

He ~ his cool. Chaill sé guaim air féin.

He ~ his reason. Chaill sé a chiall.

He ~ it. Chaill sé é.

I gave you up for ~. Bhain mé mo shúil díotsa ar fad.

That mistake ~ him his job. Chaill sé a jab de dheasca an bhotúin sin.

The joke was ~ on her. Níor aithin sí an greann ann ar chor ar bith.
*(see also: **lose**)*

lot

a lot of time/ money a lán ama/ airgid
I am happy with my ~. Táim sásta le mo shaol.
I have a ~ on my mind these days. Bíonn a lán ar m'intinn na laethanta seo.
It fell to my ~. Bhí sé de chinniúint ormsa.
It's the best of a bad ~. Is é an chuid is fearr dá bhfuil ann.
not a ~ ní a lán
parking ~ carrchlós
That's your ~ for tonight, folks! Sin a bhfuil daoibh don oíche anocht, a chairde!
The whole damn ~ of you! An t-iomlán dearg agaibh!
They have a ~ to answer for. Tá a lán le cúiteamh acu.
They're a bad ~. Is olc an dream iad.
to get another ~ of chemo babhta eile den cheimiteiripe a fháil
We drew ~s. Chuireamar ar chrainn é.

love

There are many words in Irish to describe the concept of 'love' – here are a few:
1 breá *(things/ events)* **I love music.** Is breá liom ceol. **2** cion *(affection: g. ceanna)* **out of affection for you** le cion ort **3** cumann *(fellowship)* **my ~d ones** lucht mo chumainn **4** dáimh *(natural empathy)* **loveless relationship** gaol gan dáimh **5** dúil *(desire, predilection)* **~ of sweets** dúil i milseáin **6** gean *(attachment, caring)* **love for a cat** gean ar chat **7** grá *(general)* **I am in love with you.** Táim i ngrá leat. **I love you.** Tá grá agam duit. **8** greann *(poetic)* **eternal love** greann síoraí **9** searc *(impassioned love)* **love spot** ball seirce **10** suirí *(act of love)* **making love** ag suirí
Here are some further examples:
~ me, ~ my dog. Cuid den chráin a hál!
For the ~ of God, stop it! Ar son Dé éirigh as!
I'd ~ to see you again. Ba bhreá liom tú a fheiceáil arís.
I ~ the mountains! Is aoibhinn liom na sléibhte!
There's not much ~ lost between them. Is gaol gan dáimh a bhíonn eatarthu.

low

~-down trick cleas suarach.
I'm very ~ these days. Táim in ísle brí ar na saolta seo.
That is the ~est of the ~! Ní féidir bheith níos táire ná sin!

We are ~ in potatoes. Táimid gann i bprátaí.

lower

~ your voice! Ísligh do ghlór!

Don't ~ your guard! Ná laghdaigh d'aire!

I wouldn't ~ myself to do such a thing. Ní náireoinn mé féin lena leithéid a dhéanamh.

She ~ed her sights. Rinne sí a cuid aidhmeanna a ísliú.

to ~ the tone of the conversation blas suarach a chur ar an gcomhrá

luck

as good ~ would have it ar ámharaí an tsaoil

as ill ~ would have it mar bharr ar an donas

Better ~ next time! Beidh lá eile ag an bPaorach!

Don't push your ~! 1 Ná téigh ró-fhada leis! **2** Caithfidh tú an t-arán a ghlacadh mar a fhaigheann tú é.

Good ~! 1 Ádh mór! **2** Go n-éirí leat!

He has been down on his ~ for the past while. Bíonn an saol ag rith ina choinne le tamall anuas.

I'll try my ~. Rachaidh mé san fhiontar.

stroke of ~ sciorta den ádh

That was just beginner's ~. Ní raibh ansin ach ádh an tosaitheora.

lucky

~ dip 1 mála an éithigh **2** tobar féiríní

~ you! Nach ortsa a bhí an t-ádh!

I/ You should be so ~! Nach mbeadh a leithéid go breá ar fad!

This is your ~y day! Is é seo uair an tsonais duit!

lull

She was ~ed into a false sense of security. Cuireadh ar a suaimhneas í le dúmas bréige.

lumbered

I was ~ed with everything. Carnadh gach uile shórt ormsa.

lump

I had a ~ in my throat. Bhí tocht i mo scornach agam.

If you don't like it, you can ~ it! Taitníodh sé leat nó ná taitníodh sé leat, caithfidh tú cur suas leis!

lunacy

It's sheer ~! Níl ann ach an deargbhuile!

lunch

Let's do ~ next week! Caithimis lón le chéile an tseachtain seo chugainn!

liquid ~ 1 lón pótaireachta **2** lón dí

lurch

He left me in the ~. D'fhág sé san abar mé.

to ~ from side to side ag tuairteáil ó thaobh go taobh

lying

I'm not taking this ~ down. Nílim chun glacadh leis seo gan troid.

*(see also: **lie**²)*

lyrical

He was waxing ~ about the show. Bhí sé ag ardmholadh an tseó.

M

mackerel

Holy ~! Dar fia!

mad

He's as ~ as a March hare/ as a hatter. Tá sé chomh mear le míol Márta.

She's raving ~. Tá sí ar mire báiní.

She was going ~ with the pain. Bhí sí ag dul as a meabhair le teann péine.

It made me ~. Chuir sé thar bharr mo chéille mé.

She was working away like ~. Bhí sí ag obair faoi mar a bheadh tine ar a craiceann.

That's a ~ idea altogether, Ted! Smaoineamh buile ar fad é sin, Ted!

made

~-up story scéal i mbarr bata

~-to-measure suit culaith atá déanta de réir miosúir

If you get the last number – you're ~! Má fhaigheann tú an uimhir dheireanach – tá agat!

self-~ man fear déanta a rathúnais féin

They had a row and then they ~ up. Bhí achrann eatarthu ach ansin tháinig siad chun réitigh lena chéile.

*(see also: **make**)*

madness

It's absolute ~ on the roads in the morning. Ar maidin bíonn sé craiceáilte ar fad ar na bóithre.

magic

It doesn't happen by ~. Ní le draíocht a tharlaíonn sé.

It works like ~. Oibríonn sé mar a bheadh draíocht ann.

the ~ touch lámha draíochta

magnitude

of the first ~ den chéad mhéid

maid

~ of honour bean choimh-deachta

old ~ puisbhean

in an old ~ish manner ar nós puismhná

maiden

~ speech an chéad óráid

~ voyage an chéad turas

main

in the ~ i gcoitinne

majority

the silent ~ an tromlach nach gcloistear, an tromlach ciúin

the vast ~ an formhór mór

make

~-shift réiteach sealadach

He's on the make. Tá sé ag tochras ar a cheirtlín féin.

I'll ~ it up to you later. Déanfaidh mé é a chúiteamh leat níos déanaí.
It will be the making of you. Cuirfidh sé ar do chosa thú.
It's a ~ or break situation. Is í seo uair na cinniúna.
The events of next week will be ~ or break for the firm. Tá teacht slán an chomhlachta ag brath go hiomlán ar imeachtaí na seachtaine seo chugainn.
We'll just have to ~ do. Caithfimid teacht i dtír bealach éigin.
(see also: ***made)***

maker
He was driving too fast and met his ~. Bhí sé ag tiomáint ró-thapa agus sciob an bás é.

making
They thought the army would be the ~ of him. Cheap siad go ndéanfadh an tsaighdiúireacht fear de.
(see also: ***make)***

man
~ cannot live by bread alone. *(Bible)* Ní ar an arán amháin a mhaireann an duine.
~'s inhumanity to ~ cruálacht an duine lena chomhdhuine
A ~'s gotta do what a ~'s gotta do! Níl an dara suí sa bhuaile ann!
Be a ~! Bí fearúil!
Could I talk to you ~ to ~? An bhféadfainn labhairt leat fear le fear eile?
Does your ~ still do nixers? An ndéanann mo dhuine seachjabanna fós?
Every ~ for himself! Gach duine ar a shon féin!
Every ~ has his price. Bíonn a phraghas féin ag gach fear.
fully ~ned boat bád faoi lán foirne
He's a ~'s man. Is fear na bhfear é.
his right-hand ~ a ghiolla gualainne
I'm as open-minded as the next man but… Bímse gach pioc chomh leathanaigeanta le duine ar bith eile ach…
I'm your ~! Mise an fear agat!
the average/ ordinary ~ in the street Seáinín Saoránach na sráide móire
They were lost to a ~. Cailleadh gach uile fhear acu.
Who's your ~ over there? Cé hé mo dhuine thall ansin?
(see also: ***men)***

manner
bedside ~ bealach deas le daoine tinne
Have you forgotten your ~s? Nach sílfeá go mbeadh múineadh ort!
in a ~ of speaking mar a déarfá
in like ~ mar an gcéanna
That'll teach him ~s! Múinfidh sin fios a bhéasa dó!

many
~ happy returns! Go maire tú an céad!

~ thanks! Míle buíochas!
He had one too ~. *(drink)* Bhí braon thar an gceart ólta aige.
It is ~ the day since I was at school. Is iomaí an lá ó bhí mise ar scoil.
One death on the roads is one death too ~. Bás amháin ar na bóithre, is bás de bharraíocht é.
That's what she said in not so ~ words. Sin a dúirt sí ach ní go lom é.

map
Hitler wanted to wipe Warsaw off the ~. Theastaigh ó Hitler Varsá a ghlanadh de dhroim an domhain.
The new Film Fleá put Galway on the ~. Chuir an Fhleá Scannánaíochta go mór le hiomrá na Gaillimhe.

marbles
He has lost his ~. Tá sé imithe leis na craobhacha.
*(see also: **dotty**)*

march
An army ~es on its stomach. Máirseálann saighdiúirí ar a mbolg.
I was given my ~ing orders. **1** Cuireadh chun bealaigh mé. **2** Tugadh bata agus bóthar dom.

mark
~ my words! Cuimhnigh ar a bhfuil mé a rá leat!
as a ~ of respect for you le teann measa ort
close to the ~ **1** gar don mharc **2** gar don fhírinne
Full ~s for effort! Lánmharcanna as an iarracht!
He's not up to the ~. Níl sé sách maith.
His criticism was right on the ~. Bhí an cáineadh a rinne sé díreach i gceart.
You are a ~ed man. Tá an tóir ar do dhroim.
You're not far off the ~. Níl tú i bhfad ón fhírinne.
You're way wide of the ~! Tá tú dulta amú ar fad.

marrow
I'm frozen to the ~. Táim préachta go smior na gcnámh.

marry
to ~ money an saibhreas a phósadh

mass
He's a good ~-goer. Is Aifreannach maith é.
to go to ~ dul chun an Aifrinn

maths
Do the ~! Cuir a haon is a haon le chéile tú féin!

match
He's no ~ for you. Níl sé inchurtha leatsa.

matter
as ~s stand faoi mar atá an scéal
as a ~ of fact déanta na fírinne
It is only a ~ of a couple of days. Níl i gceist anseo ach cúpla lá.
It's a ~ of opinion. Ní lia duine gan tuairim.

It's no great ~. Is beag an tábhacht é.
What ~?! Nach cuma?!
What is the ~? Cad tá cearr?

max
I'm stressed out to the ~. Táim beagnach cloíte ar fad leis an strus.

meal
It was the violin that was going to be my ~ ticket. Ba é an veidhlín a bheadh ina shaothraí beatha dom.
three square ~s a day trí bhéile fhiúntacha sa lá
to make a ~ of it gnó mór na hÉireann a dhéanamh de

mean
the golden ~ an meán órga
to ~ business bheith lándáiríre
You ~ to say you don't know! Níl tú a rá nach bhfuil a fhios agat!
by all ~s cinnte ar ndóigh
by some ~s or other ar dhóigh nó ar dhóigh eile
We have no ~s of doing it. Níl slí ar bith againn lena dhéanamh.
She is living beyond her ~s. Is mó a mála ná a soláthar.
Liam is by no ~s the best football player. Ní hé Liam an t-imreoir peile is fearr ná a dhath cosúil leis.
by ~s of trickery le cleasaíocht
~s test fiosrú maoine
We have ways and ~s of making money. Bíonn bealaí agus modhanna againn chun airgead a dhéanamh.

measure
as a precautionary ~ le fios nó le hamhras
beyond ~ as cuimse
for good ~ 1 ar son na maitheasa **2** ar son na cinnteachta
He didn't ~ up. 1 Ní raibh sé maith go leor. **2** Níor éirigh leis an caighdeán ceart a bhaint amach.
in some ~ go pointe áirithe
They went to extreme ~s to get rid of the plague. Chuaigh siad i muinín modhanna antoisceacha chun an phlá a dhíbirt.

meat
One man's ~ is another man's poison! Leas Mhurchaidh agus aimhleas Mhánais!

Mecca
It is the ~ for all jazz-musicians. Is é Meice na snagcheoltóirí é.

medicine
She gave him a dose of his own ~. Thug sí tomhas a láimhe féin dó.

medium
happy ~ cothrom cirt

meet
He met his match. Casadh duine air a bhí inchurtha leis.

meeting
There was no ~ of minds. 1 Ní rabhthas ag teacht

le chéile. **2** Ní raibh aon chomhthuiscint ann.

memory

if my ~ serves me right más buan mo chuimhne

in living ~ le cuimhne na ndaoine

We took a trip down ~ lane in Lublin city. Chuamar siar ar bhóithrín na smaointe i gcathair Lublin.

men

the men in white coats fir na gcótaí bána/ na fir sna cótaí bána

This separates the men from the boys. Scarann seo na caoirigh ó na gabhair.

*(see also: **man**)*

mend

Gabriel was ill but he's on the ~ now. Bhí Gabriel tinn ach tá biseach ag teacht air anois.

Trade is on the ~. Tá cúrsaí trádála ag dul i bhfeabhas.

You'll have to ~ your ways. Caithfidh tú do bheatha a leasú.

mention

Don't ~ the war! Ná luaigh an cogadh!

not to ~ all his other good qualities gan trácht a dhéanamh ar a dhea-thréithe eile go léir

menu

drop-down ~ *(computing)* roghchlár anuas

early-bird ~ biachlár na mochóirí

What's on the ~ tonight? Cad tá ar an mbiachlár anocht?

mercies

I suppose we should be thankful for small ~. Is dócha gur chóir don bhocht bheith buí le beagán.

mercy

angel of ~ aingeal na trócaire

merrier

The more the ~! Is é a locht a laghad!

merry

~-go-round áilleagán intreach

She was a bit ~. Bhí sí pas beag súgach.

messing

He was ~ with my head. Bhí sé ag déanamh leitean i mo cheann.

message

I'll send you a text ~! Cuirfidh mé (teachtaireacht) téacs chugat!

It took him a while to get the ~. Thóg sé tamall dó sular thuig sé conas mar a bhí an scéal.

We need to make sure that we're sending the right ~. Caithfimid bheith cinnte go bhfuil an teachtaireacht cheart á seoladh againn.

messenger

Don't shoot the ~! Ná maraigh an teachtaire!

method

There is ~ in his madness. Amadán iarainn é siúd.

mettle

He showed his true ~
1 Thaispeáin sé an mianach

a bhí ann. **2** Thaispeáin sé go raibh an mianach ceart ann.
I was put on my ~. Cuireadh mé i muinín mo dhíchill.

Mickey
She's just taking the ~. Níl sí ach ag magadh.

microscope
The whole school was under the ~. Cuireadh an scoil go léir faoin mhicreascóp.

Midas
She has the ~ touch when it comes to money. Chomh fada le hairgead de, bíonn lámh na beannachta uirthise.

middle
As a politician, he holds ~-of-the-road views. Mar pholaiteoir, gabhann sé lár báire.
I was in the ~ of doing it. Bhí mé le linn a dhéanta.
The ~ Way *(Buddhism)* An Bealach Meánach
The country was smack in the ~ of a economic crisis. Bhí an tír díreach i gceartlár géarchéime geilleagraí.
to steer a ~ course fanacht lár báire

midlife
~ crisis aothú na meánaoise

midstream
to stop ~ stopadh i lár an tsrutha

midsummer
~ madness buile lár an tsamhraidh

might
~ is right. Cloíonn neart ceart.
He fought with ~ and main. Throid sé lena raibh ina chorp.
The pen is ~ier than the sword. Is treise cleite ná claíomh.

mile
At the mention of hard work, he runs a ~. Fiú dá luafaí obair chrua, bheadh sé imithe te bruite.
He was always willing to go that extra ~. Bhí sé toilteanach i gcónaí an iarracht speisialta a dhéanamh.
I'm sorry I was ~s away – what did you say? Tá brón orm bhí mé caillte i lár mo smaointe – cad é a dúirt tú?
It stands out a ~ that she fancies him. D'fheicfeadh fear dall é go bhfuil nóisean aici dó.
It's sticking out a ~. Bheadh sé le feiceáil ag duine dall.
The x-ray was a ~stone in medical history. Casadh mór i stair an leighis ea ba an x-ghathú.
You can spot a Beaufort girl a ~ away. Is féidir cailín as Beaufort a aithint i bhfad uait.
You're ~s out if you think that. Tá dul amú go mór ort má cheapann tú é sin.

milk
There is no good crying over spilt ~. Níl maith sa seanchas nuair atá an anachain déanta.

mill

He's been through the ~. Tá a chuid féin d'anró an tsaoil fulaingthe aige.

People were ~ing about. Bhí slua ag tuairteáil thart.

million

You are one in a ~! 1 Is aingeal thú! **2** Níl éinne inchurtha leatsa!

You look like a ~ dollars! Tá cuma rí na maitheasa ort!

millstone

It was like a ~ round my neck. Bhí sé amhail bró mhuilinn anuas orm.

It would be better to have a large ~ hung around your neck and to be thrown into the depths of the sea. *(Bible)* B'fhearr duit cloch mhór mhuillean do do chrochadh ort, agus tú féin a chaitheamh i nduibheagán na farraige.

mince

He didn't ~ his words. Níor chuir sé fiacail ann.

They made ~meat of him. Rinne siad ciolar chiot de.

mind

~ the step! Fainic thú féin ar an gcéim!

A good holiday will take your ~ off this unhappiness. Tógfaidh saoire mhaith an cian seo díot.

Bear that in ~! Ná déan dearmad air sin!

Don't ~ him! Ná bac leis siúd!

Great ~s think alike. Tuigeann fáidh fáidh eile.

He lost his ~. Chuaigh sé as a mheabhair.

I can see it in my ~'s eye. Is féidir liom é a shamhlú dom féin.

I don't ~. Is cuma liom.

I had to speak my ~. Bhí orm a raibh ar mo chroí a rá.

I made up my ~ to do it. **1** Chinn mé ar é a dhéanamh. **2** Rinne mé suas m'aigne é a dhéanamh.

I'm in two ~s about it. Táim i gcás idir dhá chomhairle faoi.

I've a good ~ to tell him that. Is beag a bhéarfadh orm é sin a rá leis.

If you don't ~? Mura miste leat?

It went clean out of my ~. D'imigh sé glan as mo cheann.

Never ~! Is cuma!

Nothing comes to ~. Ní thagann aon rud i gcuimhne dom.

peace of ~ suaimhneas intinne

She isn't in her right ~. Níl sí ar a ciall (cheart).

She's a journalist. ~ you, she always liked writing. Is iriseoir í. Ach sin ráite, thaitin an scríbhneoireacht léi i gcónaí.

What do you have in ~? Cad tá ar intinn agat?

Would you ~ repeating that? Ar mhiste leat é sin a rá arís?

mine

gold ~ mianach óir

She is a ~ of information. Is foinse eolais í.
This new business is a gold ~. Slámáiltear airgead mór as an ghnó nua seo.

mint
He's making a ~. Tá sé ag carnadh airgid.
in ~ condition úrnua

minute
Wait a ~! Fan nóiméad!
up-to-the-~ technology an teicneolaíocht is deireanaí

mirror
~, ~ on the wall! who is the fairest of them all?!
A Scátháin, a scátháin inis gann gó! Cé hí an ainnir is áille cló?!
It's all just smoke and ~s.
1 Cleasaíocht láimhe amháin atá ansin. **2** Níl ann ach gaoth is toit.

miscarriage
~ of justice iomrall ceartais

mischief
He loves to make ~. Is breá leis trioblóid a tharraingt.
out of pure ~ le teann urchóide
Keep out of ~! Fan amach ón diabhlaíocht!

misery
He's such an old ~ guts. Nach gruama an t-ainniseoir é.
They put him out of his ~. Chuir siad deireadh lena shaol cráite.

miss
A ~ is as good as a mile! Ní fearr Éire ná orlach!
I ~ you a lot. Cronaím go mór uaim thú.
I meant to avail of the opportunity but I ~ed the bus/ boat! Bhí sé ar intinn agam breith ar an bhfaill ach d'imigh an seans orm!
I think I'll give the theatre a ~ tonight. Ceapaim nach mbacfaidh mé leis an amharclann anocht.
That was a near ~! Ba bheag nár aimsigh sin an marc!
You ~ed the point completely. Chuaigh tú amú ar fad.
You didn't ~ much. Níor chaill tú mórán.

mistake
Let there be no mistake about it!
Ná bíodh aon amhras faoi!
You were lucky and no ~!
Bhí an t-ádh ag rith leat agus níl ceist ar bith faoi sin!

mite
the widow's ~ *(Bible)* dhá chianóg na baintrí

mitts
Get your grubby ~ off it!
Ná cuir do chrúba brocacha air!

mix
There has been a ~-up.
1 Tharla meascán mearaí. **2** Tá botún déanta.
Our bags got ~ed up.
Meascadh suas ár málaí.
~ed school scoil mheasctha

mobile
I'll call you on your ~. Glaofaidh mé ort ar d'fhón póca.
upwardly ~ an poitéinseal le dul chun cinn sa saol
mockery
to make a ~ of something ábhar áiféise a dhéanamh de rud éigin
Mohicans
He's the last of the ~. Is é Oisín i ndiaidh na Féinne é.
moment
from the ~ I saw you ón nóiméad a chonaic mé thú
He is the man of the ~. Is é fear mór na huaire é.
I won't be a ~. Ní bheidh mé ach dhá nóiméad.
It's the ~ of truth! Is í seo nóiméad na cinniúna!
Just a ~ ago I saw him. Go díreach nóiméad ó shin a chonaic mé é.
Not for a ~ did I imagine she would win. Níor shamhail mé riamh go mbeadh an bua aici.
She has her ~s. Bíonn tairbhe inti ó am go chéile.
Monday
~ morning quarterback *(US)* imreoir ar an gclaí
that ~ morning feeling doicheall an Luain
money
~ talks. Bíonn urraim don airgead.
A fool and his ~ are easily parted. Is éadrom ór ag amadán.
He is rolling in ~. Tá sé ar maos le hairgead.
It can't be had for love or money. Níl sé le fáil ar ór ná ar airgead.
It's ~ for old rope/ for jam. Is airgead éasca é.
Put your ~ where your mouth is. **1** Beart de réir briathair! **2** Tá caint saor, cuir airgead air!
She is made of ~. Tá sí lofa le hairgead.
You're throwing good ~ after bad. Tá tú ag súil le cúiteamh an chearrbhaigh.
monkey
She was trying to make a ~ out of me. Bhí sí ag iarraidh ceap magaidh a dhéanamh díom.
She's as clever as a cartload of ~s. Tá sí chomh glic le madra rua.
There's some ~ business going on here. Tá caimiléireacht de shaghas éigin ar siúl anseo.
Well I'm a ~'s uncle – he won! Bhuel, cé a chreidfeadh é! – Bhuaigh sé!
monster
He became a green-eyed ~. D'éirigh sé ite ag an éad.
month
during the ~ i rith na míosa
for a ~ ar feadh míosa

for the past ~ le mí anuas
in a ~**'s time** i gceann míosa
next ~ an mhí seo chugainn
this ~ **and last** ~ an mhí seo agus an mhí seo caite
You'll never finish that job never in a ~ **of Sundays.** Ní chríochnóidh tú an jab sin go brách na breithe.

moon
He's asking for the ~. An domhan is a bhfuil ann atá uaidh.
I'm over the ~ **about it.** **1** Léimfinn tigh! **2** Tá sceitimíní áthais orm faoi.
many ~**s ago** fadó, fadó ó shin

moonlight
to ~ obair faoi choim a dhéanamh

more
~ **or less** a bheag nó a mhór
I've ~ **or less finished.** Táim ionann is críochnaithe.
It's really ~**ish.** **1** Is é a locht a laghad! **2** Nuair a thosaíonn, ní féidir stopadh.
Say no ~**!** Ní beag a bhfuil ráite agat!
She's no ~ **a professor than I am.** Ní ollamh í ach an oiread liom féin.

morning
~ **sickness** tinneas maidine
from ~ **till night** ó dhubh go dubh
in the ~ ar maidin
the next ~ maidin lá arna mhárach
tomorrow ~ maidin amárach

mortal
I'm a mere ~. Níl ionam ach gnáthdhuine.
to shuffle off this ~ **coil** éalú ó bhuaireamh an tsaoil seo

most
at the ~ ar a mhéad
They are ~**ly Irish.** Tá an chuid is mó acu ina nÉireannaigh.
We had better make the ~ **of the holidays**. Ba chóir dúinn an tairbhe is mó a bhaint as na laethanta saoire.

mote
the ~ **in your brother's eye** *(Bible)* an dúradán i súil do bhráthar

moth
like a ~ **to the flame** amhail leamhan ar an choinneal

mothballs
in ~ stórtha go cúramach

mother
Holy Mary ~ **of God!** A Mhuire Naofa agus a Mháthair Dé!
the ~ **of all wars** máthair na gcogaí uile

motion
They went through the ~**s of trying to rescue the crew.** Lig siad orthu go rabhadar ag iarraidh an fhoireann a tharrtháil.

mould
A woman cast in a heroic ~. Bean a bhfuil laochas inti.
When you were made they broke the ~. Is amhlaidh nach

mbeidh do leithéid arís ar an saol seo choíche.

mountain

Don't be making ~s out of mole hills! Ná bí ag déanamh míol mór de mhíoltóg!

I have ~s of work to do. **1** Tá seacht sraith ar an iomaire agam. **2** Tá seacht gcúraimí an tsléibhe orm.

If the ~ won't come to Muhammad, Muhammad must go to the ~. Mura dtiocfaidh an sliabh chuig Mahamad, caithfidh Mahamad dul chun an tsléibhe.

We have a ~ to climb. Tá sliabh le dreapadh againn.

mouse

as poor as a church ~ chomh bocht le bairneach

as quiet as a ~ chomh ciúin leis an uaigh

mouth

Don't be putting words into my ~. Ná bí ag cur focal i mo bhéal.

He's all ~! Is béal gan scáth é!

melt-in-the-~ food bia a leáfadh i do bhéal

Shut your ~! Dún do bhéal!

They live from hand to ~. Maireann siad ó láimh go béal.

You took the words out of my ~. Bhain tú an focal as mo bhéal!

You're a bit down in the ~ today. Tá iarracht den ísle brí ortsa inniu.

You've said a ~ful! Tá lán do bhéil ráite agat!

movable

~ feast socrú inathraithe

move

~ along, please! Coinnígí oraibh ag siúl, le bhur dtoil!

Don't ~ a muscle! Ná déan cor ná car!

Get a ~ on! Brostaigh ort!

movers

the ~ and shakers lucht cadhnaíochta agus ceannródaithe

much

Half an hour late – so ~ for his punctuality! Leathuair déanach – sin agat é féin agus a phoncúlacht!

He took my pen without asking – that's too ~! Thóg sé mo pheann gan é a iarraidh – Tá sin thar cailc ar fad!

He's not ~ of a photographer. Ní mór is fiú é mar ghrianghrafadóir.

I am ~ better, thank you very ~! Táim i bhfad níos fearr, go raibh míle maith agat!

I don't think ~ of it. Ní mór mo mheas air.

It's ~ of a ~ness. Is beag an difear a bheadh eatarthu.

The weather doesn't seem to be up to ~ at the moment. Níl mórán fiúntais san aimsir faoi láthair.

muck

Lord ~ 1 an Piarda **2** fear uasal, mar dhea

The press were ~-raking. Bhí an preas ar thóir scéalta scannalacha.

When we were camping – we all just ~ed in. Nuair a bhíomar ag campáil – chuireamar go léir ár nguaillí le chéile.

You made a ~ of it. Rinne tú praiseach de.

mud

~ sticks. Fanann an míchlú le duine.

~-flinging 1 sciolladóireacht **2** clúmhilleadh

~-raking ar lorg salachair le clú a mhilleadh

His name was ~. Bhí a chlú millte ar fad.

muddle

We'll ~ through somehow. Déanfaimid beart éigin más go ciotach féin é.

muddy

to ~ the waters an scéal a dhéanamh níos doiléire

mug

Gambling is a ~'s game. Amadáin amháin a bheadh i mbun an chearrbhachais.

multitude

It covers a ~. Clúdaíonn sin a lán

mum

~'s the word. Bíodh sin ina rún!

He kept ~. Níor lig sé smid as.

murder

She screamed blue murder. Chuir sí míle murdar aisti

Murphy

~'s law Dlí Uí Mhurchú

muscle

to flex your ~s do chuid matán a aclú

must

You have to see this film – it's a ~! Caithfidh tú an scannán seo a fheiceáil – níl aon dul uaidh!

mustard

It doesn't cut the ~. Ní ghróigfidh sin an fóidín móna.

muster

It didn't pass ~. Níor bhain sé an caighdeán cuí amach.

mutton

~ dressed as lamb minseach faoi chraiceann meannáin

N

nab

I wasn't able to ~ him at the meeting. Ní raibh mé in ann greim a fháil air ag an gcruinniú.

nagging

She never stops ~. Ní stadann sí leis an síor-ithe agus gearradh.

nail

I was biting my ~s. Bhí mé ag ithe mo chuid ingne.

Right on the~! Díreach é!

She paid on the ~. D'íoc sí ar an bpointe.
You've hit the ~ on the head. Leag tú do mhéar air.

naked
the ~ truth an fhírinne lom
to see it with the ~ eye é a fheiceáil leis an tsúil fhornocht

name
Have you seen what's-his-~ lately? An bhfaca tú mo dhuine le déanaí?
He got a bad ~. Cuireadh droch-chlú air.
He's a painter in ~ only. Is péintéir é más fíor dó féin é.
In the ~ of all that's holy! In ainm na naomh uile!
It's a marriage in ~ only. Ní ann ach pósadh páipéir.
It's genocide in all but ~. Bheadh sé chomh maith agat a rá gur chinedhíothú é.
She has made a ~ for herself in music. Rinne sí ainm di féin sa cheol.
She was calling me ~s. Bhí sí do mo chur as m'ainm.
to ~ and shame them iad a ainmniú is a náiriú
You ~ it, they sell it. Ainmnigh rud ar bith bheadh sé ar díol acu.

nap
to go for a ~ néal a chodladh

napping
He was caught ~ on the job. Rugadh air agus é ina chodladh ar an jab.
I was ~ in the afternoon. Bhí néal codlata agam um thráthnóna.

narrow
~-minded caolaigeanta
I had a ~ escape. 1 D'imigh mé idir cleith is ursain. **2** Ar eang is ar éigean as tháinig mé slán.
in the ~est sense sa chiall is cúinge

native
~ speaker cainteoir dúchais
my ~ land mo thír dhúchais
to go ~ ionannú le dearcadh agus nósanna tíre

nature
~ calls! Caithfidh mé cnaipe a scaoileadh!
It is the ~ of the beast. Is é nádúr an bheithígh é.
to get back to ~ dul ar ais go dtí an nádúr

navel
to be ~-gazing bheith féinghafa

near
~ at hand in aice láimhe
from ~ and far ó chian is ó chóngar
He's nowhere ~ as good as you. Níl aon ghoir aige a bheith chomh maith leatsa.
I ~ly drowned. Dóbair go mbáfaí mé.
It is/ was ~ enough! Gar go maith dó!
It was a ~ thing. Chuaigh sé go dtí an dóbair.
my ~est and dearest iad siúd is neasa dom

So ~ and yet so far! Ní raibh ann ach oiread na fríde!
They ~ly killed me. Dóbair siad mé a mharú.

neat
~ and tidy go néata slachtmhar
~! Togha!
as ~ as a new pin chomh slachtmhar lena bhfaca tú riamh
That's a ~ trick! Sin cleas cliste!
to drink whiskey ~ uisce beatha a ól as a neart

necessary
I'll help you if ~. Cabhróidh mé leat más gá.

necessities
the ~ of life riachtanais na beatha

neck
I got it in the ~. Mise a fuair i mbun na cluaise é.
I'm not going to stick my ~ out for him. Níl mise chun mo cheann féin a chur i mbaol ar a shonsa.
I'm up to my ~ in debt. Tá mé báite i bhfiacha.
I'm up to my ~ in work. Tá seacht gcúraimí an tsléibhe orm.
She's a right pain in the ~. Is crá croí ceart í.
They were ~ and ~. **1** Bhí siad gob ar ghob. **2** Ní raibh ionga ná orlach acu ar a chéile.
to stick your ~ out dul sa bhearna bhaoil
What are you doing in this ~ of the woods? Cad tá ar bun agatsa sna bólaí seo?
You've a hell of a ~ to coming here! Nach dána an mhaise duit teacht anseo!

need
A friend in ~ is a friend indeed! Aithnítear cara i gcruatan!
I ~ that like I ~ a hole in the head! Sin an rud is lú atá ag teastáil uaim anois!
if ~s be más gá
in time of ~ in am an ghátair
No ~ to worry! Níl call le himní!
She has her ~s and he is always far from home. Is bean í agus bíonn seisean de shíor i bhfad ó bhaile.
There's no ~ for me to say just how happy I am. Ní gá dom a rá cé chomh háthasach is atáim.

needle
It's like looking for a ~ in a haystack. Is ionann é agus bheith ag tóraíocht na snáthaide móire san fhásach.

needling
She was ~ him. Bhí sí ag séideadh faoi.

neighbour
in the ~hood of three million euro suas agus anuas le trí mhilliún euro
next-door ~ comharsa bhéal dorais

neither
~ fish nor fowl ní rud amháin ná an rud eile

Nellie
Not on your ~! Ná smaoinigh air fiú!

nerve
He lost his ~. 1 Loic sé. **2** Theip ar a mhisneach.
I hadn't the ~ to ask him. Ní raibh de mhisneach ionam fiafraí de.
She gets on my ~s. Feidhmíonn sí ar mo néaróga.
She is all ~s. Tá sí ar bior., Tá sí ar tinneall.
She is all ~s. 1 Tá sí ar bior. **2** Tá sí ar tinneall.
The ~ of him to say such a thing! Nach dána an mhaise dó a leithéid a rá.

nest
He's feathering his own ~. Ag tarraingt uisce dá mhuileann féin atá sé.

net
He slipped through the net. Shleamhnaigh sé isteach (amach) i ngan fhios.
to surf the ~ 1 surfáil ar an idirlíon **2** scimeáil ar an idirlíon

nettle
We will just have to grasp the ~. Caithfimid ól na dí seirbhe a thabhairt air.

network
broadband ~ líonra leathanbhanda
It will be an opportunity to ~. Seans maith a bheidh ann chun aithne a chur ar dhaoine.
networking ag cur aithne ar dhaoine
the old boys' ~ gréasán na seanchairde scoile
wireless ~ líonra gan sreang

never
~-~ land Tír na nÓg
~ ever again 1 go deo na ndeor **2** go brách
on the ~-~ le fruilcheannach

new
~-fangled ideas tuairimí nuafhaiseanta
as good as ~ chomh maith le ceann nua
Happy ~ year! Athbhliain faoi mhaise duit!
I feel like a ~ man / woman. Táim ar ais ar mo sheanléim arís.
That's a ~ one on me. Sin rud nua dom.
This is a whole ~ ball game. Is scéal eile ar fad é seo.
What's ~? Cén scéal é?

news
~worthy event eachtra in-nuachta
Any ~? Aon scéal nua?
Have I got ~ for you! Nach agam atá scéala duit!
No ~ is good ~. Is maith scéal gan aon drochscéal.
That's yesterday's ~. 1 Sin scéal ón lá inné. **2** Sin seanscéal le meirg air.

The Tánaiste is in the ~ of late. Bíonn an Tánaiste i mbéal an phobail le déanaí.

Which do you want first, the good ~ or the bad ~? Cé acu atá uait ar dtús, an dea-scéal nó an drochscéal?

next

the girl ~ door an cailín béal dorais

What's ~? Cad é an chéad rud eile?

nibs

I see her ~ is back. Feicim go bhfuil sí féin ar ais.

Where's his ~ these days? Cá bhfuil sé féin na laethanta seo?

nice

~ one! Go diail ar fad!

~ to meet you! Go deas bualadh leat!

as ~ as pie chomh deas le cupán tae

It's ~ to know at least one person agrees with me. Is mór an faoiseamh dom é go bhfuil ar a laghad duine amháin ar aon intinn liom.

No more Mr ~ Guy! Tá an cairde caite anois!

nick

in the ~ of time go díreach in am

Old ~ An Fear Dubh

She ~ed my pen. Sciob sí mo pheann orm.

The bike was in reasonable ~. Bhí an rothar i gcruth réasúnta maith.

nickel

It's not worth a ~. Ní fiú uisce na bprátaí é.

night

~cap deoch oíche, deoch roimh dhul a chodladh

He's making a racket morning, noon and ~. Bíonn sé ina raic aige ó mhaidin go hoíche.

in the ~ istoíche

last ~ aréir

one-night-stand 1 páirtí-grá-imí'-roimh-lá **2** *(BÁC)* seasamh aon oíche

the ~ before last arú aréir

tomorrow ~ oíche amárach

nine

It's a ~ days' wonder!
1 Beidh comhrá naoi lá air!
2 Bróga nua!

She was dressed up to the ~s.
1 Bhí sí gléasta go barr na méar.
2 Chuir sí a breá breá uirthi féin.

nineteenth

the ~ hole *(the bar)* an naoú poll déag

ninety

The craic was ~! Bhí an chraic nócha!

nip

I'll just ~ down to the shops. Sciorrfaidh mé anonn go dtí na siopaí.

She was ~ping in and out of the traffic. Bhí sí ag sní amach is isteach idir an trácht.

There's a ~ in the air. Tá sé pas beag feanntach.

to nip it in the bud é a mharú san ubh

nippy

It's a bit ~ today. Tá bearradh fuar air inniu.

no

~ man's land talamh eadrána

~ means ~. Cén chuid den diúltú nach dtuigeann tú?

~ nonsense! Cuir uait an tseafóid!

~ smoking! Ná caitear tobac!

~ surrender! Bás nó bua!

~ way! 1 Baol air! **2** I bhfad uainn an t-olc!

~ worries! 1 Ná bí buartha faoi! **2** Ní fadhb é!

He's a ~ nonsense person. Is duine gan aon amaidí é.

I found my way there, ~ thanks to you! Fuair mé mo bhealach ann ná raibh a bhuíochas ortsa!

I'm ~ longer as young as I was. 1 Níl mé chomh hóg is a bhíos. **2** Níl mé óg a thuilleadh mar a bhíos fadó.

It a ~ ~. Ní dhéantar é sin.

nod

(Even) Homer ~s. Ní bhíonn saoi gan locht.

A ~ is as good as a wink to a blind horse. Is leor leid don eolaí.

He greeted her and she gave him a ~. Bheannaigh sé í agus chroith sí a ceann dó.

I was ~ding off. Bhí néal ag titim orm.

She gave him the ~ when the coast was clear. Nuair nach raibh duine ná deoraí sa bhealach thug sise comhartha cinn dó.

The baby is in the land of ~. Tá an leanbán ar mhargadh na holla.

noise

big ~ in politics boc mór sa pholaitíocht

There was a lot of ~ about this new film. Tógadh gáir mhór faoin scannán nua seo.

none

I think ~ the less of you for it. Ní lúide mo mheas ort é.

I'm ~ the wiser. Ní móide an t-eolas atá agam.

Put your hands together for ~ other than Ed Sheeran! Cuirigí bhur lámha le chéile mar cé atá ann ach Ed Sheeran!

She will have ~ of it! Ní thabharfaidh sí aird ar bith air!

You were ~ too soon. Ní raibh tú ach in am.

nook

I looked in every ~ and cranny of the house. Chuardaigh mé i ngach poll agus prochóg den teach.

noose

You're putting your own head in a ~. Is é do cheann féin atá á chur i sealán na croiche agat!

nose

He bit the ~ off me. Bhain sé an tsrón díom.

It's no skin off my ~. Ní mise a bheidh thíos leis.

right under your ~ díreach os coinne do dhá shúil

She led him by the ~. Bhí sé ar teaghrán aici.

She turned her ~ up at it. Chuir sí cor ina srón chuige.

That really gets up my ~. Cuireann sin olc an diabhail orm.

The horse won by a ~. Bhuaigh an capall d'fhad a shróine.

to follow your ~ do shrón féin a leanúint

to keep your ~ clean fanacht amach ón trioblóid

to poke your ~ into matters that don't concern you do ladar a chur isteach i rudaí nach mbaineann leat

nosey

Don't be so ~! Ná bí chomh fiosrach sin!

He's a ~ parker. Is socadán é.

nosing

He was ~ about. Bhí sé ag srónaíl thart.

not

~ at all ready gan bheith réidh ná baol air

~ half! Ach amháin an deis a fháil!

~ likely! Beag an baol!

Thank you! – ~ at all! Go raibh maith agat! Tá fáilte romhat!

note

on a more positive ~ chun a bheith níos dearfaí

She is a writer of ~. Is scríbhneoir iomráiteach í.

The speech she gave struck the right ~. Ba thráthúil an óráid a thug sí.

nothing

~ could be easier. Ní féidir le haon rud bheith níos fusa.

~ doing! Seans ar bith!

~ or quits é a dhúbailt nó a ghlanadh

He thinks ~ of walking 30 kilometres. Ní dada aige tríocha ciliméadar a shiúl.

He'll stop at ~ in order to achieve his goal. Ní bheidh cosc ná srian le cur air go dtí go mbainfidh sé a aidhm amach.

I can make ~ of this letter. Ní féidir liom adhmad ar bith a bhaint as an litir seo.

I got it for next to ~. Fuair mé ar 'ardaigh orm' é.

I was given the coat for ~. Tugadh an cóta saor in aisce dom.

It all came to ~. Níor tháinig aon rud as.

It has ~ to do with you. Ní bhaineann sé leatsa.

It's ~ to write home about!
1 Níl sé thar moladh beirte.
2 Ní gaisce as an Táin é.

Thank you very much! – Think ~ of it! Go raibh míle maith agat! – Ní dada é!

There was ~ else for it but to wait for him. Ní raibh a athrach le déanamh ach fanacht air.
There's ~ more to be said about it. Níl a thuilleadh le rá faoi.
There's ~ to worry about. Níl aon ábhar imní ann.
They demand ~ less than perfection. Ní ghlacann siad ach leis an bhfoirfeacht féin.
You ain't seen ~ yet! Níl aon rud feicthe agat fós!

notice
at short ~ gan foláireamh
Society has to sit up and take ~. Caithfidh an tsochaí teacht ar a ciall agus bheith ar a faichill.
Take no ~ of him! **1** Ná bac leis-sean! **2** Ná tabhair aird ar bith air siúd!
to change plans at short ~ pleananna a athrú láithreach baill

Nouveau Riche
They're ~. Bacaigh ar muin capaill atá iontu!

now
~ ~! Seo anois!
~ and again anois is arís
Bye for ~! Slán go fóill!
It's ~ or never! Is anois nó choíche é!
just ~ díreach anois

nowhere
in the middle of ~ **1** ar an iargúil **2** i lár na hiargúltachta
You're going ~ with this project. Níl tú ag dul áit ar bith leis an tionscnamh seo.

nude
in the ~ lomnocht

nudge
~ ~ wink wink má thuigeann tú leid

nuisance
~ call glaoch núise
public ~ núis phoiblí
What a ~! A leithéid de chrá croí!

number
His ~'s up. **1** Tá a chnaipe déanta. **2** Tá a rás rite.
She has a cushy number. **1** Bíonn saol an mhadra bháin aici. **2** Tá sí ina suí go te.
taking care of ~ one ag tochras ar do cheirtlín féin
There's safety in ~s. Ní neart go teacht le chéile.
without ~ gan áireamh

nut
He's ~s about golf. Tá sé fiáin chuig an ghalf.
Inflation is a tough ~ to crack. Fadhb chrua le réiteach is ea an boilsciú.
She's ~s about him. **1** Tá sí splanctha ina dhiaidh. **2** Tá sí as a ceann le grá dó.
That's it in a ~shell. Sin é i gcúpla focal é.

nutty
He's as ~ as a fruitcake. Tá sé glan as a mheabhair.

O

oar

He's resting on his ~s. Tá sé ag ligean a mhaidí le sruth.

object

Money is no ~. Is cuma faoin airgead.

the whole ~ of the exercise bun agus barr an ghnó ar fad

occasion

She rose to the ~. Thaispeáin sí go raibh sí inchurtha leis an ghnó.

ocean

You have ~s of space here. Tá neart spáis agat anseo.

odd

~ number corruimhir

~ly enough he didn't do it. An rud is aistí faoi, ná nach ndearna sé é.

~s and ends rudaí beaga

as ~ as two left feet 1 chomh contráilte le cearc ghoir **2** *(BÁC)* chomh hait le dhá chos chlé

How ~?! Nach ait é?!

It makes no ~s! Is cuma!

the ~ time corruair

The ~s are that he's right. An rud is dóichí ná go bhfuil an ceart aige.

They are at ~s with one another. Tá siad in achrann lena chéile.

Which is the ~ man out? Cé acu an ceann corr?

off

~ and on anois is arís

~ you go! Ar aghaidh leat!

The meat has gone ~. Tá cor san fheoil.

They are badly ~. Tá siad ar an anás.

offence

no ~ intended but… gabh mo leithscéal as aon mhúisiam ach…

offhand

He treated me in an ~ manner. Chaith sé go giorraisc liom.

offices

thanks to the good ~ of the headmaster… a bhuíochas don ardmháistir…

offing

in the ~ 1 ar tí tarlú **2** ar na bacáin

oil

to ~ the wheels ola a chur ar na rothaí

to pour ~ on troubled waters clár mín a chur ar scéal achrannach

Well, she's no ~ painting herself. Bhuel, ní saothar ealaíne í féin ach oiread.

ointment

That's the fly in the ~. Sin an breac sa bhainne.

old

He's as ~ as the hills. Tá aois chapall na gcomharsan aige.

I know him of ~. Tá seanaithne agam air.

in the good ~ days sna seanlaethanta sona fadó

My ~ man won't let me go there. Ní ligeann an seanleaid sa bhaile dom dul ann.
That's ~ hat! Sin seanscéal le meirg air!
That's the ~est trick in the book. Sin an cleas is sine sa ghnó.

oldies
golden ~ 1 seanamhráin órga *(songs)* 2 seanfhondúirí órga *(people)*

olive
to hold out an ~ branch deis chomhréitigh a thairiscint

on
I think she's ~ side. Ceapaim go bhfuil sí ar bord.
I think you're ~ to something there. Ceapaim go bhfuil rud fiúntach agat ansin.
I'm ~ it! Fág fúm é!
I'm ~ to you now! Tá do chuid cleasaíochta ar eolas agam anois.
I've a lot ~ this week. Tá a lán idir lámha agam an tseachtain seo.
That's not ~! Níl sé sin ceart ná cóir!
This kind of shoddy work is just not ~! Ní dhéanfaidh a leithéid seo d'obair shuarach an chúis in aon chor!
You're ~! Bíodh ina mhargadh!

once
~ a thief, always a thief! 1 Má tá an drochbhraon ann, fanfaidh sé ann. 2 Cad a dhéanfaidh mac an chait ach luch a mharú.
~ again arís eile
~ and for all den turas deireanach
~ upon a time fadó fadó
Do it at ~! Déan láithreach é.
He gave the rooms the ~ -over. Thug sé súil reatha ar na seomraí.
I'll be there at ~! Beidh mé ann gan mhoill.

one
~ way or the other bealach amháin nó bealach eile
I'm not much of a ~ for rugby. Ní fear mór rugbaí mise.
It's all the ~ to me. Is ionann an cás domsa é.
It's all the ~. Is ionann é.
It's just ~ of those things. Sin mar a tharlaíonn (ar uaire).
That's ~ up for us! Sin cúig againne!
We are at ~ with the Government on this matter. Táimid ar aon intinn leis an rialtas faoin cheist seo.
We'll drop into the pub and have a quick ~. Buailfimid isteach sa tábhairne agus slogfaimid taoscán.
Welcome ~ and all! Fáilte roimh gach uile dhuine!

one-horse
~ race rás aon chapaill

onions

He certainly knows his ~. Tá fios a ghnó aige siúd gan aon dabht.

only

~ yesterday I was talking to her. Inné féin, bhí mé ag caint léi.

You're not the ~ one. Níl tú leat féin.

You've only to ask. Níl ort ach iarraidh.

open

~-air theatre amharclann amuigh faoin aer

~ and shut case cás sách simplí

Be ~ with me! Bí macánta liom!

He is not ~ to advice. Ní éistfidh sé le comhairle ar bith.

in ~ court i gcúirt phoiblí

It is ~ to improvement. Is féidir feabhas a chur air.

out in ~ country **1** amuigh ar an réiteach **2** faoin tuath oscailte

The whole affair was brought out into the ~. Tugadh an scéal go léir amach os comhair an tsaoil mhóir.

They received the refugees with ~ arms. Chuir siad fáilte is fiche roimh na dídeanaithe.

opener

For ~s, why were you late? Chun tús a chur leis, cén fáth go raibh tú déanach?

opium

the ~ of the people suaimhneasán an phobail

opinion

In my ~ she is right. Dar liomsa, tá an ceart aici.

opportunity

equality of ~ comhionannas deiseanna

to grasp the ~ an deis a thapú

when ~ knocks nuair a thagann an deis

opposite

in the ~ direction sa treo eile

my ~ number an comhchéimeach liom ar an taobh eile

Quite the ~ is true. A mhalairt ar fad is fíor.

the ~ sex an cineál eile

the house ~ an teach thall

option

the soft ~ an rogha le fána

I would like to keep my ~s open for the time being. Ba mhaith liom mo roghanna go léir a bheith agam go ceann tamaillín fós.

order

~! ~! Ciúnas! Ciúnas!

~s are ~s. Níl dul thar orduithe.

in pecking ~ in ord tábhachta

in reverse ~ in ord contrártha

out of ~ *(broken)* **1** as gléas **2** as feidhm

That's a tall ~! Níor dhada beagán!

You're completely out of ~ saying that! Níl de cheart ná de chead agat a leithéid a rá!

ordinary

It was something out of the ~. Rud thar an gcoitiantacht a bhí ann.

It wasn't anything out of the ~. Ní aon rud neamhchoitianta a bhí ann.

*(see also: **man**)*

other

~ things being equal agus gach ní eile mar a chéile

It's nice to see how the ~ half lives. Is maith fios a chur ar bheatha lucht an tsaibhris.

the ~ day an lá cheana

The bottles fell one after the ~. Thit na buidéil ceann ina dhiaidh a chéile.

They followed her in, one after the ~ Lean siad í isteach, duine ina dhiaidh duine

out

~ in the country amuigh faoin tuath

~ in the open air amuigh faoin aer

~ of danger as baol

~ of power as cumhacht

~ of sight as radharc

~ with it! Abair amach é!

~ you go! Amach leat!

Are you ~ of your mind? An bhfuil tú as do mheabhair?

He's ~ of it! Tá sé caite i gcártaí.

She was ill last week but she's ~ and about again now. Bhí sí tinn an tseachtain seo caite ach tá sí suas ar a cosa anois arís.

The lights are ~. Tá na soilse múchta.

The tide is ~. Tá sé ina thrá.

The workers are ~. Tá na hoibrithe ar stailc.

They fell ~ over it. Thit siad amach lena chéile dá dheasca.

to ~ someone scéal a sceitheadh ar dhuine

We had a day ~. Bhí lá faoin tor againn.

We had a night ~. Bhí oíche scléipe againn.

We're ~ of tea. Táimid rite as tae.

outdoors

the great ~ an saol breá amuigh faoin spéir

outed

The press ~ him. Sceith an preas gurbh aerach é.

outside

a thousand euro at the ~ míle euro ar a mhéad

It was an ~ chance. Ní raibh ach caolseans ann.

on the ~ looking in ar an taobh amuigh ag féachaint isteach

outstay

Never ~ your welcome! Cuairt ghearr agus é a dhéanamh go hannamh!

outweigh

His virtues ~ his vices. Is troime a shuáilcí ná a dhuáilcí.

over

~ and ~ again arís agus arís eile

It's all ~ bar the shouting. Tá sé go léir thart seachas an rírá agus ruaille buaille.
Let's get it ~ and done with! Cuirimis dínn é!
On the job-scene at fifty you're ~ the hill. Maidir le fostaíocht, má tá tú caoga, is arán ite thú.
That's all ~ and done with years ago! Tá a lán uisce imithe le sruth ón aimsir sin.
They are all ~ the new baby. **1** Tá siad doirte ar fad don leanbán nua. **2** Tá siad leáite anuas go hiomlán ar an leanbán nua.

overboard
Don't go ~ with the decorations! Ná téigh thar fóir leis na maisiúcháin!

overdo
You mustn't ~ it so much. You'll get ill. Ná luigh ort féin chomh mór sin. Éireoidh tú tinn.
She totally overdid it with the make-up. Chuaigh sí thar cailc ar fad leis an smideadh.

overdrive
We were in ~ preparing for the wedding. Bhí dúrúch orainn ag ullmhú don phósadh.

overplay
Don't ~ your hand! Ná bí róchinnte díot féin!

overshoot
to overshoot the target
1 gabháil thar an cheasaí. **2** dul thar cailc

owe
I ~ you big time. Táim faoi chomaoin ollmhór agat.
I ~ you one. Táim faoi chomaoin agat.
The world doesn't ~ you a living. Níl beatha geallta ag an saol duit.
You ~ me an explanation. Táim i dteideal míniú a fháil uait.

own
He acts as if he ~s the place. Bíonn sé a iompar amhail is dá mba mháistir anseo é.
He's his ~ man. Níl tuilleamaí aige le duine ar bith.
I am all on my ~. **1** Táim i m'aonar ar fad. **2** Táim liom féin amháin.
She ~ed up to the crime. D'admhaigh sí go ndearna sí an choir.
She really has come into her ~ this last year. Tá sí tagtha chun cinn go mór i mbliana.
You got completely ~ed! Cloíodh ar fad thú!

oyster
You're young and intelligent. The world is your ~! Tá tú óg agus éirimiúil. I dtús do reatha atá tú!

P

Ps and Qs
You had better watch your ~ while she's around! Caithfidh

tú bheith go cúramach agus ise timpeall.

pace

at a (good) ~ faoi shiúl beo

at a snail's ~ ar luas seilide

at a steady ~ ar luas seasta

at walking ~ ar chéim siúil

She couldn't keep ~ with the work. Níor éirigh léi cos a choinneáil leis an obair.

The ship gathered ~. Thóg an long siúl.

They put him through his ~s. Chuir siad tríd an mhuileann é á thástáil.

to set the ~ an luas a shocrú

pack

The place was ~ed. Bhí an áit dubh le daoine.

There was no money to be made in it and so they ~ed it in. Ní raibh aon airgead le déanamh ann mar sin chaithsiad a lámh i bpaca.

to ~ up and leaveb do chip is do mheanaí a bhailiú agus imeacht

packet

It cost a ~. Chosain sé carn mór airgid.

page

~ three girl cailín leathanach a trí

We're not on the same ~. **1** Nílimid ag treabhadh na páirce céanna. **2** *(BÁC)* Nílimid ar an leathanach céanna.

paid

The war put ~ to that idea. Chuir an cogadh an chaidhp bháis ar an smaoineamh sin.

pain

She was at great ~s trying to explain it to us. Rinne sí lúb agus casadh ag iarraidh é a mhíniú dúinn.

What a ~! Nach é an crá croí!

paint

It was like watching ~ dry. **1** Ba gheall le purgóid é. **2** *(BÁC)* Bhí mar a bheifeá ag féachaint ar phéint ag triomú.

We ~ed the town red last night. Bhí an-oíche scléipe againn aréir.

pair

It's good to have another ~ of hands. Tá sé go maith an lámh chúnta bheith agat.

palm

to grease his ~ breab a thabhairt dó

She has them in the ~ of her hand. **1** Tá siadsan faoina smacht ar bois aici. **2** *(BÁC)* Tá siad ag ithe as a lámh.

pan

if things don't ~ out as expected mura dtagann críoch ar an scéal mar atáthar ag súil

pants

You scared the ~ off him. Chuir tú eagla a chraicinn air.

paper

without her signature it's not worth the ~ it's written on

gan a síniú air ní fiú é an páipéar ar a bhfuil sé scríofa
~ tiger 1 caint gan cur leis **2** *(Mao Zedong)* tíogar páipéir

par
I'm feeling a bit below ~ today. Nílim ag aireachtáil ach go measartha inniu.
The hotel is on a ~ with the Ritz in London. Tá an óstlann ar aon chéim leis an Ritz i Londain.

paradise
He lives in a fool's ~. 1 Tá dallach dubh air. **2** Níl aon pheaca air.
Living in the Canary Islands is ~ on earth. Is é parthas ar an saol seo cónaí a dhéanamh ar na hOileáin Chanáracha.

pardon
~ me! Gabhaim pardún agat!
~ my French! Maith dom na focail throma!

park
It's a walk in the ~. 1 Is siúlóid sa pháirc é. **2** Is caitheamh dairteanna é.

parrot
to learn everything off ~ fashion gach rud a fhoghlaim ar nós pearóide
When he heard she had won, he was a sick as a ~. Nuair a chuala sé gur bhuaigh sí, bhí sé mar chic sa bholg dó.

part
dressed for the ~ bheith gléasta go cuí
for my ~ maidir liom féin
for the most ~ den chuid is mó
He took the joke in good ~. Ghlac sé leis an ghreann i bpáirt na maitheasa.
In ~ it was my fault. Tá cuid den locht ormsa.
It's ~ and parcel of it. Is alt den mhuineál é.
We had to ~ company. Bhí orainn scaradh lena chéile.

parting
~ is such sweet sorrow. *(Shakespeare)* Is milis an brón é scaradh.
his ~ words a fhocail dheiridh roimh imeacht dó
We came to a ~ of the ways. Bhí orainn dul ar ár mbealaí éagsúla.

party
to follow the ~ line polasaí an pháirtí a leanúint

pass
~ me the milk! Sín chugam an bainne!
~ing comment focal fánach
He ~ed away last year. Chuaigh sé ar shlí na fírinne anuraidh.
He ~ed out with the heat. Thit sé i laige de dheasca an teasa.
He made a ~ at her. Chuir sé chun tosaigh uirthi.
She ~ed the whole thing off as a joke. Rinne sí ábhar grinn den scéal iomlán.

She mentioned it in ~ing. Dúirt sí i gcomhrá fánach é.
ships that pass in the night dlúth-theagmháil ghasta gan tábhacht
This cloth could ~ for silk. D'fhéadfaí an t-éadach seo a thógáil in ainriocht le síoda.
We'll let it ~ this time! Scaoilimis leis an uair seo!

past
He's ~ it! 1 Tá a lá thart! **2** Tá a lá caite aige!
He's a ~ master at it. Tá seanchleachtadh aige air.
I wouldn't put it ~ you! Ní chuirfinn tharat é!
She's ~ her best. Tá a bláth curtha aici.

pasture
He was put out to ~. Cuireadh amach ar féarach é.
I want to move on to fresh ~s. Teastaíonn uaim talamh féaraigh úir a thriall.

pat
He has all the answers off ~ by now. Bíonn na freagraí uile ar bharr a theanga aige faoi seo.
to ~ a person on the back moladh a thabhairt do dhuine
You can ~ yourselves on the back – that was amazing! Tá moladh mór tuillte agaibh – bhí sin go hiontach.

patch
I tried to ~ things up between us. Rinne mé iarracht cúrsaí a réiteach eadrainn.
She's not a ~ on you. Níl sí ar aon chaoi inchurtha leatsa.

path
beating a ~ to your door ag déanamh cosán dearg go dtí doras do thí
Boris led the voters up the garden ~. Chuir Boris dallamullóg ar an lucht vótála.
He and I crossed ~s in Sligo recently. Chasamar ar a chéile i Sligeach le déanaí.

patience
Have ~! Bíodh foighne agat!
My ~ is at an end! Tá briste go hiomlán ar an bhfoighne agam!
They would try the ~ of a saint! Chaithfidís an fhoighne ag Naomh Pádraig féin!
You'd need the ~ of Job with those kids! Chuirfeadh na leanaí sin go bun na foighne thú!

patter
the ~ of tiny feet coiscéimeanna leanbáin bhig

pause
It gave me ~ for thought. Bhain sé stad asam chun machnamh a dhéanamh.

pave
Industrialisation ~d the way for the spread of English. Réitigh an tionsclaíocht an bealach do leathadh an Bhéarla.

pay
He'll ~ dearly for that. Íocfaidh sé go daor as sin.

I prefer to ~ my own way. Is fearr liom íoc as mo chuid féin.
It ~s for itself. Íocann sé as féin.
That's beyond my pay-grade. Tá a leithéid os cionn mo thuarastal freagrachta féin.
There'll be all hell to ~ if she's find out. Beidh an diabhal le híoc má fhaigheann sí amach.
They made us ~ through the nose. Shaill siad sinn.
to ~ a person a compliment ionracas a dhéanamh le duine
to ~ a person a visit cuairt a thabhairt ar dhuine.

pea
~-brained idea 1 smaoineamh gan aird **2** smaoineamh dobhránta
He's a real ~ brain. 1 Tá sé chomh dúr le slis. **2** Níl faic idir na cluasa aige.
They are alike as two ~s in a pod. Tá siad mar a sceithfeadh fíogach fíogach eile.

peace
I held my ~. 1 Ní raibh smid asam. **2** D'fhan mé i mo thost.
for the sake of ~ de ghrá an réitigh
He made his ~ with her. Tháinig sé chun réitigh léi.
to keep the ~ an tsíocháin a choimeád

peach
It was a ~ of a dress. Ba ghleoite an gúna é.

peachy
That's just ~. Tá sin díreach go gleoite.

pearls
to cast ~ before swine 1 silíní a thabhairt do na muca **2** *(BÁC)* péarlaí a chaitheamh chun na muc

pear-shaped.
Everything went ~. Chuaigh gach rud chun siobarnaí.

peck
He gave her a ~ on the cheek. Thug sé póigín ar an leiceann di.

pecker
Keep your ~ up! Ná caill do mhisneach!

pedestal
She put her father on a ~. Rinne sí dia beag dá hathair.

peeping
He's a ~ Tom! Is gliúmálaí é!

peg
He's a square ~ in a round hole. Is é an gabha ag déanamh aráin é.
She took him down a ~ or two. 1 Bhain sí an giodam as. **2** Thug sise béim síos dó.
suit off the ~ culaith réamhdhéanta

pelt
at full ~ faoi lánluas
in your ~ lomnocht

pen
The ~ is mightier than the sword. 1 Is treise cleite ná claíomh. **2** Cloíonn caibidil claíomh.

with the stroke of his ~ le stríoc dá pheann

penny

~ wise, pound foolish! Tíos na pingine agus cur amú na scillinge!

~-pinching of the worst kind cníopaireacht den chineál is measa

I haven't a ~ to my name. Níl pingin rua agam.

I'm going to spend a ~. Scaoilfidh mé cnaipe.

In for a ~, in for a pound! Ó loisc mé an choinneal, loiscfidh mé an t-orlach.

Like a bad ~ he keeps turning up. Ar nós na drochaimsire, ní féidir éalú uaidh.

That cost a pretty ~ I bet! Bhí airgead maith le híoc air sin nach raibh?!

pep

a ~ talk focal misnigh

She's full of ~. Tá sí lán de cheol!

perfect

It was a word-~ recitation. Bhí an dán ar eolas go foirfe aige.

Practice makes ~. Cleachtadh a dhéanann an mháistreacht.

You're a ~ idiot! Is amadán den scoth thú!

peril

Do that at your ~! I mbaol d'anama déan é sin!

period

actors in ~ dress aisteoirí gléasta i gcultacha seanré

This play is a ~ piece. Tarlaíonn an dráma seo suite in aimsir faoi leith.

perish

~ the thought! I bhfad uainn an t-olc!

permitting

weather ~ mura gcuireann an aimsir isteach

person

He met the Taoiseach in ~. Bhuail sé leis the Taoiseach féin.

The letter was delivered to him in ~. Tugadh an litir go pearsanta dó féin.

perspective

Let's get this matter in perspective. Feicimis an scéal seo ina cheart.

She has the thing all out of ~. Tá an rud as peirspictíocht ar fad aici.

Peter

robbing ~ to pay Paul tuí na háithe a chur ar an Muileann

phrase

as the ~ goes mar a deirtear

That is how she ~d it. Sin mar a chuir sí i gcaint é.

phut

The TV has gone ~. Cliseadh ar an teilifís.

physician

~, heal thyself! A lia, leigheas thú féin!

pick

You can't just ~ and choose. Ní bhíonn cead roghnachais agat.

She's always ~ing on me. Bíonn sí i gcónaí anuas orm.
to ~ pockets pócaí a phiocadh
Beware of ~ -pockets! Fainic thú féin ar phiocairí póca!
to ~ up the pieces of my life caoi éigin a chur ar mo shaol arís
She ~ed up Irish quickly. Thug sí an Ghaeilge léi go tapa.
What you need is a quick ~-me-up. **1** Cuirfidh deoch ghasta an ghaoth i do sheolta arís! **2** (*BÁC*) Tá pioc-mé-suas tapa de dhíth ortsa.

pickle
to be in a ~ bheith san fhaopach

picnic
It was no ~. **1** Níorbh aon dóithín é. **2** Níor shiúlóid sa pháirc a bhí ann.
That guy is two sandwiches short of a ~. Tá an diúlach sin ar shiúl sa chloigeann.

picture
Do you get the ~? An dtuigeann tú an scéal?
I wanted to put you in the ~. Theastaigh uaim an scéal a chur ar do shúile duit.
now that he's out of the ~ ó nach bhfuil seisean anois sa scéal
She is a ~ of health. Is í an tsláinte ina seasamh í.

pie
as easy as ~ chomh héasca lena bhfaca tú riamh
It's all ~ in the sky. Níl ann ach speabhraídí.
She has a finger in every ~. **1** Bíonn ladhar i ngach aon ghnó aici., **2** Bíonn a gob sáite i ngach aon rud.

piece
~ by ~ píosa ar phíosa
He was carrying a ~. Bhí arm tine á iompar aige.
He's a nasty ~ of work. Is suarach gránna an boc é.
Her argument fell to ~s. Thit a hargóint as a chéile.
I gave her a ~ of my mind. D'inis mise go díreach di cad a cheap mé.
in ~s i smidiríní
in one piece slán sábháilte

pig
~-ignorant tútach táir
I bought a ~ in a poke. Cheannaigh mé muc i mála.
I was sweating like a ~. Bhí mé ag bárcadh allais.
It's like living in a ~sty. Tá sé mar a bheifeá i do chónaí i mbrocais.
She made a ~ of herself. Rinne sí cráin chraosach di féin.
They made a ~'s ear of the work. Rinne siad praiseach cheart den obair.
They were quarrelling and I was ~gy in the middle. Bhí

siadsan in achrann lena chéile agus mise i lár báire.
to ~ out craos a dhéanamh
Yeah, and ~s have wings! Tá, agus tiocfaidh na ba abhaile leo féin!

pikestaff
It's as plain as a ~. Tá sé chomh soiléir le grian an mheán lae.

pile
bottom of the ~ áit na leathphingine
She is making a ~ of money. Tá sí ag carnadh airgid
to ~ it on *(exaggerate)* áibhéil a dhéanamh

pill
It's a bitter ~ to swallow. Is searbh an deoch le hól é.
She's a bitter ~. Is nimhneach an duine í.
to sweeten/ sugar the ~ an ghoimh a bhaint as an scéal

pillar
He is a ~ of the church. Is crann taca na heaglaise é.
She has me running from ~ to post. Bíonn sí do mo ruaigeadh ó thor go tom.

pin
clean as a new ~ chomh glan le fíoruisce
I had ~s and needles in my legs. Bhí codladh grifín i mo chosa.
You could have heard a ~ drop. Chloisfeá biorán beag ag titim.

pinch
At a ~ we could survive on what we've got. Má thagann an crú ar an tairne, d'fhéadfaimis teacht i dtír ar a bhfuil againn.
Take all he says with a ~ of salt. Ná slog a ndeir seisean gan é a chogaint go maith
to feel the ~ bheith ar an gcaolchuid
I had to ~ myself when I was told. Ní fhéadfainn, i ndáiríre, é a chreidiúint nuair a dúradh liom é.

pink
She is in the ~ these days. *(very healthy)*Bíonn sí i mbarr a sláinte na laethanta seo.

pip
It gives me the ~. Cuireann sé déistin orm.
He was ~ped at the post. Buadh air le gob ag an cheann sprice.

pipe
It's only a ~ dream. Níl ann ach aisling na súl oscailte é.

piper
He who pays the ~ calls the tune! **1** An té a íocann an píobaire, glaonn seisean an port! **2** An té a íocann an píobaire, leis-sean rogha an phoirt.

pipeline
There are some big changes in the ~.

Síos an bóthar, beidh athruithe móra ag tarlú.

piping

The tea was ~ hot. Bhí an tae go dearg te.

piss *(vulgar)*

~ off! Gread leat!

Are you taking the ~?! An ag magadh fúm atá tú?!

I need to take a ~. Caithfidh mé mo mhún a dhéanamh.

It was ~ing rain. **1** Bhí sé ag stealladh báistí. **2** *(BÁC)* Bhí sé ag mún báistí.

To be honest, I'm ~ed off. Déanta na fírinne, tá goimh orm.

piss-up *(vulgar)*

They went on a ~. Chuaigh siad ar ragús óil.

pit

I got a feeling in the ~ of my stomach when I saw the paper. Mhothaigh mé snaidhm i mo phutóga nuair a chonaic mé an páipéar.

This new upgrade is the ~s. Tá an t-uasghradú nua seo go hainnis are fad.

to ~ your wits against the best d'éirim aigne a chur i gcomórtas leis na hintleachtaí is fearr

You really are the ~s! Ba dheacair níos measa ná tusa a fháil!

pitch

Everyone ~ed in. Rinne gach duine a chion féin den obair.

~ed battle cath fíochmhar

pity

for ~'s sake in ainm Dé

I was not at the match, more's the ~. Ní raibh mé ag an gcluiche. – Faraor géar nach raibh.

place

a ~ in the sun áit faoin ngrian

a ~ to eat áit le hithe

a ~ to stay áit le fanacht ann

all over the ~ chuile háit

an out of ~ remark focal míthráthúil

Everything fell into ~. Thit gach uile shórt ina áit cheart.

from ~ to ~ ó áit go háit

He has friends in high ~s. **1** Bíonn focal sa chúirt aige. **2** Tá lapa (gruagach) aige.

if I were in your ~ dá mba mise tusa

in the first ~ sa chéad áit

in the second/ third ~ sa dara/ tríú háit

It wasn't my ~ to say anything. Ní raibh sé ag dul domsa aon rud a rá.

Know your ~! Bíodh fios do bhéasa agat!

out of ~ **1** as alt **2** as a riocht

rules put in ~ rialacha atá curtha i bhfeidhm

She's certainly going to go ~s. Rachaidh sise i bhfad.

plain

It was ~ as day that that would happen. Ba shoiléir do dhall go dtarlódh a leithéid.

It will be ~ sailing from here on in. Beidh an bealach réitithe romhainn as seo amach.
the ~ truth an fhírinne lom

plan
Everything went according to ~. Chuaigh gach rud de réir mar a bhí sé leagtha amach.
The best ~ would be to leave tomorrow.
Ba é ab fhearr a dhéanamh ná imeacht amárach.
We had to change our ~s. 1 Bhí orainne teacht ar athchomhairle. **2** B'éigean dúinn ár bpleananna a athrú.

planet
Back on ~ earth, we have to face up to reality. Ní féidir le gach duine a shaol a chaitheamh i dTír na nÓg!
He's living on another ~! Níl seisean ach ag aislingeach!
What ~ are you on?! Cén pláinéad ar a bhfuil tú?!

plank
He's as thick as two (short) ~s. Tá sé chomh dúr le slis.
to walk the ~ an clár a shiúl thar taobh loinge

plate
I have a lot on my ~ these days. Bíonn seacht sraith ar an iomaire agam na laethanta seo.
She has had everything handed to her on a ~. Bhí an mhaoin as broinn léi.
to step up to the ~ dul sa bhearna bhaoil

play
All work and no ~ makes Jack a dull boy. Ná cuir tú féin thar do riocht le hobair!
That isn't fair ~! Ní cothrom na Féinne é sin!
He didn't ~ fair with us. Níor thug sé cothrom na Féinne dúinne.
She ~ed along with the practical joke. Ghlac sí lena páirt sa chleas grinn.
My sciatica is ~ing up again. Tá an sciatica do mo chrá arís.
They were ~ing down the whole affair. Bhí siad ag iarraidh beag is fiú a dhéanamh den scéal iomlán.

please
(Everyone) stand, ~! Éirígí i bhur seasamh le bhur dtoil!
May I leave, ~? Ar mhiste liom imeacht le do thoil?
Do I have permission to go outside, ~? An bhfuil cead agam dul amach más é do thoil é?
I was as ~d as Punch. Bhí mé chomh ríméadach leis na cuacha.
She ~s herself. 1 Déanann sí a toil féin. **2** Déanann sí de réir mar is mian léi féin.
Do as you ~! Déan mar is mian leat!
You're looking very ~d with yourself! Nach ortsa atá an cuma ríméadach ar fad!

Can I take one? – ~ do! An féidir liom ceann a thógáil? – Tá fáilte romhat!/ Tóg agus fáilte!

pleasure

Have you met Megan? – No I haven't had the ~ yet. Ar bhuail tú le Megan? – Ní raibh an pléisiúr sin agam fós.

He takes ~ in annoying me. Baineann sé sult as olc a chur orm.

That's nice of you! – It's my ~! Is deas uait é sin! – Tá fáilte romhat!

pledge

to ~ support to tacaíocht a ghealladh do

to sign the ~ móid a thabhairt staonadh ón ól

plenty

There's ~ more where that came from. Ní ansin ach tús na bhféidearthachtaí.

plot

She's lost the ~ entirely. 1 Níl a fhios aici siúd an bhfuil sí ag teacht nó ag imeacht. **2** *(BÁC)* Chaill sise an plota ar fad.

plough

I was ~ing (my way) through the work. Bhí mé ag treabhadh (mo bhealaigh) tríd an obair.

to ~ back some of the money cuid den airgead a threabhadh ar ais

plug

It was a (quick) ~ for their own show. 1 Ba ghiota fógraíochta é dá seó féin. **2** *(BÁC)* Pluga (tapa) a bhí ann dá seó féin.

Put a ~ in it! 1 Dún do ghob! **2** *(BÁC)* Cuir pluga ann!

They pulled the ~ on the whole project. Chuir siad deireadh leis an tionscnamh ar fad.

plughole

All her plans went down the ~. Chuaigh a pleananna uile le sruth.

His life savings went down the ~. Cailleadh a choigilteas saoil go léir.

plum

He got a ~ job in the government. Fuair sé togha poist sa rialtas.

plumb

out of ~ as a dhíreach

to ~ the depths of the subconscious rúndiamhra an fho-chomhfheasa a fhiosrú

plunge

Have you decided to take the ~? An bhfuil tú chun dul san fhiontar?

plus

~ or minus a bheag nó a mhór

It's a big ~ if you've got children. Is mór an buntáiste é má tá páistí agaibh.

on the ~ side ar an taobh dearfa den scéal

poach

to ~ an employee fostaí a phóitseáil

to ~ an idea smaoineamh a ghoid

pocket

~s of resistance dornáin de ghrúpaí freasúra

I'm the one out of ~ by it. Is mise an té atá thíos leis.

She has the whole committee in her ~. **1** Tá an coiste go léir faoi bhois an chait aici. **2** *(BÁC)* Tá an coiste go léir ina póca aici.

You'd need deep ~s to buy a car like this. Ba chóir go mbeadh an sparán teann agat chun a leithéid de charr a cheannach.

poetic

~ justice fíorcheart

~ licence cead fileata

point

according to one's ~ of view de réir an dearcaidh a bhíonn ag duine

But when it came to the ~, he said nothing. Ach nuair a chuaigh a scéal go bun an angair, ní dúirt sé faic.

Everything seems to ~ to the fact that he cheated. Tá gach cosúlacht ar an scéal go ndearna sé séitéireacht.

from the ~ of view of the poet ó thaobh dhearcadh an fhile

I made a ~ of telling him. Chuaigh mé as mo bhealach lena rá leis.

I was on the ~ of leaving. Bhí mé ar tí imeacht.

There's no ~! Níl aon chiall leis!

What is your ~ of view? Cad é do dhearcadh féin air?

What's the ~ of that?! Cad é an chiall leis sin?!

Would you mind getting to the ~? Ar mhiste leat do chuid cainte a chruinniú?

You've made a fair ~ there. **1** Tá pointe maith agat ansin. **2** Ní beag a bhfuil ráite agat ansin.

point-blank

He refuses ~ to do it. Diúltaíonn sé glan é a dhéanamh.

He was shot at ~ range. Caitheadh faoi bhéal an ghunna é.

poison

~-pen letter litir phinn nimhe

~ed chalice cailís nimhe

Name your ~! Cad a déarfá le deoch?

poke

to have a ~ around breathnú timpeall

to take a ~ at a person goineog a thabhairt do dhuine

You nearly ~d my eye out with that thing! Is beag nár bhain tú an tsúil díom leis an rud sin!

pole

She's up the ~. **1** Tá sí ag teacht abhaile. **2** Tá sí sa chlub. **3** Tá sí ag feitheamh clainne.

They are in ~ position. Tá siad chun cinn ar chách.

polish

You've nearly ~ed off the sweets. **1** Rinne tú jab maith ar na milseáin! **2** Is beag nach bhfuil gach milseán ite agat!

politics

not to play ~ with this gan cluichí polaitiúla a imirt leis seo

pop

to ~ the question *(marriage)* an cheist chinniúna a chur

Where did you ~ up from? Cad as ar phreab tusa?

Pope

His Holiness, ~ Francis A Naofacht, An Pápa Proinsias

Is the ~ a Catholic? An Caitliceach é an Pápa?

port

Any ~ in a storm. Is Gael Gall más call.

poser

He's a real ~! **1** Bíonn sé de shíor ag cur gothaí air féin. **2** Bíonn sé ag galamaisíocht de shíor.

possess

~ion is nine points of the law. Is minic gur fearr agam ná liom.

He was like someone ~ed. Bhí sé cosúil le duine go mbeadh an diabhal ann.

What ever ~ed you to do that? Cén diabhal a thug ort é sin a dhéanamh?

post

as deaf as a ~ chomh bodhar le slis

first past the ~ an chéad duine thar an líne

I'll keep you ~ed. Coinneoidh mé gach eolas leat.

pot

Everything is in the melting ~. Tá an t-iomlán i mbéal a athraithe.

He took a ~shot at me. Thug sé urchar reatha fúm.

one for the ~ ceann don phota

They have ~s of money. Tá mám airgid acu.

to take ~ luck an t-arán a ghlacadh mar a gheofá é

potato

couch ~ práta toilg

That's small ~es. Níl ansin ach pinginí beaga.

potty

She's ~. Tá siabhrán uirthi.

pound

He wanted his ~ of flesh. Bhí a phunt feola uaidh.

pour

It never rains but it ~s. Ina thuile mhór a thagann an mí-ádh.

It was ~ing rain. Bhí sé ag díle báistí.

She ~ed her heart out. Nocht sí a raibh ina croí.

powder

I have to go ~ my nose. Caithfidh mé dul go dtí an seomairín beag.

Keep your ~ dry! Coinnigh do phúdar tirim!

power

I did all in my ~ to help them. Rinne mé a raibh ar mo chumas chun cabhrú leo.

the ~s that be na húdaráis atá i réim

The small break did me a ~ of good. Rinne an sos beag maitheas mhór dom.

practical

to play a ~ joke on a person cleas magaidh a imirt ar dhuine

practice

I'm out of ~. 1 Tá easpa cleachtaidh orm. **2** Tá mé as cleachtadh.

sharp ~ camastaíl

practise

It's important to ~ what you preach. Tá sé tábhachtach beart a dhéanamh de réir briathair.

praise

~ be to God! Moladh le Dia!

Everyone was singing her ~s. Bhí gach duine á moladh.

to damn a person with faint praise moladh liom leat a thabhairt do dhuine

prayer

He doesn't have a prayer against her. Níl seans dá laghad aige ina coinne.

He says more than his ~s. Ní grian a ghorann an ubh.

It was the answer to all our ~s. Ba é sin an mhíorúilt a bhí á lorg againn.

precious

My Ma told me to take ~ care of him till she came back. D'fhógair mo Mhaim orm gan é a thabhairt ar chamán ná ar liathróid go dtí go dtiocfadh sise ar ais.

There are ~ few of them left. Is fíorbheagán acu atá fágtha.

pregnant

~ pause ciúnas suntasach

prejudice

without ~ gan claonadh

premium

Tickets were at a ~. B'fhiú a gcothrom féin den ór na ticéid.

prepare

Be ~d for a bitter battle in court! Ná bíodh aon iontas ort más rud é go mbeidh troid ghéar sa chúirt agat!

I am not ~d to do such a thing. Níl mé réidh/ sásta a leithéid a dhéanamh.

to ~ the ground for something an talamh a ullmhú i gcomhair ruda

presence

She had the ~ of mind to call the Gardaí. Bhí sé de ghuaim aici fios a chur ar na Gardaí.

They made their ~ felt. Níor fágadh aon dabht ar éinne go raibh siad ann.

present

at ~ faoi láthair

~ and correct! In ord agus i láthair!
There's no time like the ~! Ní tráth moille é!
We are all ~ and correct. Táimid uile agus go léir i láthair.
We have enough members for the ~. Tá go leor ball againn don am atá in láthair.

press
He was ~ing upon us the importance of the occasion. Bhí sé ag iarraidh cur abhaile orainn tábhacht na hócáide.
She was ~ing him to do it. Bhí sí ag tuineadh leis é a dhéanamh.
We must ~ on! Caithfimid teannadh romhainn!
We were ~ed for time. Bhí cruóg orainn.

pressure
~ group brúghrúpa
She was working under great ~. Bhí sí ag obair faoi bhrú mór.
They were bringing ~ to bear on him. Bhí siad ag teannadh air.

pretence
under false ~s le dúmas bréige
under the ~ of friendship ar scáth an chairdis

pretty
~ as a picture chomh gleoite le gleann na deise
~ please! Le do thoil agus le do thoil arís!
I'm ~ well finished. Is beag nach bhfuilim críochnaithe.
This is a ~ state of affairs! Nach deas an chaoi é seo!
Was that it? – ~ much. Arbh é sin é? – Ní raibh mórán eile ann.

prey
It was ~ing on my mind. Bhí sé ag goilleadh ar m'intinn.
She was ~ to anxiety. Bhí sí ite ag an imní.

price
Good health is beyond ~. 1 Ní féidir luach a chur ar an tsláinte. **2** Is fearr an tsláinte ná na táinte!
I must have that phone at any ~! Caithfear an fón sin bheith agam, is cuma cén costas atá air!
You're ~less! 1 Níl éinne inchurtha leatsa! **2** Ní féidir drannadh leatsa! **3** Tá tusa as compás ar fad!
We got tickets for the match – at a ~! Fuaireamar ticéid don chluiche ach b'éigean dúinn pingin mhaith a íoc

pricked
He ~ up his ears. Chuir sé cluas air féin.

pride
~ comes before a fall. Titeann an maíteach i bpoll.
He has always ~d himself on it. Ba chúis mhórtais i gcónaí dó é

I swallowed my ~ and admitted I was wrong. D'ól mé deoch shearbh mo náire féin agus d'admhaigh mé go raibh mé mícheart.
She takes ~ in her work. Bíonn sí bródúil as a cuid oibre.
the sin of ~ peaca an uabhair
The stamp collection was her ~ and joy. Bhí bród an domhain uirthi as a bailiúchán stampaí.
This stamp has ~ of place in her collection. Tá tús áite ag an stampa seo ina bailiúchán.

prime
When she was in her ~. Nuair a bhí sí i mbláth a maitheasa.

principle
As a (general) ~ de réir an phrionsabail (choitinn)
In ~, you'd be right. Go gin-earálta, bheadh an ceart agat.

print
I didn't read the small ~ in the contract. Níor léigh mé an 'mionchló' sa chonradh.

prisoner
~ of conscience príosúnach coinsiasa
He takes no ~s. Ní thugann sé aon cheathrú anama.

private
He works as a ~ eye. Is bleachtaire príobháideach é.

probability
In all ~, he has gone home now. De réir gach cosúlachta, tá sé imithe abhaile anois.

problem
~ child páiste a bhfuil fadhbanna aige
No ~! 1 Fadhb ar bith! **2** Ní dada é!
She did a somersault, no ~. Rinne sí léim thar a corp, gan fadhb ar bith.
That's not my ~! Ní bhaineann sin liomsa!
What's his ~?! Cad tá ag déanamh scime dósan?!

procrastination
~ is the thief of time. An rud a théann i bhfad, téann sé i bhfuaire.

prodigal
the ~ son an mac drabhlásach

profile
You had better keep a low ~ for a while. B'fhearr duitse fanacht sa chúlráid ar feadh tamaillín.

promise
~ is a ~! Ní féidir dul siar ar ghealltanas!
~s ~s! Bíonn an chaint saor!
He'll pay for this, I ~ you! Íocfaidh sé as seo, geallaim duit é!

proof
The proof of the pudding is in the eating. Moltar an cócaire tar éis na cóisire.

proportion
out of ~ as compás
You have got things out of ~. Chaill tú peirspictíocht ar fad ar an scéal.

pros
to weigh up the ~ and cons gach uile thaobh den scéal a mheá
protest
under ~ faoi éigeantas
proud
as ~ as a peacock chomh leitheadach leis na cuacha
as ~ as Punch chomh postúil le cat siopa
I'm ~ to know her. Is onóir dom aithne bheith agam uirthi.
They did us ~. Thug siad ómós mór dúinn.
public
~ holiday lá saoire poiblí
in ~ go poiblí
the general ~ an saol mór
to go ~ *(with a story)* **1** scéal a chur os chomhair an phobail. **2** scéal a chur faoi bhráid an tsaoil mhóir
pudding
to overegg the ~ dul thar fóir leis an scéal
puffed
~ up with pride i mborr le teann mórchúise
I was ~ out when I got to the top of the mountain. Bhí saothar anála orm nuair a bhain mé barr an tsléibhe amach.
pull
~ the other one; it's got bells on! Tarraing an ceann eile, cloisfidh tú na cloigíní!
~ yourself together! Beir greim ort féin!
He ~s no punches. Ní leasc leis fiacail a chur ann.
He didn't ~ his weight. Ní dhearna seisean a chion féin.
She ~ed rank on him. D'imir sí a húdarás air.
She managed to ~ it off. D'éirigh léi é a chur i gcrích.
The patient is ~ ing through. Tá biseach ag teacht ar an othar.
to ~ together tarraingt le chéile
to be on the ~ bheith ar lorg craicinn
Who is ~ing her strings? Cé tá á stiúradh?
pulp
to beat a person to ~ leircín a dhéanamh de dhuine
pulse
As manager he kept his finger on the ~. Mar bhainisteoir, bhí súil ghéar aige ar gach rud a tharla.
punch
There was a ~ -up. Chuathas i muinín na ndorn (dúnta).
pup
~py love grá coileán
He's a cheeky ~! Is dailtín sotalach é!
pure
~ as the driven snow chomh glan le sneachta
It is greed, ~ and simple! Níl ann ach saint – gan aon mhaisiúchán!

purgatory

It's ~ for me. B'fhearr liom bheith ar leac ifrinn ná é.

purpose

They were talking at cross ~s. Bhí siad ag teacht trasna ar a chéile.

purse

She holds the ~ strings. Aicise atá an sparán.

push

at a ~ más gá

He was given the ~. Tugadh an bhróg dó.

He's ~ing fifty. **1** Tá an caoga ag teannadh air. **2** Tá sé anonn sna daichidí.

I am ~ed for time. Tá cruóg orm.

That's ~ing it a bit! Tá sin ag dul pas beag thar fóir!

The exam was a ~over. Ní raibh sa scrúdú ach píosa amaidí.

when ~ comes to shove má théann an chúis go cnámh na huillinne

pushy

~ salesman fear díolacháin treallúsach

She had ~ parents. Bhí a tuismitheoirí i gcónaí á brú chun cinn.

put

~ it there! Leag anseo é!

~ -up job gnó caimiléireachta

~ up or shut up! Déan é nó druid é!

He was ~ away. Cuireadh i bpríosún é.

I ~ a word in for you with the manager. Chuir mise focal isteach duit leis an mbainisteoir.

I ~ off the party. Chuir mé an chóisir ar ceal.

I wanted to ~ things right. Theastaigh uaim bail a chur ar an scéal.

I won't ~ up with it any longer. Ní chuirfidh mé suas leis a thuilleadh.

It ~ me off reading the book. Chuir sé mé ó léamh an leabhair.

Let's ~ that behind us! Cuirimis é sin taobh thiar dínn!

She ~ him up to doing it. Spreag sise é lena dhéanamh.

You stay ~! Fan tusa san áit ina bhfuil tú!

putty

He's like ~ in her hands. Bíonn sé mar mhaidrín lathaí ar teaghrán aici.

puzzle

It ~d me. Chuaigh sé sa mhuileann orm.

pyjamas

She thinks she's the cat's ~. Ceapann sí an dúrud di féin.

Pyrrhic

~ victory **1** bua Phiorrach **2** bua in ainm amháin

Q

QT

They did it on the QT. Rinne siad faoi rún é.

quack

~ remedy leigheas maide

He's no doctor – he's a ~. Ní dochtúir é ach portrálaí.

quaking

I was ~ in my boots. Bhí mé ar aon bharr amháin creatha.

quantity

She's an unknown ~. Ní bheadh a fhios agat cad a dhéanfadh sise.

quantum

the ~ world an domhan candamach

~ leap dul chun cinn as cuimse

quarter

at close ~s bonn le bonn

from all ~s as gach cearn

living ~s seomraí cónaithe

the moon in its first ~ an ghealach i mbéal ceathrún

the moon in its last ~ an ghealach ina ceathrú deireanach

question

Her loyalty was called into ~. Bhí ceist a dílseachta á plé.

It's a ~ of time. 1 Níl ann ach ceist ama. **2** Tarlóidh sé lá éigin.

It's a vexed ~. Is ceist achrannach é.

rhetorical ~ ceist reitriciúil

That is a loaded ~. Is ceist chalaoiseach é sin.

That's out of the ~! Ní féidir fiú smaoineamh air sin!

That's the sixty-four-thousand dollar ~! Sin ceist na gceisteanna uile!

There's no ~ of it! 1 Níl aon cheist faoi! **2** Níl aon amhras faoi.

without ~ gan amhras ar bith

queue

No ~-barging! Ná bí(gí) ag briseadh na scuaine!

She jumped the ~. Bhris sí isteach go barr na scuaine.

to form a ~ dul i scuaine

quick

as ~ as lightning/ as a flash ar luas lasrach

She's ~ on the uptake. Tuigeann sise (an) leathfhocal.

The remark cut me to the ~. Chuaigh an focal go beo ionam.

to be ~ off the mark 1 gan mhoill dá laghad **2** gan aon mhoilleadóireacht a dhéanamh

quid

If your mother-in-law likes you – then you'll be ~s in. Má thaitníonn tusa le do mháthair chéile – beidh tú ar sheol na braiche!

Would you mind lending me a few ~? Ar mhiste leat cúpla euro a thabhairt ar iasacht dom?

quiet

Anything for a ~ life! Is fiú é chun saol suaimhneach a chaitheamh!

as ~ as the grave chomh ciúin leis an uaigh

on the ~ faoi rún, faoi choim

quite

~ so! Go díreach!

It was ~ a surprise! Ba mhór an t-iontas é!

This wedding is ~ something! Ní raibh bainis go dtí seo!

You are ~ right! Tá an ceart go hiomlán agat!

quits

Now were ~s! Táimid cúiteach anois!

quote

He ~ed a hundred euro to fix it. Luaigh sé céad euro lena dheisiú.

He's off ~ un~ 'on a business trip'. Tá sé as baile 'ar thuras gnó' – mar dhea.

R

R

The three Rs Na trí bunábhair: léamh, scríobh agus uimhríocht.

rabbit

He pulled a ~ out of the hat. **1** Tharraing sé cíoná as cúl a ghlaice. **2** *(BÁC)* Tharraing sé coinín as (a) hata.

tumbling down the rabbit hole ag titim síos an poll coiníní

What's he ~ing on about? Cad faoi a bhfuil seisean ag bleadracht gan stad?

race

It was a ~ against time. Ba rás in aghaidh an chloig é.

rack

Everything has gone to ~ and ruin. Tá gach uile shórt dulta chun raice ar fad.

I ~ed my brains for a solution. Thuirsigh mé m'intinn leis.

raft

~ of measures, of amendments lear mór de bheartais, de leasuithe

rag

He lost his ~. Chaill sé a ghuaim air féin.

I put on my Sunday glad ~s. Chuir mé mo bhalcaisí Domhnaigh orm féin.

I wouldn't wear that ~. Ní chuirfinn an cheirt sin ormsa.

rage

It's all the ~ now! Ní bhíonn ann anois ach é!

rails

He went off the ~. D'imigh sé leis na craobhacha.

rain

In a couple of days you'll be as right as ~. I gceann cúpla lá beidh tú ar fheabhas an domhain.

rainbow

~ alliance comhghuaillíocht idir faicsin éagsúla

the pot of gold at the end of the ~ an pota óir ag bun an tuair cheatha

rain check

Let's take a ~ on that. Cuirimis é sin ar athlá.

raise

to ~ one's voice do ghlór a ardú

I don't want to ~ your hopes. Ní theastaíonn uaim do dhóchas a mhúscailt.

Eyebrows will be ~ed. Bainfear siar as daoine.

They ~d the roof with their applause. Thóg siad na fraitheacha lena ngártha molta.

rake

He was as thin as a ~. Bhí sé chomh tanaí le cú.

raking

They are ~ in the money. Bíonn siad ag carnadh airgid.

What's the use in ~ up the past?! Cén mhaith a bheith ag tarraingt a bhfuil thart anuas?!

rallied

His friends ~ round him. Chruinnigh a chairde thart air.

Sterling ~ against the dollar today. Bhisigh an punt Sterling in aghaidh an dollair inniu.

ram

as crooked as a ~'s horn chomh cam le hadharc reithe

He's always trying to ~ home the importance of the rules. Bíonn sé i gcónaí ag iarraidh a chur abhaile ar chách tábhacht na rialacha.

rampage

They were on the ~. Bhí siad ag imeacht as a gcranna cumhachta.

random

He fired a ~ shot. Chaith sé urchar an daill.

to choose people at ~ daoine a roghnú go randamach

rank

He came up through the ~s. D'éirigh sé aníos trí na ranganna.

It's ~. *(bad smell)* Tá boladh lofa uaidh.

social ~ céimíocht shóisialta

taxi ~ stad tacsaithe

the ~ and file na gnáthbhaill

They are ~ amateurs. **1** Is amaitéaraigh amach is amach iad. **2** *(Kerry)* Is scata asal i ngort iad.

to close ~s na ranganna a dhúnadh

ransom

He held his employees to ~ by threatening closure. Chuir sé scian le scornach a chuid fostaithe ag bagairt dúnadh orthu.

ranting

~ and raving ag callaireacht is ag radaireacht

rap

I had to take the ~ for it. **1** Bhí ormsa an fhreagracht a ghlacadh. **2** *(BÁC)* Bhí ormsa an canna a iompar.

rare

You gave me a ~ old fright. Thug tú scanradh ar fónamh dom.

raring

We're all ready and ~ to go. Táimid go léir réidh agus ar bís chun imeachta.

rat

He couldn't give a ~'s ass. Ba chuma sa diabhal leis.

He'll ~ on us. 1 Braithfidh sé orainne. **2** Sceithfidh sé orainne.

I smell a ~ here! Tá boladh bréan as seo!

like ~s deserting a sinking ship cosúil le francaigh ag éalú ó long i gcruachás

the ~ race saol na madraí allta

rate

at any ~ ar aon nós

at that ~ dá réir sin

We'll never finish at this ~. Ní chríochnóidh muid choíche má théann an scéal ar aghaidh mar seo.

rattle

death ~ gliogar an bháis

raw

~ deal margadh suarach

nature in the ~ an nádúr gan mhaisiú

They got a ~ deal. 1 Fuair siad margadh suarach. **2** Tugadh cuid Pháidín den mheacan dóibh.

We're having ~ weather. Bíonn glasaimsir againn.

You have hit a ~ nerve there. Chuir tú do mhéar ar bhall íogair ansin.

~ material bunábhar

ray

~ of sunshine ga gréine

razor

~-sharp wit deisbhéalaí fhaobhrach ghéar

She has a ~-sharp tongue. Tá faobhar géar ar a teanga aici.

*(see also: **sharp**)*

reach

out of our ~ as ár n-aice

the lower/ upper ~es na réimsí íochtair/ uachtair

to ~ for the stars
1 bheith uaillmhianach
2 aghaidh a thabhairt ar na spéartha is airde

read

a good ~ ábhar maith léitheoireachta

I ~ up on it before the exam. Rinne mé léitheoireacht air roimh an scrúdú.

You can take it as ~. Is féidir talamh slán a dhéanamh de.

You shouldn't ~ too much into it. Ní cóir an iomarca brí a chur ann.

ready

~ or not here I come! Bígí réidh nó gan bheith réidh, seo mise ag teacht!

~, steady, go! Faoi réir, ar bhur marc, imígí!

~, willing and able ullamh agus ábalta

When you're ~, gentlemen! Nuair a bheidh sibh réidh, a dhaoine uaisle!

real

~ly and truly! Dáiríre píre!

Get ~! Cuir uait an taibhreamh!

Is he for ~?! An bhfuil seisean i ndáiríre?!

It's the ~ deal! Is é an rud féin é!

reality

when ~ finally hits nuair a fheictear faoi dheireadh an saol mar atá

Take a ~ check! Cuir do chosa ar an talamh arís!

reap

As ye sow, so shall ye ~. *(Bible)* Mar a chuirfeas a bhainfeas.

They sowed the wind and now they shall reap the whirlwind. Chuir siad an ghaoth agus anois bainfidh siad an cuaifeach.

reaper

The Grim ~ 1 An Buanaí Bás **2** An Cóisteoir gan Cheann

rear

the ~ guard an cúlgharda

reason

'Ours is not to ~ why, Ours is but to do or die.' 'Ní dúinne ceist a chur cén fáth, Dúinne bás a fháil más gá.'

All the more ~ to do it! Is amhlaidh is córa é a dhéanamh!

He won't see ~. Ní féidir aon chiall a chur air.

I have good ~ to believe it to be so. Tá údar maith agam le creidiúint gur mar sin atá.

She is upset and not without with good ~. Tá sí buartha agus ní gan cúis mhaith bheith aici.

within ~ gan dul thar fóir ar fad

without rhyme or ~ gan chúis gan ábhar

rebel

~ without a cause reibiliúnach gan chúis

rebound

He went out with her on the ~ Ní raibh inti dósan ach sceach i mbéal bearna.

rebuff

He met with a ~. Fuair sé gonc.

receiving

at the ~ end of public denunciation an duine ar a ndírítear cáineadh poiblí

It's OK for you – you're not at the ~ end. Tá sé ceart go leor duitse – ní tusa a bhíonn i mbéal na stoirme.

recipe

It's a ~ for disaster. Is bealach chun na hanachaine é.

reckon

He's a force to be ~ed with. Ní haon dóithín é.

I ~ you're right. Déarfainn go bhfuil an ceart agat.

I hadn't ~ed with the extra costs before starting the work. Níor chuir mé na costais bhreise san áireamh roimh thosach na hoibre.
to the best of my ~ing ar feadh m'eolais

record
I'd like to set the ~ straight. Ba mhaith liom aon mhíthuiscint faoin scéal a scaipeadh.
off the ~ 1 go neamhoifigiúil **2** eadrainn féin
She holds the ~. Tá an mhír mhullaigh aici siúd.
The minister is on ~ as promising new houses. Tá an t-aire ar taifead ag gealladh tithe nua.
to break the ~ an churiarracht a shárú

red
~-letter day 1 lá nach ndéanfar dearmad choíche air **2** (BÁC) lá (na) litreach deirge
~ tape an téip dhearg
~s under the bed 1 cumannaigh sa ghairdín cúil **2** reacaireacht an uafáis
He's a ~-blooded American. Is Meiriceánach groí scafánta é.
in the ~ 1 sa dearg **2** rótharraingt
It makes me see ~. Cuireann sé ar mire mé.
to put everyone on ~ alert gach duine a chur san airdeall dearg
We got the ~ carpet treatment. Tugadh aire na huibhe circe dúinne.

red-light
~ district ceantar na soilse dearga

redeeming
That's his only ~ feature. Sin an t-aon tréith chúiteach/ dhearfa atá aige.

redress
He had no legal ~. Ní raibh aon sásamh dlí ar fáil dó.
to ~ the balance an chothromaíocht a athbhunú

reduced
~ prices praghsanna laghdaithe
in ~ circumstances ar an ngannchuid

reed
She's leaning on a broken ~. Tá sí ag iarraidh taca a bhaint as sifín.

refresh
Let me ~ your memory! Lig dom do chuimhneamh a athmhúscailt duit!
It was a ~ing idea. Ba smaoineamh é a d'athbheodh thú.

regard
in this ~ maidir leis seo
Give my (kind) ~s to your family! Beir mo dhea-mhéin chuig do mhuintir!

region
in the ~ of a million euro amach is isteach ar mhilliún euro

regular

as ~ as clockwork chomh rialta leis an gclog

He's a ~ hero! Is fíorlaoch é!

Reilly

He has the life of ~! 1 Bíonn saol an mhadra bháin aige! **2** *(BÁC)* Bíonn saol Uí Rathaille aige siúd!

rein

She kept a tight ~ on him. Choinnigh sí srian docht air.

She was given free ~. Tugadh cead a cinn di.

relief

I heaved a sigh of ~. Lig mé osna faoisimh asam.

pain ~ faoiseamh ó phian

What a ~! Nach mór an faoiseamh (dom) é sin!

relieve

The Luas relieved traffic congestion. Mhaolaigh an Luas ar an mbrú tráchta.

I'm ~d to hear it. Is mór an faoiseamh dom é a chloisteáil.

religion

He got ~. D'iompaigh sé chun an reiligiúin.

remains

His ~ were moved to a cemetery in Sligo. Aistríodh a chorp go reilig i Sligeach.

That ~ to be seen. Is maith an scéalaí an aimsir.

the ~ of the day a bhfuil fágtha den lá

repeat

~! Arís!

I don't want to have to ~ myself. Ní theastaíonn uaim é seo a rá arís!

reputation

He has a ~ for heavy drinking. Tá ainm an phótaire air.

He has that ~. Tá sin amuigh air.

to ruin his ~ a chlú a mhilleadh

reservation

He was brought up on an Indian ~. Tugadh suas ar chaomhnú Indiach é.

with certain ~s ar chuntair áirithe

with this one ~ ach an t-aon agús amháin seo

without ~ gan cuntar ar bith

reserve

He's very ~d. Is duine dorcha é.

I kept some money in ~. D'fhág mé beagán airgid mar chúltaca agam.

resistance

line of least ~ 1 an bealach is éasca **2** an rogha le fána

resort

holiday ~ ionad saoire

There is absolutely no need to ~ to violence. Níl call ar bith dul i muinín an fhoréigin.

respect

I have come to pay my ~s to your father. Tháinig mé le mo dhea-mhéin a chur in iúl do d'athair.

in every ~ ar gach bealach
in many ~**s** ar mhórán bealaí
in some ~**s** ar bhealaí áirithe
in this ~ sa tslí seo
Old age is no ~**er of persons!** Is ionann íseal agus uasal ag an mbás!
out of ~ **for you** le meas ortsa

rest
~ **assured about that!** Ná bíodh imní ar bith ort faoi sin!
at eternal ~ faoi shuaimhneas síoraí
Give it a ~**!** Éirigh as sin!
He was laid to ~ **in Dingle cemetery.** Adhlacadh i reilig an Daingin é.
laptops, iPads and all the ~ ríomhairí glúine, iPadanna agus mar sin de
May he ~ **in peace** *(R.I.P.)* Suaimhneas síoraí dá anam.
May she ~ **in peace** *(R.I.P)* Suaimhneas síoraí dá hanam.
The kite came to ~ **on top of a tree.** Tháinig an eitleog chun suí ar bharr crainn.
We shall not ~ **until we know the truth of the matter.** Ní dhéanfaimid sos ná staonadh go dtí go bhfuil fírinne an scéil againn.
We should lay the ghosts of the past to ~**.** Ba chóir dúinn na rudaí a tharla fadó a chur taobh thiar dínn.

retreat
Buddhist ~ cúrsa Búdaíoch
to beat a hasty ~ cúlú tapa a dhéanamh

return
~ **match** cluiche comhair
by ~ **of post** le casadh an phoist
I'll help and in ~ **you cook a meal.** Cuideoidh mise agus mar chúiteamh ullmhóidh tusa béile.
in ~ mar chúiteamh
on my ~ **home** ar theacht abhaile dom
on sale or ~ le díol nó le cur ar ais
the point of no ~ an pointe gan filleadh

revenge
~ **is a cold meal that scalds the heart.** Is béile fuar an díoltas a dhónn an croí.
~ **is sweet!** Is milis an rud an díoltas!

reverse
in ~ droim ar ais
to ~ **a ruling** rialú a fhreaschur
when the roles are ~**d** nuair a mhalartaítear na róil

ribbon
to tear it to ~**s** é a stróiceadh as a chéile

rich
from rags to ~**es** ó dhaibhir go saibhir
I think it a bit ~ **of the government to blame the opposition.** Is iomarcach ar fad, dar liomsa, don rialtas

bheith ag iarraidh an locht a chur ar an fhreasúra.
That's ~ coming from you! Nach tusa an pota ag aor ar an gciteal!

riddance
Good ~ to him! **1** Bliain mhaith ina dhiaidh! **2** Agus nár fhille sé (choíche) go deo!

riddles
to talk in ~ bheith ag caint i dtomhais/ go rúnda

ride
He had a rough ~. Níorbh éasca an bóthar atá siúlta aige.
I was taken for a ~. Buaileadh bob orm.
I'm only along for the ~. Níl mise anseo ach ar son an spraoi.

riding
She's ~ high at the moment. Bíonn gach uile shórt ag dul di ar na saolta seo.

right
~ away anois láithreach
~ so, I'll see you all tomorrow. Go breá mar sin, feicfidh mé sibh go léir amárach.
~ you are! Ceart go leor!
All ~! Ceart go leor!
Always do the ~ thing! An ceart i gcónaí!
Am I ~ for Dublin? An bhfuilim ar an mbóthar ceart go Baile Átha Cliath?
Are you going to make a complaint? – Too ~ I am! An bhfuil tú chun gearán a dhéanamh? – Ná bíodh aon amhras faoi sin!
by ~s le ceart
He promised to see me ~. Gheall sé nach bhfágfaí ar an mblár folamh mé.
I was in the ~ place at the ~ time. Bhí mé san áit cheart agus ann ag an am cheart.
It's all ~ for you to laugh! Is réidh agatsa bheith ag gáire!
It's only ~ and proper that you should know that. Is é is lú is gann gur féidir a dhéanamh duit ná é sin a chur ar d'eolas.
She promised to be there and ~ enough, she was. Gheall sí bheith ann, agus ambaiste, bhí.

ring
Does the name ~ a bell? An gcuireann an t-ainm sin duine ar bith i gcuimhne duit?
He's a dead ~er for the Taoiseach. Is é macasamhail an Taoisigh ina steillbheatha é!
He's the ~leader. Is é an ceann feadhna é.
Her appointment will ~ in the changes. Ciallaíonn a ceapachán go mbeidh athruithe móra ann.
His excuse did not ~ true. Ní raibh craiceann na fírinne ar a leithscéal.
She runs ~s round them. **1** Níl siad ach mar scata asal in aice léi. **2** Déanann sí beithéanna díobh ar fad.

to throw your hat into the ~ d'ainm a chur sa rith

riot

Seán's a ~! Is mór an scléip é Seán!

They ran ~. D'imigh siad le scód.

rip

He really let ~. Scaoil sé leis ar nós an diabhail.

It was ~ped to pieces. Stróiceadh as a chéile é.

Let it ~! Scaoil leis!

to ~ up the rulebook na rialacha uile a chaitheamh san aer

rise

~ and shine! Éirigh a chroí, bí i do shuí!

All ~! Éirígí i bhur seasamh!

He was trying to get a ~ out of me. Bhí sé ag iarraidh olc a chur orm.

Her career is on the ~. Tá sí ag dul ó neart go neart ina gairm bheatha.

New technology has given ~ to fresh optimism. Bíonn an teicneolaíocht nua ina cúis le dóchas úr.

Prices are on the ~. Bíonn praghsanna ag ardú.

She has ~n in my esteem. Is móide mo mheas uirthi.

the ~ and fall of the Third Reich éirí agus titim an Tríú Reich

*(see also: **rose**)*

rising

She is a ~ star in the fashion world. I saol an fhaisin is réalta nua í atá ag dul i dtreis.

risk

He ~ed his neck for me. Chuir sé a bheo féin i gcontúirt ar mo shonsa.

I don't want to take the ~. Ní theastaíonn uaim dul san fhiontar.

I'll ~ it. Rachaidh mé sa seans leis.

Parking at owner's ~! Páirceáil ar phriacal an úinéara!

rite

~ of passage deasghnáth aistrithe saoil

river

~s of blood sruthanna fola

Cry me a ~ coz I cried a ~ over you. Caoin abhainn dom, mar chaoin mise abhainn ar do shon.

They have sold her down the ~. Tá sí díolta acu mar bhanbh i margadh.

road

If you want to annoy him, you're on the right ~. Más mian leat fearg a chur air, tá tú ar an mbealach ceart.

Let's hit the ~! Buailimis an bóthar!

She's on the ~ to a full recovery. Tá sí ar an mbealach chun a sláinte iomláine arís.

There is no royal ~. Níl aon bhealach éasca ar fáil.

You'll have one for the ~! Beidh deoch dorais agat!

roaring

in front of a ~ fire os comhair craos tine

They were doing a ~ trade. Bhí trácht lasta á dhéanamh acu.

roasting

I was ~ in the sun. Bhí an ghrian do mo scalladh.

She gave me a ~. Thug sí léasadh teanga dom.

robbing

They were ~ us blind. Bhí siad dár mbearradh/ dár lomadh ar fad.

rock

~-bottom prices na praghsanna is ísle amuigh

as steady as a ~ chomh daingean le carraig

Their marriage was on the ~s. **1** Bhí a bpósadh ar na carraigeacha. **2** Bhí a bpósadh i dtrioblóid mhór.

rocker

He's off his ~. Tá sé tógtha san inchinn.

rocket

This isn't exactly ~ science. **1** Ní eolaíocht roicéid é seo. **2** Ní gá duit bheith i d'ollamh chun é seo a thuiscint.

rocking-horse

An honest politician is as rare as ~ manure. *(Australian)* Bíonn polaiteoir macánta chomh tearc le hiolar an eireabaill bháin.

rod

You're only making a ~ for your own back. Níl tú ach ag baint slat a sciúrfadh tú féin.

rogue

~s' gallery **1** gailearaí na rógairí **2** áiléar na mbithiúnach

The little ~! An cleasaí beag!

roll

A ~ing stone gathers no moss. Ní bhíonn siúlach sách.

I'm on a ~ these days! Bíonn gach rud ag dul dom na laethanta seo!

on their ~ of honour ar liosta dá laochra

to ~ with the punches dul i ngleic go misniúil le cora crua an tsaoil

rollicking

We had a ~ time. Bhí tamall scléipeach againn.

Rome

~ wasn't built in a day. I ndiaidh a chéile a tógadh na caisleáin.

All roads lead to ~. Téann an bóithre uile chun na Róimhe.

to fiddle while ~ burns bheith ag casadh ceoil agus Róimh trí thine

When in ~, do as the Romans! Fág an tír nó bí san fhaisean!

roof

He'll hit the roof when he finds out. Éireoidh sé ó

thalamh nuair a gheobhaidh sé amach.
if the ~ falls in má thiteann an díon isteach
The noise nearly lifted the ~. Is beag nár thóg an torann an ceann den teach.
The room is not much to look at but it's a ~ over my head. Níl mórán le feiceáil ann mar sheomra, ach is dídean dom ó stoirmeacha an tsaoil é.

rooftop
I wanted to shout it from the ~s Ba mhian liom é a fhógairt ó cheann gach aird.

room
There's no ~ for error. Ní féidir earráid dá laghad a dhéanamh anseo.
There's ~ for improvement. D'fhéadfaí bheith níos fearr.
*(see also: **cat**)*

roost
She rules the ~. Ise an máistir sa teach.

root
His difficulties are ~ed in his fear of any change. Bíonn a cuid deacrachtaí fréamhaithe san eagla a bhíonn air roimh athrú ar bith.
I was ~ed to the spot. D'fhan mé ansin i mo staic.
to put down ~s fréamhacha a chur
to reform the business ~ and branch an gnó a leasú ó bhun go barr
to strike at the ~ of the problem ionsaí a dhéanamh a bhunchúiseanna na faidhbe
to take ~ fréamhú

rope
If you give him enough ~, he'll hang himself. Má thugann tú fad na téide dó, crochfaidh sé é féin.
Talk to Lauren, she knows the ~s. Labhair le Lauren, tá fios an ghnó (ina iomláine) aici siúd.
The job is easy enough when you get to know the ~s. Tá an jab éasca go leor nuair a éiríonn tú oilte air.
They tried to ~ me in as well. Rinne siad iarracht mise a tharraingt isteach sa ghnó freisin.
to be on the ~s **1** bheith i gcruachás **2** *(BÁC)* bheith ar na rópaí
to learn the ~s fios do ghnó a fhoghlaim

rose
A ~ by any other name would smell as sweet. Ní athródh ainm an róis a bholadh.
I didn't promise you a ~ garden. **1** Níor gheall mé leaba róis duit! **2** Níor gheall mé saol an mhadra bháin duit.
to come up smelling of ~es **1** teacht slán gan smál ar bith a do chlú **2** *(BÁC)* teacht as agus boladh an róis ort

Where is there a ~ without a thorn?! Ní bhíonn sméara gan dealg.

rot

May he ~ in hell! 1 Go ndreo sé in ifreann! **2** Go rósta an diabhal é ar leaca ifrinn!

That's a lot of ~! Amaidí chruthanta atá ansin!

The ~ sets in. 1 Tosaíonn an lobhadh. **2** Tosaíonn an scéal ag dul chun donais.

rotten

~ luck! Nach ainnis an scéal é!

~ to the core lofa go smior

I felt ~ having to tell her. Mhothaigh mé go hainnis nuair a bhí orm é a rá léi.

rough

~ and ready garbhdhéanta

~ around the edges ábhairín garbh

It's rather ~ and ready but it does the job. Níl aon ghalántacht ag baint leis agus déanann sé an jab.

the ~ and tumble of politics cora agus castaí na polaitíochta

We had to ~ it. B'éigean dúinn an cruatan a fhulaingt.

We had to sleep ~. Bhí orainn codladh amuigh gan dídean.

You've got to take the ~ with the smooth. Caithfidh tú an saol a ghlacadh idir mhín agus gharbh.

roughshod

He drove ~ over the committee. Rinne sé a rud féin gan ach dímheas iomlán a thaispeáint don choiste.

round

~ and ~ the merry-go-~ timpeall agus timpeall gan stop gan staonadh

Drinks all ~! Deochanna do chách!

in the ~ ó gach taobh

It's my ~. *(in pub)* Ormsa an cur deochanna seo.

She's an all-~er. Is féidir léi a lámh a chasadh ar aon rud.

The flu is doing the ~s. Tá an fliú ag gabháil timpeall.

There wasn't enough to go ~. Ní raibh a dhóthain ann do chách.

roundabout

It's swings and ~s. Is thuas seal agus thíos seal é.

to broach a subject in a ~ way teacht timpeall ar scéal

row

~, ~, ~ your boat, gently down the stream, Merrily, merrily, merrily, merrily, life is but a dream! Rámhaígí, rámhaígí, rámhaígí é, síos le sruth do bhád, Sona go sona go deireadh an lae, ní mhaireann an saol i bhfad!

in a ~ i líne

royal

I'm ~ly screwed if I don't have this essay ready by tomorrow. Tá mo phort seinnte agus mo chorp faoin chré mura bhfuil an aiste seo críochnaithe agam don lá amárach.

We received a ~ welcome. Cuireadh fáilte Uí Cheallaigh romhainn.

We were given the ~ treatment. Caitheadh go ríoga linn.

*(see also: **road**)*

rub

Don't ~ it in! Ná meabhraigh dom é!

I haven't two cent to ~ together. Níl fiú pingin rua agam.

Perhaps her good manners might ~ off on him. B'fhéidir go dtiocfaidh seisean faoi anáil a dea-bhéasa.

There is no need to ~ my nose in it. Ní gá é a chur i gcuimhne dom go síoraí seasta.

There's the ~! Sin é an fhadhb!

to ~ a person up the wrong way duine a chuimilt in aghaidh an tsnáithe

to ~ shoulders with the rich and famous bheith i gcomhluadar le lucht an tsaibhris agus clú

rubber

to ~-stamp every proposal glacadh le gach tairiscint gan mholadh gan cheist

to burn ~ tiomáint go lasta

rubbish

Don't talk ~! Ná bí ag caint raiméise!

She ~ed everything I said. Rinne sí beag is fiú de gach rud a dúirt mé.

rude

to make a ~ gesture comhartha gáirsiúil a dhéanamh

ruffle

Nothing ever ~s him. Ní féidir corraí a bhaint as.

She ~d his feathers. Bhain sí cúpla cleite as.

rug

She's pulled the ~ from under me. Bhain sí an ghaoth de mo sheol.

rule

She's never late as a ~. De ghnáth ní bhíonn sí déanach.

Rules are made to be broken. Ní bhíonn riail ar bith ann nach ceart ar uaire í a bhriseadh.

It's against the ~s. Tá sé in aghaidh na rialacha.

as a ~ of thumb mar riail láimhe

We cannot ~ out that possibility. Ní féidir linn a chur as an áireamh go bhféadfadh sin bheith amhlaidh.

Home ~ Rialtas Dúchais

*(see also: **thumb**)*

rumour

~ has it that he is leaving. Tá an scéal amuigh go bhfuil sé ag imeacht.

run

~ along! Imigh leat!

Could you ~ your eye over it? An bhféadfá do shúil a chaitheamh air?

Don't ~ yourself into the ground. Ná bí ag dul thar d'acmhainn.

He gave me a ~ for my money in that race. Thug sé orm allas fola a chur sa rás sin.

I had a ~ of luck. Bhí an t-ádh ina rith orm.

I had to ~ like the Dickens. Bhí orm rith an méid a bhí i mo chorp.

I have ~ out of tea. Táim rite as tae.

in the long ~ i ndeireadh na dála

It ~s in his family. Tá sé i bhfuil a mhuintire.

My visa has ~ out. Tá mo víosa caite.

on the ~ ag teitheadh

She had me ~ off my feet. Bhain sí lúth na gcos díom.

That's how the story ~s. Sin an rud a deirtear.

The administration has ~ amok. Tá an riarachán imithe ó smacht ar fad.

There was a ~ on the pound. Bhí rith ar an bpunt.

to ~ a few things past you before the meeting cúpla rud a rith leat roimh an chruinniú

to ~ a person out of town duine a dhíbirt as baile

to ~ foul of the law teacht salach ar an dlí

to ~ the whole gamut of human emotions an raon iomlán de mhothúcháin dhaonna a rith

You are trying to ~ before you can walk. Tá tú ag iarraidh bheith ag rith sular féidir leat siúl.

runner

He did a ~. *(i.e. legged it)* Thug sé na cosa leis.

running

~ commentary tráchtaireacht reatha

He was ~ a high temperature. Bhí teocht ard air.

He's always ~ the school down. Bíonn sé i gcónaí ag caitheamh anuas ar an scoil.

I found myself ~ into difficulties with it. Fuair mé go raibh mé ag titim i gcruachás dá dheasca.

in the ~ san áireamh

My eyes are ~. Tá uisce le mo shúile.

out of the ~ as an áireamh

The engine is ~. Tá an t-inneall ar siúl.

The new system is up and ~. Tá an córas nua i bhfeidhm agus ar siúl.

to be ~ on an empty stomach bheith ag rith ar bholg folamh

to hit the ground ~ dul i mbun oibre gan nóiméad moille

runny

I had a ~ nose. Bhí sileadh le mo shrón.

run-of-the-mill

~ magazine iris ar nós na coda eile

rush

He had a ~ of blood to the head. Bhuail spadhar é.

There's no ~. Níl aon deifir leis.

rusty

I've got a bit ~. D'éirigh mé pas beag meirgeach.

My Irish is ~. Gaeilge a chodail amuigh atá agam.

rut

I'm in a ~. Bím ag treabhadh an iomaire chéanna i gcónaí.

to get out of a ~ 1 éirí as an rud is gnáth **2** droim láimhe a thabhairt do sheanchleachtadh

S

sabre

~ rattling buaileam sciath

sack

I got the ~. Tugadh bata agus bóthar dom.

To hit the ~ dul chun soip

sacrifice

Job security was ~d on the altar of progress. Chuir an dul chun cinn deireadh le seasmhacht do chuid oibre.

sad

~ to say, nothing seems to have changed yet. Is oth liom a rá ach is amhlaidh nár athraigh aon rud fós.

How ~! Nach brónach an scéal é!

It's a ~ state of affairs. Is bocht an scéal é.

saddle

in the ~ sa diallait

safe

as ~ as houses chomh sábháilte le bille bainc

Better ~ than sorry. Is fearr glas ná amhras.

I'll keep him ~. Coinneoidh mé ar láimh shábháilte é.

It's ~ and sound. Tá sé slán sábháilte.

to be on the ~ side ar eagla na heagla

We had better play it ~. B'fhearr dúinn an cluiche a imirt go faichilleach.

said

Enough ~! Ní beag a bhfuil ráite!

that said sin ráite

There is much to be ~ for it. Is iomaí bua atá aige.

There is something to be ~ for it. Níl sé gan fiúntas ar fad.

There's a lot to be ~ for saving a little every month. Is mór is fiú é beagáinín airgid a shábháil gach mí.

Well ~! Sin é an chaint!

You ~ it! Tá sé ráite agat féin!

*(see also: **say**)*

sake

For God's ~! Ar son Dé!

for old time's ~ i gcuimhne na seanlaethanta

It's just talking for talking's ~. Níl ann ach caint ar son na cainte.

saloon

This is your last-chance ~. Seo an seans deiridh atá agat.

salt

He is the ~ of the earth. Is é salann na talún é.

He's not worth his ~. Ní fiú a chuid é.

Samaritan

the good ~ An Samáireach fónta

same

at the ~ time ag an am céanna

I met our old history teacher. She's the ~ as ever! Bhuail mé lenár seanmhúinteoir staire. Tá sí go díreach mar a bhí!

I'm leaving today. – ~ here! Táim ag imeacht inniu. – Mise freisin!

I'm tired all the ~. Tá tuirse orm mar sin féin.

It's all the ~ to me. Is cuma liomsa.

It's all the ~. Is ionann an cás é.

It's the ~ with me. Is mar an gcéanna agamsa é.

She's the ~ as you. Tá sí ar do chuma féin.

The ~ to you! Gurab amhlaidh duit!

the very ~ thing an rud ceannann céanna

They're one and the ~. Is ionann iad.

to be singing from the ~ hymn sheet bheith ag canadh an amhráin chéanna

sand

as happy as a ~boy chomh meidhreach le huan óg

The ~man has come. Tá Seán Ó Néill tagtha.

The ~s of time are running out. **1** Tá an ghrian ag gabháil siar. **2** *(BÁC)* Tá gaineamh an ama beagnach ídithe.

They were as numerous as the grains of ~ on the shore. Bhí siad chomh fairsing le gaineamh na trá.

to build your house on ~ do theach a thógáil ar ghaineamh

to draw a line in the ~ seasamh a dhéanamh

sardines

packed in like ~ chomh brúite isteach le scadáin i mbairille

sauce

Hunger is the best ~. Is maith an t-anlann an t-ocras.

sausage

What did they give you? – Not a ~! Cad a thug siad duit? – Faic na fríde!

You silly ~! Nach tusa an ceann cipín!

save

I could have ~d you the trouble. D'fhéadfainn tú a shábháil ar an trioblóid.

I couldn't think of her name to ~ my life. Chun m'anam a shábháil ní fhéadfainn smaoineamh ar a hainm

Megan ~d the day. Rug Megan bua ar an lá.

say

Didn't I ~ so! Nach mise a dúirt é!

Have you nothing to ~ for yourself?! Nach bhfuil faic le rá agat féin?!

I wouldn't ~ no to a beer. Ní bheinn in aghaidh beorach.

If you need a lift, – just ~ the word! Má tá síob de dhíth ort – ní gá ach an focal uait!

She has a lot to ~ for herself. Tá neart le rá aici siúd!

She was here last night, that is to ~, Thursday. Bhí sí anseo aréir, sé sin le rá, (an) Déardaoin.

That doesn't ~ much for your intelligence. Ní deir sin mórán faoi d'éirim aigne.

That goes without ~ing. **1** Tá sin intuigthe. **2** Ní call fiú é sin a rá.

There's no ~ing what he'll do. Ní féidir a rá cad a dhéanfaidh sé.

Well, let's ~ you're right. Bhuel, abraimis go bhfuil an ceart agat.

What would you ~ to a game of cards? Cad a déarfá le cluiche cártaí?

You can ~ that again! **1** Cloisim arís uait é sin! **2** *(BÁC)* Is féidir leat é sin a rá arís!

You don't ~! Ní féidir é!

(see also: ***said****)*

scale

according to ~ de réir scála

on a ~ between one and ten ar scála idir a haon go dtí a deich

on a large ~ ar mhórchóir

on a small ~ ar mhionchóir

That tipped the ~s in his favour. Thug sin an faobhar dó.

scarce

I'd better make myself ~! Greadfaidh mé liom!

Make yourself ~! Gread leat!

scare

~mongering scaipeadh ráflaí an uafáis

scene

behind the ~s ar an gcúlráid

I didn't want to make a ~. Níor theastaigh uaim aonach a dhéanamh.

Pop music is not my ~. Ní bheadh suim mhór agam féin sa phopcheol.

The police arrived at the ~. Tháinig na póilíní ar an láthair.

scenery

I need a change of ~. Tá athrú ag teastáil uaim.

scent

The Gardaí were thrown off the ~. Cuireadh na Gardaí ar seachrán.

schedule

Everything went to ~. Chuaigh gach uile shórt de réir mar a bhí beartaithe.

The plane is ~d to take off at four o'clock. Tá an t-eitleán le himeacht ar a ceathair a chlog de réir an sceidil.

scheme

in the greater ~ of things 1 sa phlean mór **2** san iomlán

school

He's one of the old ~. Is duine den seandream é.

She belongs to that ~ of thought. Baineann sise le lucht na tuairime sin.

scoop

news ~ scúp nuachta

score

On that ~ you can rest easy. Is féidir leat codladh go sámh ar an gcluas sin.

We're not interested in scoring points here. Níl suim againn bheith ag scóráil pointí anseo.

What's the ~ with the new principal? Cad é an chraic/ an scéal leis an bpríomhoide nua?

scorn

to heap ~ on an idea dímheas iomlán a léiriú ar smaoineamh

to laugh something to ~ ceap gáire a dhéanamh de rud éigin

scrape

I managed to ~ the money together for a holiday. D'éirigh liom dornán airgid a chonlú le haghaidh saoire.

He just managed to ~ through the Leaving Certificate. Is ar éigean a d'éirigh leis san Ardteistiméireacht.

I've been in some tight ~s in my time. Is iomaí cruachás ina raibh mé le mo linne.

scraping

He is barely ~ a living. Is ar éigean a bhíonn sé ag coinneáil greim faoin bhfiacail.

scratch

~ a little deeper and you find a conservative. Ní bhíonn ort dul ró-dhomhan chun coimeádach a aimsiú.

He came through the war without a ~. Tháinig sé tríd an chogadh gan cleite a chailleadh.

He was able to bring the bike up to ~. Bhí sé ábalta an rothar a chur i bhfearas go maith.

We were all left ~ing our heads. Fágadh sinn go léir i ngalar na gcás.

We'll have to start from ~. Caithfimid tosú ag an scríoblíne.

We're only ~ing the surface. Níl anseo againn ach craiceann an scéil.

You ~ my back and I'll ~ yours. Níonn lámh lámh eile.
Your work isn't up to ~. Níl do chuid oibre ag cruthú go maith.

screaming
They were dragged kicking and ~ into the twenty-first century. In éadan na gcos a tarraingíodh iad isteach san aonú haois fichead.

screen
the silver ~ an scáileán airgid

screw
He ~ed his face into a smile. Chuir sé strainc ar a aghaidh chun gáire a dhéanamh.
She has her head well ~ed on. Tá fios a gnó aici siúd.
They tightened/ put the ~s on him. Chuir siad faoi luí na bíse é.
We're ~ed! Tá ár gcosa nite!
What a ~-up! A leithéid de bhrachán!

scrimp
to ~ and save to buy tickets spáráil agus coigilt a dhéanamh chun ticéid a cheannach

sea
He hasn't got his ~ legs yet. Níl na cosa báid air fós.
I am completely at ~. Tá gach rud sa mhuileann orm.
out at ~ amuigh ar an bhfarraige mhór
The ~ is heavy. Tá an fharraige ramhar.

seam
~less transition athrú nach mbraithfí
bursting at the ~s i riocht pléasctha

seamy
the ~ side of life **1** an taobh suarach den saol **2** suarachas an tsaoil

search
~ me! Ná fiafraigh díomsa!

season
the off ~ an séasúr díomhaoin
the silly ~ séasúr na hamaidí

seat
~ of power lárionad cumhachta
baby ~ suíochán linbh
I was keeping your ~ warm for you. Bhí mé ag coinneáil do shuíochán te teolaí duit.
in the hot ~ sa suíochán te
Please take your ~s! Suígí síos le bhur dtoil!
to be in the driving ~ bheith sa suíochán tiomána

second
~-class citizen saoránach den dara grád
~-hand car carr ar athlámh
~-hand news scéal scéil
~-rate book leabhar den dara sraith
Driving is ~ nature to her now. Bíonn an tiomáint anois mar a bheadh sé as broinn léi anois.
He came in a good ~. Bhí sé sna sála ar an gcéad duine.

He's the ~ best. Is é an dara duine is fearr.
in a split ~ i bhfaiteadh na súl
She is ~ to none. Níl éinne ann lena sárú.
Wait a ~! Fan nóiméad!

secret
~ door to another world doras folaithe go domhan eile
He's a ~ drinker. Bíonn sé ag ól faoi rún.
in ~ faoi rún
It's an open ~. Tá a fhios ag an saol mór faoi sin.
She made no ~ of the fact that she wanted it. Níor cheil sí riamh gur theastaigh sé uaithi.
She took her ~ to the grave. Thug sí a rún chun na reilige.

secure
~ from attack slán ar ionsaí
Now we can feel ~. Níl aon bhaol anois orainn.

security
social ~ slándáil shóisialta

see
~ for yourself! Breathnaigh tú féin go bhfeicfidh tú!
~ing that we were late, we took a taxi. Ós rud é go rabhamar déanach, thógamar tacsaí.
as far as I can ~ chomh fada le mo thuiscint
as far as your eye can ~ fad d'amhairc
Could you ~ your way to lending me a few euro? An mbeadh fáil agat ar chúpla euro a thabhairt ar iasacht dom?
Do you ~? – I ~. **1** An dtuigeann tú? – Tuigim. **2** An bhfeiceann tú? – Feicim.
I could ~ this coming. Bhí a fhios agam go dtarlódh a leithéid.
I don't ~ the point/ your point. Ní léir dom an pointe/ do phointe.
I'll ~ it through (to the bitter end). Rachaidh mé go bun an angair leis.
I'll ~ to it. Feicfidh mé leis.
I'll ~ you to the door. Rachaidh mé chun an dorais leat.
I'll be ~ing you! Feicfidh mé thú!
I'm not fit to be ~n. Níl mé insúl.
It must be ~n to at once! Ní mór féachaint chuige láithreach.
Let me ~! Fan go bhfeicfidh mé!
Long time no ~! Is fada nach bhfaca mé thú!
This is how I ~ it. Seo mar a fheicimse é.
to ~ him off at the station slán a fhágáil leis ag an stáisiún

seed
The town has totally gone to ~. **1** Tá an baile imithe chun donais ar fad. **2** Tá an baile rite as cineál ar fad.

seen

You look as though you've ~ a ghost. Tá dealramh ort de dhuine a chonaic an púca.

seize

~ the day! *(Latin used)* Carpe diem!

The engine has ~d up. Tá an t-inneall stalctha.

to ~ an opportunity deis a thapú

self-

She is ~-possessed. Is duine stuama í.

She is very ~-righteous. Bíonn sí an-cheartaiseach inti féin.

selfie

to take a ~ féinphic a thógáil

sell

A politician who has sold his soul (to the devil). Polaiteoir a dhíol a anam (don diabhal).

bestseller leabhar móréilimh

Don't ~ yourself short! Ná déan beag is fiú díot féin!

The book is ~ing well. Bíonn ráchairt mhaith ar an leabhar.

send

In her new book, she ~s up Irish politicians. Ina leabhar nua, déanann sí ceap magaidh de pholaiteoirí de chuid na hÉireann.

She got a great ~-off. Rinneadh comóradh mór léi nuair a bhí sí ag imeacht.

What message does that ~ to the pupils? Cén teachtaireacht a sheolann sin chuig na daltaí?

You're a god~. Is tabharthas ó Dhia thú!

*(see also: **sent**)*

senior

I was having a ~ moment. Bhí mé faoi anáil na seanaoise ansin.

~ citizens 1 saoránaigh shinsearacha **2** seanóirí

the ~ pupils na daltaí sinsearacha, na sinsearaigh

sense

~ of anger, joy, injustice, etc. mothú feirge, áthais, éagóra, etc.

common ~ ciall cheannaithe

Have you taken leave of your ~s? Ar chaill tú do chiall (is do chéadfaí)?

I can't make her see ~. Ní féidir liom ciall a chur inti.

She has no ~. Níl ciall ar bith aici.

Talk some ~! Bíodh ciall éigin agat!

That brought him to his ~s. **1** Mhúscail sin an chiall ann. **2** Thug sin ciall dó

the five ~s na cúig céadfaí

Where's your ~ of humour?! Arae, tar ar acmhainn grinn!

sent

He cheated on her and so she ~ him packing. Ní raibh sé dílis agus mar sin dúirt sí leis an bóthar a bhualadh.

I slipped and ~ all the cups flying. Shleamhnaigh mé agus

caitheadh na cupáin uile san aer.
I was ~ news about it. Cuireadh scéala chugam faoi.
It ~ a shiver down my spine. Chuir sé drithlíní le mo dhroim.
The doctor was ~ for. Cuireadh fios ar an dochtúir.
We were ~ word that you were coming. Tugadh scéala chugainn go raibh tú ag teacht.

separate
We went our ~ ways. Chuamar ár mbealaí éagsúla.

serve
Are you being ~d? An bhfuiltear ag freastal ort?
He ~d time. Chaith sé tamall faoi ghlas.
It ~s many purposes. Is iomaí feidhm atá le baint as.
It ~s you right! Is maith an airí ort é!
The procedure ~d its purpose. Rinne an nós imeachta an gnó.
These shoes have ~d me well. Bhain mé an-tairbhe as na bróga seo.
to ~ your country seirbhís a dhéanamh ar son do thíre
You can't ~ two masters. Ní féidir an dá thrá a fhreastal.

service
At your ~! Faoi do réir!
Can I be of any ~ to you? An bhféadfainn aon chabhair a thabhairt duit?
Peig was in ~. Bhí Peig in aimsir.
the civil ~ an státseirbhís

set
He ~ sail for Africa. D'ardaigh sé a sheol chun na hAfraice.
He is (dead) ~ on it. 1 Tá a chroí istigh ann. **2** Tá sé meáite air.
He was ~ up. Cuireadh cluain air.
He's very ~ in his ways. Ní féidir leis ach an iomaire chéanna a threabhadh.
I wanted to ~ things right. Theastaigh uaim gach rud a chur i gceart.
Let me ~ the scene. Cuirfidh mé an radharc os bhur gcomhair.
Nothing is ~ in concrete yet. Níl aon rud socraithe go daingean fós.
She has her sights ~ on being a doctor. Tá sé leagtha amach aici bheith ina dochtúir.
She is dead ~ against it. Tá sí go géar ina aghaidh.
the literary ~ lucht léinn
the smart ~ an dream galánta
They ~ to work on building a bridge. Luigh siad isteach ar thógáil droichid.
to ~ to work tús a chur leis an obair

settle
~ down boys! Maolaígí é, a bhuachaillí!
~ it amongst yourselves! Socraígí eadraibh féin é!

I have a score to ~ with him. Tá cúis amuigh agam air
Marriage made him ~ down. Chuir an pósadh stuaim air.
That ~s it! Ní beag sin!
They ~d down in Cork. Chuir siad fúthu i gCorcaigh.

seven
I am all at sixes and ~s today. Táim ar nós na beiche (mire) inniu.
I was in ~th heaven. Bhí mé ar neamh ar fad.

sewn
Have you *(pl)* made a contract yet? – Yes, it's all ~ up. An ndearna sibh conradh fós? – Rinne, beart i gcrích é!

sex
the battle of the ~es an choimhlint idir fir agus mná
to have ~ with a person caidreamh collaí bheith agat le duine
unprotected ~ gnéas gan chosaint

sexual
~ assault ionsaí gnéasach
~ discrimination leithcheal ar bhun gnéis
~ harassment ciapadh gnéis

shack
They were ~ed up together for years. Bhí siad i gcomhthíos lena chéile le blianta.
to ~ up with another person dul i dtíos le duine eile

shade
Her singing puts me in the ~. Baineann an tslí a chanann sí an bláth díomsa.
I like the ~s. Is maith liom na gloiní gréine.
It's a ~ too long. Tá sé beagáinín beag ró-fhada.
temperature in the ~ teas ar an scáth

shadow
~ cabinet scáthchaibhinéad
He is only a ~ of his former self. Níl ann ach scáil dá raibh ann uair.
His sudden death cast a ~ over the proceedings. Chaith a bhás tobann scáth ar na himeachtaí.
the ~ of death scáil an bháis
The FBI ~ed him for months. Lean an FBI sna sála air le míonna.
without a ~ of a doubt gan amhras ar bith

shady
He's a ~ character. Tá cuma saghas amhrasach air.
the ~ side of politics an taobh dorcha den pholaitíocht

shaggy
shaggy-dog-story 1 scéal fada le eireaball (gruagach) **2** scéal fada féasógach **3** scéal a bhfuil bundún air

shake
~ a leg! Corraigh cos leat!
He's no great ~s! Ní raibh seisean sa Táin.

I can't ~ off this cold. Ní féidir liom an slaghdán seo a chur díom.
I'll be with you in two ~s of a lamb's tail. Beidh mé leat ar an bpointe boise.
It has ~n me badly. Bhain sé croitheadh maith asam.
to ~ hands lámha a chroitheadh
*(see also: **shaking**)*

shaking
I was shaking in my shoes. Bhí mé ar crith i mo chraiceann.
I was shaking like a leaf. Bhí mé ar crith mar dhuilleog sa ghaoth.
*(see also: **shake**)*

shaky
My legs are a bit ~ today. **1** Tá na hioscaidí ag lúbadh fúm inniu. **2** Tá na cosa go creathach fúm inniu.
You're on ~ ground there. Tá tú ag rith ar thanaí ansin.

shame
~ on you! Mo náire thú!
Have you no ~! Nach bhfuil ciall ar bith do náire agat?!
It would be a ~ to waste it. Ba mhór an náire é a chur amú.
It's a crying ~! Is mór an scannal é!
What a ~! Nach mór an trua é!
You have put me to ~. Tá mé náirithe agat.

shank's
I went there on/by ~ mare *(i.e. I walked.)* Rinne mé é a chrágáil de shiúl na gcos.

shamrock
to drown the ~ an tseamróg a fhliuchadh

shape
I need to get into some sort of ~. Caithfidh mé bail éigin a chur orm féin.
My hat is out of ~. Tá mí-chuma ar mo hata.
Our plans are beginning to take ~. Tá cruth éigin ag teacht ar ár bpleananna.
There will be no communication in any ~ or form! Ní bheidh cumarsáid de chineál ar bith, dubh, bán ná riabhach!
You'll have to ~ up! Caithfidh tú cuma a chur ort féin.

share
~ and ~ alike! Mo chuid, do chuid roinnimis le chéile!
the lion's ~ cuid an leoin

sharing
~ is caring! Roinnt gan saint!

sharp
Her powers of observation are razor-~. Ní éalaíonn aon rud óna súil ghrinn.
Look ~! Brostaigh ort!
*(see also: **razor**)*

shave
That was a close ~ for me. Is ar éigean gur thug mé na cosa liom!

sheep
a wolf in ~'s clothing sionnach i gcraiceann caorach
He was the black ~ of the family. Ba é caora dhubh na clainne é.
I might as well be killed for a ~ as a lamb! Ó loisc mé an choinneal, loiscfidh mé an t-orlach!
She looked at him with ~'s eyes. Chaith sí súil na glasóige air.
They follow him like ~. Leanann siad é ar nós lachan.
to separate the ~ from the goats na caoirigh a scaradh ó na gabhair

sheet
as white as a ~ chomh bán le mo léine
clean ~ **1** tosach as an nua **2** leathanach bán

shelf
~ life seilfré
She didn't want to be left on the ~. Níor theastaigh uaithi bheith caite i gcártaí.

shell
He came out of his ~. Fuair sé a theanga leis.
She ~ed out for the whole trip. D'íoc sí an scór as an turas go léir.

shift
~ yourself! Déan tú féin a bhogadh as sin!
It's time to ~ up a gear. Is mithid luí isteach ar na maidí.
seven hour ~ seal seacht n-uaire
They ~ed ground. Tháinig siad ar athchomhairle.
to do ~ work sealaíocht a dhéanamh

shine
I took a ~ to him. Thaitin sé liom.
I'll be there hail, rain or ~. Beidh mé ann beag beann ar shoineann ná ar dhoineann!

ship
Everything is ~shape. Tá gach rud gafa gléasta.
He runs a tight ~. Bíonn smacht docht aige ar chuile rud.
on board ~ ar bord loinge
when my ~ comes in nuair a bhéarfaidh mo bhó agam

shirt
He would give you the ~ off his back. Thabharfadh sé a léine dá dhroim duit.
in his ~-sleeves i gcabhail a léine
Keep your ~ on! **1** Ná caill do chiall! **2** Tóg go bog é!

shivers
Even the idea of spending an evening in his company gives me the ~. Cuirtear drithlíní fuachta liom fiú ag smaoineamh ar oíche a chaitheamh ina chomhluadar.

shoe
if I were in your ~s dá mba mise tusa

We were living on a ~string. Bhíomar ag maireachtáil ó láimh go dtí an béal.

shoot

~! *(Damn it)* Go bhfóire Dia orm!

~! *(Let's hear it)* Abair amach é!

He shot down my proposal. Rinne sé spior spear de mo mholadh.

He was ~ing his mouth off. Bhí béal chomh mór le Doire air.

She ~s from the hip. Scaoileann sí ón gcromán.

the green ~s of recovery péacáin ghlasa an téarnaimh

the whole ~ na mangaisíní go léir

to ~ up drugaí a chaitheamh

to ~ yourself in the foot tú féin a scaoileadh sa chos

shop

~ till you drop siopadóireacht go scriosadóireacht

all over the ~ ar fud an bhaill

For a mortgage you have to ~ around Chun morgáiste a fháil, caithfidh tú cuardach timpeall.

short

for a ~ time ar feadh tamaill bhig

He got ~ shrift from the principal. Bhí an príomhoide grod giorraisc leis.

He is ~-tempered. Tá sé teasaí.

I am ~ of money. Tá mé gann in airgead.

I shall be with you ~ly. Beidh mé leat gan mhoill.

I'm ten euro ~. Táim deich euro easpach.

in ~ i mbeagán focal

in ~ order **1** ar an toirt **2** gan nóiméad moille

in the ~ run sa ghearrthéarma

It is nothing ~ of disgraceful. Ní dada eile é ná náireach.

It's ~ in the sleeves. Tá sé ró-ghairid sna muinchillí.

She has a ~ fuse. Ní thógann sé mórán chun olc a chur uirthi.

We need nothing ~ of a miracle. Míorúilt amháin a dhéanfadh an gnó dúinn.

shot

~ to pieces scriosta ar fad

He's a big ~. Is boc mór é.

She was off like a ~.
1 D'imigh sí ar luas lasrach.
2 As go brách léi ar nós urchar as gunna.

to fire a ~ across their bows foláireamh a thabhairt dóibh

Winning the prize was like a ~ in the arm to me. Thug bua na duaise ardú mór meanman dom.

*(see also: **wedding**)*

shoulder

He ~s all the responsibility. Luíonn an fhreagracht uile go léir leis-sean.

He has a chip on his ~. Tá nimh san fheoil aige.

Let's ~ this burden together! Cuirimis ár nguaillí

le chéile chun an t-ualach seo a iompar!
She gave me the cold ~. Dhruid sí an tsúil orm.
to stand ~ to ~ seasamh gualainn ar ghualainn
*(see also: **cry**)*

shout
Give us a ~ sometime! Tabhair glao orainne am éigin!
He was ~ed down. Bádh a ghlór le gártha agus glaonna.

shove
~ off! Tóg ort!

show
Could we have a ~ of hands on it? An bhféadfaimis comhaireamh lámh a dhéanamh air?
for ~ 1 ar mhaithe le seó **2** le maisiú a chur ar rudaí
Good ~! Maith thú!
He is a big ~-off. Is mór an fear seó é.
He never ~s up in class. Ní bhíonn sé choíche le feiceáil sa rang.
He was ~ing off. Bhí sé ag gearradh suntais.
I'll ~ them who is boss. Taispeánfaidh me dóibh cé tá i gceannas.
It came to a ~down. Chuaigh an scéal go cnámh na huillinne.
It just goes to ~ that anyone can do it. Nach léiríonn sin go soiléir gur féidir le duine ar bith é a dhéanamh.
Let's get this ~ on the road! Cuirimis an bád seo i bhfarraige!
She ~ed her true colours. Nocht sí a fíormhothúcháin/fíormheon.
She made a (holy) ~ of herself. **1** Rinne sí feic di féin. **2** Rinne sí sceith béil di féin.
The ~ must go on! Ní féidir an seó a stopadh!
The bell is only there now for ~. Níl sa chlog anois ach ornáid.
We have very little to ~ for all the work we did. Níl mórán le taispeáint againn as an obair uile a rinneamar.

shower
What a ~! Nach iad an paca liúdramán!

shred
There's not a ~ of evidence. Níl pioc fianaise ann.

shrugged
She ~ it off. Rinne sí beag is fiú de.

shut
~ up! Dún do bhéal!
I could do it with my eyes ~. D'fhéadfainn é a dhéanamh agus an dá shúil dúnta agam.

shy
He is not a man to fight ~ of hard work. Ní fear é gur leasc leis dul i mbun oibre crua.
He is work ~. Bíonn sé go drogallach roimh obair.

She is ~. Tá cotadh uirthi.

sick

~ joke 1 cleas gránna **2** cleas suarach

I am ~ and tired of it. Táim bréan dóite de.

I was worried ~ about you. Bhí imní an domhain orm mar gheall ort.

It makes me ~. Cuireann sé déistin orm.

side

~ by ~ taobh le taobh

from all ~s ó gach taobh

He's the ~kick. Is é an fear cúnta é.

I don't want to take ~s here. Ní theastaíonn uaim taobhú le haon pháirtí anseo.

I wash windows as a ~line. Glanaim fuinneoga taobh leis an bpríomhobair a dhéanaim.

It's a bit on the cold ~ today. Tá sé pas beag fuar inniu.

It's best to keep on the right ~ of him. Is fearr fanacht ar an taobh ceart de.

on the positive ~ ar an taobh dearfach

She is on our ~. **1** Tá sí ag taobhú linn. **2** Tá sí inár leith. **3** Tá sí ar ár dtaobh-san.

That is only a ~ issue. Níl ansin ach fo-scéal.

Try to see it from my ~. Déan iarracht é a fheiceáil ó mo thaobhsa.

We don't have time on our ~. Níl mórán ama againn.

You're only getting one ~ of the picture. Níl ach taobh amháin den scéal agat.

sideline

to be left on the ~ bheith fágtha i leataobh

The interests of the customer were ~d. Rinneadh neamhshuim de riachtanais an chustaiméara.

sieve

I have a memory like a ~. **1** Tá an chuimhne go fíorlag agam! **2** *(BÁC)* Tá mo chuimhne cosúil le criathar.

sight

Don't lose ~ of the fact that you have work tomorrow. Ná lig i ndearmad go bhfuil (an) obair agat amárach.

Her dress was a ~! Dá bhfeicfeá an gúna a bhí uirthi!

Hind~ is no ~. Ní gaois iarghaois.

I can't bear the ~ of him. Is lú orm an sioc ná é.

I caught ~ of him. Fuair mé amharc air.

I know her by ~. Tá aithne shúl agam uirthi.

I lost ~ of her. Chuaigh sí as mo radharc.

I went to Paris to see the ~s. Chuaigh mé go dtí Páras chun na hiontais a fheiceáil.

It was not a pretty ~! Ní deas an radharc a bhí ann!

love at first ~ grá ar an gcéad amharc

Out of ~, out of mind. Seachnaíonn súil ní nach bhfeiceann.
The end is in ~. Is gearr go mbeidh an deireadh ann.
What a ~ you are! Nach scanrúil an feic thú!
You are a ~ for sore eyes! Nach tusa an eorna nua thú!

significant
~ other an eile shuntasach

silence
~! Ciúnas!
~ is golden! Is binn béal ina thost.

silent
~ film scannán tostach
~ prayer paidir chiúin
as ~ as the tomb chomh ciúin leis an uaigh
I got the ~ treatment from her for a month. Níor bhris sí anáil liom ar feadh míosa.
She kept ~ about it. Níor lig sí faoina hanáil é.

silk
as soft as ~ chomh mín le síoda
*(see also: **purse**)*

silver
He was born with a ~ spoon in his mouth. **1** Bhí an mhaoin as broinn leis. **2** (BÁC) Rugadh é le spúnóg airgid ina bhéal.
thirty pieces of ~ *(Bible)* tríocha píosa d'airgead geal
to sell the family ~ maoin an teaghlaigh a chur i ngeall

simple
The ~ truth is that he doesn't want to go there. Is é lomchlár na fírinne nach dteastaíonn uaidh dul ann.

sin
It's a ~ to be indoors in weather like this. Is mór an peaca é bheith sa teach ina leithéid d'aimsir.
mortal ~ peaca marfach
original ~ peaca an tsinsir
the forgiveness of ~s maithiúnas na bpeacaí
This new rule covers a multitude of ~s. Clúdaíonn an riail nua seo uafás de rudaí éagsúla.
venial ~ peaca solathach

since
~ when are you an authority on wine?! Cé a rinne tusa i do shaineolaí ar an bhfíon?!

sing
We had to ~ for our supper. Bhí orainn ár gcuid a shaothrú.
*(see also: **singing**)*

singing
~ in the ears ceol sna cluasa
~ lesson ceacht amhránaíochta
He's ~ a different tune now that the shoe is on the other foot. Tá port eile á chanadh aige anois ó tá an bhróg ar an chos eile.
*(see also: **sing**)*

single
not a ~ one oiread agus aon cheann amháin

She is ~. 1 Is bean shingil í. **2** Níl sí pósta.

single-handed

He did it ~. Rinne sé é gan cabhair ó aon duine.

single-minded

He was very ~ about it. Ní raibh aon rud ag déanamh tinnis dó ach é.

She is very ~. Is duine tiomanta dochloíte í.

sink

Do you ever get that ~ing feeling. Ar mhothaigh tú riamh an misneach ag trá.

In today's world it's ~ or swim! 1 I saol an lae inniu bíonn ar gach duine treabhadh as a eireaball féin. **2** Sa domhan inniu ní mór duit snámh nó dul faoi.

The patient is ~ing fast. Tá an t-othar ag dul i laige go tapa.

to ~ into debt titim go domhain i bhfiacha

to ~ into the depth of despair titim isteach i nduibheagán an éadóchais

When I think about it now, my heart ~s. Nuair a smaoiním air anois, titeann mo chroí (as mo lár).

siren

~ voices glórtha mealltacha

sit

~ tight and wait for further orders. Cuirigí bhur gcosa i dtaca agus fanaigí go dtiocfaidh orduithe nua!

It doesn't ~ with me well. Nílim go compordach leis.

to ~ on your hands suí ar do lámha

Who am I to ~ in judgement over anyone? Cé mise le breithiúnas a thabhairt ar aon duine?

sit-in

They're organising a ~ protest. Tá siad ag eagrú agóid suí.

sitting

~ for a photograph suí i gcomhair grianghraif

~ of the court suí den chúirt

There will be two ~s of the committee today. Beidh dhá shuí chun boird den choiste inniu.

They have been ~ on this report for over a year. Tá siad ag tarraingt na gcos faoin tuarascáil seo le bliain.

They're ~ pretty. Tá siadsan ina suí go te.

six

~ feet under sé troithe faoin bhfód

~th sense an séú céadfa

He knocked me for ~. 1 Leadhb sé mé. **2** Thug sé na físeanna dom.

It's ~ of one and half a dozen of the other. 1 Is ionann an cás – an t-éag is an bás.

2 Pótaire in ionad meisceora é.
3 Dhá réal scilling.

size

I'll cut him down to ~. Tabharfaidh mise le fios dó.

That's about the ~ of it. Sin é agat anois é.

to ~ a person up miosúr an duine a fháil

What ~ do you take in shoes? Cén uimhir a chaitheann tú i mbróga?

skate

Get your ~s on! Cuir bealadh faoi d'ioscaidí!

He ~d over the problems. Rinne sé beag is fiú de na fadhbanna.

I just ~d through the first chapter. Sciorr mé go tapa tríd an chéad chaibidil.

skeleton

~ key ileochair

The journalists found a few ~s in his cupboard. Fuair na hiriseoirí oil nó dhó san úir aige.

skids

I told him the boss was coming. That put the ~ under him. Dúirt mé leis go raibh an saoiste ag teacht. Thug sin air a ghualainn a chur leis a chur leis an roth.

skin

He escaped by the ~ of his teeth. Is ar éigean a thug sé na haenna leis.

He had a ~ful. Bhí lán a bhoilg ólta aige.

He really gets under my ~. Cuireann sé isteach go mór orm.

I'll ~ him alive! Feannfaidh mé beo é.

She is only ~ and bone. Níl inti ach na cnámha agus an craiceann.

There's more than one way to ~ a cat. Is iomaí bealach le cat a mharú seachas é a thachtadh le him.

*(see also: **beauty, thick**)*

skirt

to ~ around the coast dul go tapa timpeall an chósta

to ~ the issue an cheist a sheachaint

to be chasing ~ bheith sa tóir ar na mná

skulduggery

to put an end to their ~ deireadh a chur lena gcuid cneámhaireachta

skull

He's thick-~ed. Tá ceann ramhar air.

the ~ and cross-bones cloigeann agus croschnámha

sky

She praised him to the skies. **1** Mhol sí go rothaí na gréine é. **2** Mhol sí go hard na spéire/ go crannaibh na spéire é.

The building was blown ~-high. Pléascadh an

foirgneamh (suas) sna spéartha/ i smidiríní.

slack

Cut me some ~ here! Tabhair seans éigin dom anseo!

to take up the ~ gearradh siar ar an gcur amú

We have to cut the politicians some ~. Caithfimid gabháil beagáinín réidh ar na polaiteoirí.

slag

Irish people like to ~ one another. Is maith le hÉireannaigh bheith ag spochadh as a chéile.

She was ~ging them. 1 Bhí sí ag spochadh astu. **2** *(BÁC)* Bhí sí á slagáil.

slanging

They were having a ~ match. Bhí siad ag caitheamh maslaí lena chéile.

slap

~ bang in the middle of the town plinc pleainc i lár an bhaile

~-dash work obair amscaí

~ in the face boiseog san aghaidh

~-stick comedy greann ropánta

She ran ~ bang into me. Rith sí de phleist i mo choinne.

slate

He has a ~ loose. Tá boc mearaí air.

on the ~ ar cairde

to start with a clean ~ tosú as an nua

slating

He gave her such a ~. Nach í a fuair an íde béil uaidh.

slaughter

~ on the roads sléacht ar na bóithre

slave

~ to fashion sclábhaí an fhaisin

I've been slaving over a hot stove all afternoon. Tá mé do mo mharú sa chistin an tráthnóna ar fad.

slave driver

Our history teacher is a real ~. Is tíoránach ar fad é ár múinteoir staire.

sledgehammer

I don't like his ~ approach approach. Ní thaitníonn a chur chuige iomarcach liom.

to take a ~ to crack a nut iarann te a úsáid chun ribe a scoilteadh

sleep

~ tight! Codail go sámh!

good night's ~ oíche mhaith chodlata

I could do that in my ~. D'fhéadfainn é sin a dhéanamh agus an dá shúil dúnta agam.

I didn't get a wink of ~ last night. Níor chodail mé aon néal oíche aréir.

I had a good ~. Chodail mé spuaic mhaith.

Let ~ing dogs lie! 1 Ná hoscail doras na hiaróige! **2** Lig do na cúnna codladh go sámh!

light ~ codladh gé
My foot has gone to ~. Tá codladh grifín i mo chos.
She cried herself to ~. Chaoin sí go dtí gur thit sí ina codladh.
to go to ~ dul a chodladh
*(see also: **slept**)*

sleep-in
I had a ~. Chodail mé go headra.

sleeve
He wears his heart on his ~. Labhraíonn sé óna chroí amach.
I still have a trick or two up my ~. Tá cárta cúil nó dhó agam fós.
Let's roll up our shirt~s! Crapaimis suas ár muinchillí!

sleight
by ~ of hand le cleasaíocht láimhe

slept
I ~ in. Chodail mé amach é.
I ~ off the head-ache. Chuir mé an tinneas cinn díom i mo chodladh.
*(see also: **sleep**)*

slice
~ of the action blaiseadh den chraic
*(see also: **action**)*

slide
He let things ~. Lig sé rudaí dul chun raice.

slip
He ~ped a disc. Chuir sé diosca as alt ina dhroim.
It ~ped my mind to ask him about it. Shleamhnaigh sé as mo chuimhne fiafraí de faoi.
She let it ~ that he was leaving. Sciorr sé uaithi go raibh sé ag imeacht.
This opportunity ~ped through his fingers. Shleamhnaigh an seans seo trína mhéara.
to give a person the ~ éalú i ngan fhios ó dhuine

slippery
on the ~ slope ar an bhfána sciorrach

slip-up
There was a ~. Rinneadh meancóg bheag.

slope
Every choice with the ~. Gach rogha le fána.
half-way up the ~ leath bealaigh suas i gcoinne an bhóthair
It ~s down. Tá fána leis.
It ~s up. Tá ard ann.
Our street is on a ~. Tá ár sráid le fána.

slow
~ly but surely go mall ach go siúráilte
He's very ~. Tá sé an-mhall.
in ~ motion i mallghluaiseacht
She is ~ to anger. Is doiligh fearg a chur uirthi.
She was not ~ to reply. Ní raibh aon mhoill uirthi freagra a thabhairt.
The clock is ~. Tá an clog mall.
to be ~ off the mark bheith mall chun bogadh

sly

Aren't you the ~ dog?! Nach tusa an codaí ceart?!

He's a real ~ boots! Is é an cílí ceart é!

She did it on the ~. Rinne sí faoi choim é.

smack

~ in the face leiceadar san aghaidh

That ~s of bribery. Tá blas na breabaireachta air sin.

small

~ is beautiful. Binn blas ar an mbeagán.

~ talk spruschaint

Don't be ~-minded! Ná bí go beag-aigeanta!

He was a ~-time thief. Mionghadaí a bhí ann.

in a ~ way ar bhealach beag

It's a ~ world! Castar na daoine ar a chéile ach ní chastar na cnoic ná na sléibhte!

She made him look ~. Bhain sí an teaspach de

She's a ~ eater. Is beag a itheann sí.

That's ~ beer compared to all he earns. Ní dada é sin i gcomparáid lena dtuilleann seisean.

smart

~ card cárta cliste

Don't be a ~ Alec! Ná déan cílí díot féin!

Look ~! Cuir cuma ort féin.

smash

~ and grab briseadh agus gadaíocht

He was ~ed. *(alcohol abuse)*
1 Ní raibh aithne a bheart aige.
2 Bhí sé ar stealladh na ngrást.
3 Bhí sé caoch ar meisce.

It (was) ~ed into pieces. Rinneadh smidiríní de.

It was a ~ hit! D'éirigh thar cionn leis.

smear

to ~ his good name smál a chur ar a dhea-chlú

to have a ~ test tástáil smearaidh a dhéanamh

smell

Something doesn't ~ right about this affair. Tá drochbhlas éigin ar an scéal seo.

That ~s bad. Tá drochbholadh uaidh sin.

That ~s nice. Tá boladh deas air sin.

*(see also: **coffee, rose**)*

smile

He was all ~s. Bhí aoibh go dtí na cluasa air.

smoke

Any chances we might have had went up in ~. **1** D'imigh seans ar bith a raibh ann dúinn amach tríd an fhuinneog.
2 D'imigh gach seans a bhí againn mar a bheadh an chaor thine ann.

Put that in your pipe and ~ it! Cuir sin faoi d'fhiacail agus bí ag cogaint air!

She ~s like a chimney. Chaithfeadh si cos asail.
There's no ~ without fire. An áit a mbíonn deatach, bíonn tine.

smooth
to ~ his ruffled feathers é a shuaimhniú

snake
He's a ~ in the grass. **1** Is slíomadóir cruthanta é.
2 *(BÁC)* Is nathair nimhe san fhéar fada é.

snap
~ out of it! Cuir uait an stuaic (ghruama)!
~ to it! Déan deifir leis!
Don't ~ my head off! Ná bain an ceann díom!
She ~ped her fingers. Bhain sí smeach as a méara.

snappy
Make it ~! Déan go gasta é!

sneezed
It's not to be ~ at! Ní haon dóithín é sin!

snow
I am ~ed under with work. Tá mé (suas) go dtí an dá shúil leis an obair.

snowball
You haven't a ~'s chance in hell. Níl seans na ngrást agat!

snuffed
He ~ it. *(died)* Smiog sé.

snug
as ~ as a bug in a pea in a pod chomh seascair le luichín i stáca
in a ~ little cottage at the bottom of a hill i dteach beag cluthar ag bun cnoic

so
~ be it! **1** Bíodh amhlaidh!
2 Tá go maith!
~ it seems. Sin an dealramh atá air.
~ there you have it! *(i.e. that's the way it is)* Seo agat é!
~ to speak mar a déarfá
~ what!? Nach cuma?!
and ~ forth agus mar sin de
He's a right ~-and-~! Liudramán cruthanta é!
How ~? Conas sin?!
I expect ~. Déarfainn é.
I'm only ~-~ . Táim cuibheasach gan a bheith maíteach.
Is that ~? Mar sin é?
That's not ~! Ní fíor sin!

soap
a ~ (opera) gallúntraí
*(see also: **soft-soap**)*

soapbox
to be up on your ~ again bheith thuas ar d'ardán cainte arís

sob
She gave him some ~ story and he swallowed it. Thug sise 'scéal na circe caillte' dó agus shlog sé é.

sober
as ~ as a judge chomh stuama le breitheamh

sock

It's time you pulled your socks up! Ba mhithid duit neartú ar na maidí!

Put a ~ in it! Dún do chlab!

She ~ed him one in the face. Thug sí greadóg san aghaidh dó.

We were working our ~s off. Bhíomar ag obair ar ár míle dícheall.

soft

~ weather aimsir bhog

Have you gone completely ~ in the head?! An leamh ar fad sa cheann atá tú?

Lauren's dad is a ~ touch. **1** Bíonn lámh athar Lauren i gcónaí ina phóca. **2** Is bog an croí atá ag athair Lauren.

She ~ened him up a little. Bhog sí an croí ann beagáinín.

She has a ~ spot for him. Tá dáimh aici leis.

soften

to ~ the blow an buille a mhaolú

soft-soap

She was ~ing him. **1** Bhí sí ag tabhairt an bhéil bháin dó. **2** Bhí sí ag cuimilt meala dó.

to ~ a person an béal bán a thabhairt do dhuine

sold

She ~ him out. **1** Rinne sí é a bhrath. **2** Bhí sé díolta (mar mhuc ar aonach) aici.

She was completely sold on the idea. Mheall an smaoineamh go hiomlán í.

The edition is ~ out. Tá an t-eagrán go léir díolta.

*(see also: **sell**)*

soldier

~ of fortune saighdiúir pá

I'll just ~ on the best I can. Sracfaidh mé ar aghaidh leis mar is féidir liom.

some

And then ~! Agus tuilleadh lena chois!

~ way or another ar dhóigh amháin nó ar dhóigh eile

to ~ degree go dtí pointe áirithe

It was ~ holiday! Ní raibh saoire agam go dtí sin!

something

~ tells me that you haven't heard yet. Tá rud éigin á rá liom nár chuala tú go fóill.

He's a Garda or ~. Is Garda é nó rud éigin cosúil leis.

He's really ~ else! An gcreidfeá a leithéid!

There must be ~ to it. Ní féidir gur amaidí ar fad é.

There's ~ in what you say. Tá cuid den cheart agat.

You should try and make ~ of yourself. Ba chóir duit rud éigin fiúntach a dhéanamh díot féin.

song

It's going for a ~. Tá sé le fáil ar 'ardaigh orm é'.

Stop making a ~ and dance about it! Ná bí ag déanamh seamsáin de!

soon

~er or later luath nó mall

as ~ as possible chomh luath agus is féidir

Iwould as ~ as not go there. Bheinn lán chomh sásta gan dul ann.

No ~er said than done! Ní luaithe ráite ná déanta é!

The ~er the better! Dá luaithe is é is fearr!

sore

That's a ~ point with him. Sin áit a ngoilleann an bhróg air.

The chapel is ~ly in need of a new roof. Tá díon nua de dhíth go géar ar an séipéal.

sorrow

He tried to drown his ~s. Chuaigh sé i muinín an óil chun an brón a dhíbirt.

sorry

~! 1 Gabh mo leithscéal! **2** Tá brón orm!

Awfully ~! Tá aiféala an domhain orm!

He looked very ~ for himself. Bhí cuma thruamhéalach air.

I'm ~ for them. Is trua liom iad.

What a ~ sight you are! Nach truamhéalach an feic thú!

sort

Are you preparing for the exams? – Sort of. An bhfuil tú ag ullmhú do na scrúduithe? – Cineál.

I have a pen of ~s. 1 Tá ainm pinn agam. **2** Tá peann, más peann é agam.

I'm ~ of going out with her. Táim, mar a déarfá, ag siúl amach léi.

I'm ~ of tired. Táim cineál tuirseach.

It takes all ~s. Bíonn an uile shaghas de dhuine ann.

It's a translation of a ~. Is aistriúchán de chineál éigin é.

Now we're ~ed! 1 Anois táimid (réidh, ullamh agus) faoi réir! **2** *(BÁC)* Sórtáilte!

She is out of ~s. Níl sí inti féin inniu.

What ~ of person do you take me for?! Nach leamh mé agat mar dhuine!

soul

I had to do a great deal of ~-searching before I told her. Bhí ormsa an-chuardach croí a dhéanamh sula ndúirt mé léi.

lost ~ anam caillte

She is the ~ of discretion. **1** Ní déarfadh sí focal le duine ar bith. **2** Is duine an-discréideach í.

She's the ~ of hospitality. Is í croí na féile í.

sound

as sound as a bell chomh folláin le breac

He's a ~ man! Is fear den scoth é!
I don't like the ~ of it. Níl cuma ró-mhaith air mar scéal.
It ~s like the truth. Tá craiceann na fírinne air sin.
She is ~ in body and mind. Tá sláinte coirp agus intinne aici.

soup
I am really in the ~ now. Táim i ndáiríre san fhaopach anois.

sour
It's just ~ grapes. Níl ann ach silíní searbha.

south
The whole business went ~. Chuaigh an gnó go léir in aimhréidh.

sow
~ing the seeds of discord ag cothú an easaontais
to ~ your wild oats do bháire baoise a imirt

space
He was ~d out. **1** Bhí speabhraídí air. **2** Bhí na soilse ar lasadh ach ní raibh éinne sa bhaile.
within the ~ of a minute laistigh de nóiméad amháin
You're a waste of ~! Níl ionat ach toirt gan tairbhe!

spade
Let's call a ~ a ~! Ná baintear an t-ainm den bhairín!
She did all the ~work. Rinne sise an sclábhaíocht go léir.
She has charisma in ~s. Bíonn an ghnaíúlacht ag cur thar maoil inti.

spar
~ring match babhta speárála
to ~ with another person speáráil le duine eile

spare
~ me the histrionics! Caith uait an drámatúlacht!
~ tyre *(also excess fat)* roth breise
He went ~. **1** D'imigh sé leis na craobhacha. **2** Chaill sé guaim ar fad air féin. **3** Chaill sé é.
I haven't a minute to ~. **1** Níl nóiméad le cois agam. **2** Níl nóiméad le ligean amú agam.
I shall ~ your blushes Ní náireoidh mé thú
You're putting on a bit of a ~ tyre. Tá tú ag titim chun feola.

spark
~ of hope léas dóchais
As soon as it's mentioned, ~s begin to fly. Ní mór ach é a lua agus tosaíonn an raic.
the ~ of inspiration splanc na hinspioráide
to ~ interest in an issue spéis a spreagadh i gceist

speak
~ of the devil! **1** Tig gach aon rud lena iomrá. **2** Labhair ar na haingil agus cloisfidh tú a sciatháin!
~ your mind! Abair an rud atá ar intinn agat!

~ing for myself maidir liom féin
generally ~ing go ginearálta
He has no musical ability to ~ of. Níl aon chumas sa cheol aige ar fiú trácht air.
He is not on ~ing terms with his brother. **1** Ní bhíonn focal cainte idir é féin agus a dhearthair. **2** Ní bheannaíonn sé dá dhearthair.
It is time to ~ out. Is mithid labhairt amach go neamhbhalbh.
roughly ~ing tríd is tríd
so to ~ mar a déarfá
That ~s volumes for her integrity. Is comhartha suntasach é sin dá macántacht.
The results ~ for themselves. Ní gá ach féachaint ar na torthaí.

spec
on ~ sa seans
top ~ den chéad scoth

spectacle
He looks at the world through rose-tinted ~s. Bíonn sé ag féachaint ar an domhan trí spéaclaí róis.
She made a ~ of herself. Rinne sí feic di féin.

spell
Do I have to ~ it out for you?! An gcaithfidh mé é a chur i litreacha móra duit?!
He fell under her ~. Thit sé faoi gheasa aici.
That ~s disaster. Is geall le creach é sin.
That would ~ the end of private schools. Chiallódh sin deireadh leis na scoileanna príobháideacha.

spend
He spends money like water. Bíonn sé ag caitheamh airgid le gaoth.

spice
to ~ things up a little chun blas éigin a chur ar an scéal

spick and span
Isn't he ~! **1** Nach é atá cíortha cóirithe! **2** Nach é atá pioctha bearrtha!
She's looking ~ today. Tá sí gleoite gléasta (galánta) inniu.
The house is ~. Tá an teach sciobtha scuabtha.

spill
She ~ed (spilt) the beans. Sceith sí an scéal.

spin
government ~ bolscaireacht rialtais
He gave me a ~ in his new car. Thug sé geábh ina charr nua dom.
My head's in a ~ today. Tá bolla báisín i mo cheann inniu.
to ~ a yarn scéal a chumadh

spirit
Before anyone knew it, he was ~ed away from the place. Sula raibh a fhios ag éinne, tugadh faoi rún as an áit é.

He entered into the ~ of it. Chuir sé a chroí ann.
in the ~ of the law in aigne an dlí
She took it in the right ~. Ghlac sí leis i bpáirt na maitheasa.
She's in high ~s. 1 Tá sí lán de theaspach/ de cheol. **2** Tá sí ar bharr na gaoithe.
The spirit is willing but the flesh is weak. *(Bible)* Tá an spiorad ullamh ach tá an cholainn fann.

spit
~ and polish *(historical)* sciúradh agus sciomradh
~ it out! Abair amach é!
He's the dead ~ of his dad. Is é a athair ar athbhreith é.

spite
Don't cut off your nose to ~ your face! Ná déan namhaid de do rún!
in ~ of everything in ainneoin sin agus uile
In ~ of the fact that he looks half-asleep ainneoin go bhfuil cosúlacht chodlatach air
out of sheer ~ le teann mioscaise

splash
They really ~ed out on the wedding. Scaoil siad sreangáin an sparáin go mór i gcomhair na bainise.
to make a ~ splais mhór/ imprisean mór a dhéanamh

splendid
She's getting on ~ly. Tá sí ag déanamh go binn.
That's simply ~! Tá sin ar fheabhas ar fad.

split
I have a ~ting headache. Tá mo cheann á scoilteadh.
Let's ~! Scaipimis as seo!
to ~ the vote an vóta a scoilteadh
We were ~ting our sides laughing. Bhíomar ag scairteadh gáire.

spoil
~t child peata gan mhúineadh
Don't be a ~sport! Ná bí i do sheargánach!
Go on ~ yourself! Muise, ná ceil an só (beag) sin ort féin!
He was ~ing for a fight. Bhí cuthach troda air.
The news ~ed my appetite. Bhain an scéala mo ghoile díom.
You're ~ing us rotten (with all your kindness).Tá tú dár lot go hiomlán (le do chineáltas uile)!

spoke
She put a ~ in his wheel. **1** Bhain sí siar as. **2** *(BÁC)* Chaith sí bata i spócaí a rotha.

sponge
He's a ~. Is súmaire é.

sponging
to be ~ off others bheith ag déircínteacht

spoon

He ~-feeds his pupils. **1** Déanann sé peataireacht ar a chuid daltaí. **2** *(BÁC)* Gearrann sé an t-eolas suas, déanann sé é a chogaint, agus cuireann sé i mbéil a chuid daltaí é.

wooden ~ prize an duais don duine deiridh

*(see also: **silver**)*

sport

~ of kings an rásaíocht

He's a good ~. Bíonn an-acmhainn grinn aige.

sporting

I'll have a ~ chance. Beidh sé ar na díslí agam.

spot

He was killed on the ~. Maraíodh láithreach bonn é.

I had a ~ of trouble with the car. Bhí ábhairín trioblóide agam leis an gcarr.

I'm in a tight ~. **1** Táim i bponc. **2** Táim i sáinn. **3** Táim i gcruachás.

She knocked ~s off him. **1** Bhuaigh sí caoch air. **2** Bhuaigh sí pic air.

The drop of whiskey hit the ~! Chuaigh an braon uisce beatha go bun an oilc!

You're ~ on! Leag tú do mhéar air.

You've put me on the ~! Tá mé i bponc agat!

spout

Any hope of a new house has gone up the ~. Tá gach aon dóchas faoi theach nua imithe le gaoth.

to be ~ing lies bheith ag stealladh na mbréag

spread

Don't ~ yourself too thin! **1** Ná tóg an iomarca ar do phláta féin! **2** Ná bíodh an iomarca ar siúl agat ag an am céanna.

She liked the job but she wanted to ~ her wings. Thaitin an obair léi ach theastaigh uaithi an nead a fhágáil.

The news ~ like wild fire. Scaipeadh an scéal mar a bheadh loscadh sléibhe ann.

They had a great ~ at the party. Bhí riar mór le hithe acu ag an gcóisir.

spring

~ing into action ag teacht i ngníomh de phreab

Where did you ~ from? Cárbh as ar léim tusa de phreab?

spur

on the ~ of the moment ar ala na huaire

to ~ him on é a spreagadh ar aghaidh

spy

to ~ out the ground an talamh a bhrath

squad

rescue-~ scuad tarrthála

the fraud-~ an scuad calaoise

to be in the rugby ~ bheith sa scuad rugbaí

square

Be there or be ~! Bí ann nó bí gann!

He treated me ~ly. Thug sé mo cheart dom.

She won it fair and ~. Bhuaigh sí go cothrom é.

to get a ~ deal margadh ionraic a fháil

trying to ~ the circle ag iarraidh cearnóg a dhéanamh de chiorcal

We're back to ~ one! Táimid ar ais ag an mbuntosach!

squeak

He's ~y clean. Tá sé chomh glan le criostal.

I had a narrow ~ there! Idir cleith agus ursain a d'imigh mé ansin!

There wasn't a ~ out of him. Ní raibh smid as.

squeeze

Financially we're feeling the ~. Ó thaobh airgid de, táimid faoi bhrú.

They ~d 80 people into the bus. D'fháisc siad ochtó duine isteach sa bhus.

It's a small flat – so it's a bit of a ~ for us. Is árasán beag é – mar sin níl mórán spáis againn.

stab

He ~bed me in the back. 1 Thug sé buille fill dom. **2** Chuir sé scian i mo dhroim

I'll have a ~ at it! Féachfaidh mise leis!

staff

Bread is the ~ of life. Is é an t-arán crann seasta na beatha.

stage

~ fright critheagla stáitse

at this ~ of the proceedings ar ala na huaire seo sa scéal

in ~s i gcéimeanna

stairs

He hasn't much up~. Níl mórán idir na cluasa aige.

the people up~ na daoine thuas staighre

those living down~ iad siúd ina gcónaí thíos staighre

to go down~ dul síos staighre

to go up~ dul suas staighre

stake

I'd ~ my life on it. Chuirfinn mo cheann i ngeall air.

There's a lot at ~ here. Tá a lán i ngeall air seo.

stall

Quit ~ing! Éirigh as an mhoilleadóireacht!

The engine ~ed. Baineadh loiceadh as an inneall.

to set out your ~ a bhfuil uait a leagan amach go soiléir

stamp

~ of approval séala formheasa

The project received the ~ of approval from the boss. Thug an bas a bheannacht don tionscnamh.

to ~ out a disease galar a chur faoi chois

stand

I ~ by that argument. Seasaim ar an argóint sin.

I ~ by what I said. Fanaim lena ndúirt mé.

I ~ to lose nothing by it. Níl a dhath le cailleadh agam leis.

I can't ~ it. Ní thig liom (é) a sheasamh.

I don't know where I ~ with the new management. Níl a fhios agam cá bhfuil mé leis an mbainistíocht nua.

I shall not ~ for it. Ní chuirfidh mé suas leis.

I'm not going to ~ by and do nothing. **1** Nílim chun fanacht ar leataobh ag casadh na méar. **2** Nílim chun seasamh siar agus faic a dhéanamh.

It ~s to reason. Luíonn sé le réasún.

to ~ up and be counted an fód a sheasamh go poiblí

to take a ~ against racism cosa a chur i dtaca in aghaidh an chiníochais

*(see also: **stood**)*

star

I thank my lucky ~s that I don't have to do that. Táim buíoch beannachtach nach bhfuil ormsa é sin a dhéanamh.

She hit her head and saw ~s. Bhuail sí a ceann agus tháinig léaspáin ar a súile.

to have ~s in your eyes bheith óg agus lán den dóchas

to sleep under the ~s codladh amuigh faoi spéir na hoíche

You got me the book – you're a ~! Fuair tú an leabhar dom – is aingeal thú!

You're a ~! Nár laga Dia do lámh!

staring

It was ~ you (straight) in the face! Bhí sé (díreach) os cionn do shúl agat!

start

at the very ~ ag fíorthús an scéil

from ~ to finish ó thús go deireadh

Getting off to a good ~ is half the work. Tús maith leath na hoibre.

I wanted to make an early ~. Theastaigh uaim tosú go luath.

You gave me a dreadful ~. Bhain tú geit uafásach asam.

starter

For ~s, he' s not even qualified to teach. Ar an gcéad dul síos, níl sé cáilithe fiú don mhúinteoireacht.

under ~'s orders **1** faoi ordú an tosaitheora **2** faoi réir

state

Look what a ~ you're in! Féach an cruth atá ort !

She was in a bad ~ (of anxiety). Bhí sí suaite go mór.

What's the ~ of play? Conas mar atá cúrsaí?

statistics

There are lies, downright lies and ~. Tá bréaga ann,

deargbhréaga agus staitisticí.

status

~ symbol comhartha de chéimíocht shóisialta

stay

~ of execution bac ar fhorghníomhú

Did you enjoy your ~ in the Gaeltacht? Ar thaitin leat an tamall gur chaith tú sa Ghaeltacht?

You ~ put! I'll be back shortly. Fan tusa gan bhogadh! Beidh mise ar ais ar ball.

stead

The Latin I did at school stood me in good ~. Ba mhór an chabhair dom an Laidin a rinne mé ar scoil.

steady

to be going ~ with a person bheith ag siúl amach le duine

~ hand lámh stuama

~ income ioncam seasta

~increase méadú cothrom

~ on! Tóg go bog é!

steal

to ~ a person's heart croí duine a mhealladh.

to ~ out of a room sleamhnú amach as seomra gan fhios

*(see also: **stole**)* '

steam

~ room seomra gaile

She ran out of ~. Baineadh an teaspach aisti.

to let off ~ an teaspach a chur díot

to pick up ~ dul i dtreise

steel

She has nerves of ~. Tá croí leoin aici.

steer

You should ~ clear of these fanatics.
Ba chóir duit fanacht amach ó na fanaicigh seo.

stem

from ~ to stern ó bhall go post

This ~s from ignorance. Eascraíonn seo ón aineolas.

step

~ by ~ céim ar chéim

~ on it! 1 Cuir dlús leis! **2** Brostaigh ort!

every ~ of the way ag gach uile chéim i rith an ama

He ~ped out of line and now he has no job. Rinne sé rud nár chóir dó a dhéanamh agus anois tá sé gan phost.

It's a ~ in the right direction. Is céim sa treo ceart é.

One ~ forward, two ~s back! Céim ar aghaidh, dhá chéim ar gcúl!

one step closer to our goal céim amháin níos gaire dár gcuspóir

She is out of ~ with popular opinion on this issue. Tá sí as alt le meon an phobail faoin cheist seo.

to ~ on a person's toes siúl ar chos ar dhuine

to keep in ~ with the rest siúl ar chomhchéim leis an gcuid eile
to keep in ~ with the times coinneáil suas (chun dáta) leis an saol
to take ~s to prevent it céimeanna a ghlacadh chun bac a chur leis

sterner
I thought you were made of ~ stuff than that. Cheap mé go raibh mianach ní ba láidre ná sin ionat.

stew
Let him ~ in his own juice! **1** Íocadh sé olc agus iaróg anois! **2** Is féidir leis fuarú ina chraiceann féin anois!

stick
~ 'em up! Lámha in airde!
~ with it! **1** Fan leis! **2** Ná héirigh as!
go get the short end of the ~ an tráithnín fada a tharraingt
He never ~s at anything. Ní fhanann sé riamh le rud ar bith.
I can't ~ it! Ní féidir liom broic leis.
She gave him too much ~ in my opinion. Thug sí an iomarca den tslat dó, dar liomsa.
That's my story and I'm ~ing with it. Sin é mo scéal agus má tá bréag ann, bíodh.
There wasn't a ~ of furniture in the room. Ní raibh aon bhall amháin de throscán sa seomra.
to ~ it out to the bitter end **1** dul go bun an angair leis **2** an fód a sheasamh go deireadh.
Why did you have to ~ your oar in? Cén fáth gur chuir tusa do ladar isteach?
*(see also: **stuck**)*

sticky
He came to a ~ end. Bhí droch-chríoch air.
She has ~ fingers. Bíonn sí go luathmhéarach.

stiff
~ challenge dúshlán dian
~ competition dianiomaíocht
~ criticism cáineadh géar
~ drink deoch láidir
~ fine fíneáil throm
~ neck muineál righin
~ questions ceisteanna crua
I was bored ~ with the work. Bhí leadrán uafásach orm leis an obair.
I was scared ~. Bhí an t-anam scanraithe asam.
It was a ~ job for us to convince him. Chuaigh sé rite linn é a chur ina luí air.
Where's the ~? *(dead person)* **1** Cá bhfuil an corpán? **2** *(slang)* Cá bhfuil an righneálach?

still
~ small voice cogar beag an choinsiasa

sting
the ~ of remorse snáthaid na haithrí

The extra money took the ~ out of it. Bhain an t-airgead breise an chealg as.
There's a ~ in the tail. Tá dris chosáin amháin ann.

stingy
~ **person** 1 gortachán 2 duine gortach
~ **subscription** síntiús suarach

stink
She kicked up a hell of a ~ over it. Rinne sí racán millteanach mar gheall air.

stitch
A ~ in time saves nine! An té nach gcuirfidh greim, cuirfidh sé dhá ghreim.
He was ~ed up by the police. *(to frame)* Rinne na póilíní comhcheilg ina aghaidh.
I ran too fast and got a ~. Rith mé ró-thapa agus bhuail arraing sa taobh mé.
I was in ~es when I heard the story. Bhí mé sna trithí (dubha) gáire nuair a chuala mé an scéal.
She hadn't a ~ on. Ní raibh ball éadaigh ar bith uirthi.

stock
~ **answer** freagra smolchaite
It's time you took ~ of that. Is mithid duit machnamh maith a dhéanamh air sin.
Sarcasm was her ~ in trade. Bhí an searbhas mar chuid dílis di.
to ~ up on chocolate seacláid a thaisceadh
We're out of ~ of it. 1 Táimid rite as. 2 Níl sé sa stoc againn.

stole
Bill Gates ~ a march on IBM. Rug Bill Gates an buntáiste ar IBM.
She ~ the show. Uirthise amháin a bhí súile an lucht féachana go léir.
You have ~n my heart! Bhain tú an croí díom.
*(see also: **steal**)*

stomach
I have no ~ for it. Níl aon ghoile agam dó.
It would turn your ~. Chuirfeadh sé tarraingt urla ort.
on an empty ~ ar bholg folamh
You'd need a strong ~ for work like that. Ní mór go mbeadh goile láidir agat don obair dá leithéid.

stone
~-cold sober go fuaraigeanta stuama
a ~'s throw away from my house urchar cloiche ó mo theach
Let him who is without sin cast the first stone. *(Bible)* An té atá saor ó pheaca, caitheadh seisean an chéad chloch.
Nothing is set in ~ yet. Níl aon rud greanta i gcloch fós.
She left no ~ unturned. Thriail sí dóigh agus andóigh.

stony

His advice fell on ~ ground. Tugadh an chluas bhodhar dá chomhairle.

I'm ~ broke. Táim ar phócaí folmha.

stood

He ~ by me. Sheas sé an fód liom.

He ~ in for me while I was sick. Sheas sé isteach dom fad is a bhí mé tinn.

His poetry has stood the test of time. Tá teist na mblianta ar a chuid filíochta.

She ~ up for me. **1** Sheas sí suas dom. **2** Sheas sí an ceart dom.

This old bike has ~ me in good stead. Níor loic an seanrothar seo orm riamh.

*(see also: **stand**)*

stool

~ pigeon maide bréagach

I don't want to fall between two ~s. Ní theastaíonn uaim léim an dá bhruach a chailleadh.

stoop

I would never ~ so low as that. Ní dhéanfainn chomh beag sin díom féin.

to walk with a ~ siúl go cromshlinneánach

stop

~ it! Éirigh as!

He ~ped short of calling her a liar. Is beag nár thug sé bréagadóir uirthi.

How long are you ~ping in Dublin? Cá fhad atá tú ag stopadh i mBaile Átha Cliath?

I must put a ~ to it. Caithfidh mé stop a chur leis.

She never ~s talking. Ní stadann sí choíche leis an gcaint.

This matter will not ~ here! Ní deireadh an scéil é seo!

to pull out all the ~s gan dua ar bith a spáráil

We ~ped off in Edinburgh. Rinneamar stopadh i nDún Éideann.

We ~ped over for the night in Limerick. D'fhanamar oíche i Luimneach.

stopgap

It was only a ~. Ní raibh ann ach réiteach sealadach.

storage

in cold ~ i dtaisce fhuar

store

I have a great surprise in ~ for her. Tá iontas mór agam faoina coinne.

I lay/set great ~ by it. Is mór agam é.

People do not know what the future has in ~ for them. Ní bhíonn a fhios ag daoine cad a bhíonn i ndán dóibh.

storm

~ in a teacup cogadh na sifíní

The young musicians took London by ~. Tháinig na ceoltóirí óga go Londain de ruathar ionsaithe.

We shall weather the ~. Seasfaimid an stoirm.

story

What's the ~? Cén scéal é?

That's a likely ~ if ever I heard one! Sin scéal i mbarr bata má chuala mé ceann riamh!

It's the ~ of my life! Sin an chinniúint faoinar rugadh mé!

To make a long ~ short, he will not be leaving. Chun scéal gearr a dhéanamh de, ní bheidh sé ag imeacht.

It's the same old ~! Is é an seanscéal arís é.

The ~ goes that she left him. De réir mar a deirtear d'fhág sí é.

straight

He told her ~ to her face. Dúirt sé léi lena béal é.

He was a criminal but now he's going ~. Bhí sé ina choirpeach ach anois is duine ionraic é.

He's as ~ as a die. Tá sé chomh díreach le dorú.

I couldn't tell you ~ off. Ní fhéadfainn a rá leat lom láithreach.

I told her ~ (from the shoulder). Dúirt mé léi gan fiacail a chur ann!

Let me get this ~ – she gave you the ticket but you lost it. Má thuigim i gceart thú – thug sise an ticéad duit ach chaill tusa é.

to keep on the ~ and narrow fanacht ar bhóthar do leasa

strain

He ~ed every nerve to do it. Chuir sé a bhundún dearg amach chun é a dhéanamh.

I'm feeling the ~. Bíonn an strus ag dul i bhfeidhm orm.

to be ~ing at the leash to go there bheith ar bís le dul ann

strait-laced

She is very ~. Duine ceartaiseach ar fad í.

strange

~ly enough she didn't know. Más iontach le rá é, ní raibh a fhios aici siúd.

in a ~ way ar bhealach aisteach

It's ~ you didn't hear about it. Is aisteach nár chuala tú faoi.

stranger

I am no ~ to racism. Tá eolas maith agam ar cad is ciníochas ann.

straw

~ poll toghchán braite

As far as I am concerned that was the last ~! Chomh fada liomsa de ba é sin buille na tubaiste é!

It's just clutching at straws. Níl ann ach greim soip an fhir bháite.

That was the ~ that broke the camel's back. **1** Ba é sin an buille cinniúnach! **2** Ba é sin buille na tubaiste.

streak

at the first ~ of dawn le breacadh an lae

He has a yellow ~ in him. Tá an chré bhuí ann.

I was on a winning ~. Bhí an t-ádh ag rith liom.

like a ~ of lightning mar a bheadh splanc thintrí ann

stream

~ of consciousness sruth comhfheasa

against the ~ in aghaidh an tsrutha

street

~ cred sráidchreid

~-legal *(fashion)* sráid-dleathach

That's right up my ~. Sin go díreach an rud domsa.

The word on the ~ is that he's leaving the band. Tá focal amuigh go bhfuil sé ag fágáil an bhanna.

There are a lot of young people on the ~s of Dublin. Bíonn a lán daoine óga gan dídean ar shráideanna Bhaile Átha Cliath.

This line of work is right up your ~. Feileann an cineál oibre seo go huile agus go hiomlán duit.

strength

by sheer ~ le tréan nirt

Give me ~! Go bhfóire Dia orainn!

He was employed on the ~ of his qualifications. Fostaíodh é de bharr a chuid cáilíochtaí.

He's going from ~ to ~. Tá sé ag dul ó neart go neart.

The Gardaí were there in ~. Bhí na Gardaí ann i líon a slua.

There's ~ in numbers. Dá mhéad daoine atá ann is amhlaidh is láidre sinne.

stretch

By a ~ of imagination you could visualise it like that. Le hiarracht den tsamhlaíocht d'fhéadfá é a fheiceáil mar sin

He did a ~ in prison. Bhí sé ar (an) leaba chláir ar feadh tamaill.

He's no professor by any ~ of the imagination. Ní ollamh é ná gar dó.

I'd like to ~ my legs. Ba mhaith liom babhta beag spaisteoireachta a dhéanamh.

to ~ a point eisceacht a dhéanamh

to ~ one's wings dul i mbun an tsaoil mhóir

stricken

~ by grief/ illness cloíte ag an mbrón/ le galar

stride

I was just getting into my ~ when I had to leave the work. Ní raibh mé ach ag teacht isteach ar an obair nuair a bhí orm é a fhágáil.

She took the Leaving Cert in her ~. Rinne sí an Ardteistiméireacht gan stró.

to make great ~s céimeanna móra chun cinn á dhéanamh

strike

How does that ~ you? Cad é do mheas air sin?

I struck upon the idea when I was swimming. Bhuail an smaoineamh mé agus mise ag snámh.

She ~s me as being sincere. Feictear dom go bhfuil sí dáiríre.

Three ~s and you're out! Trí choir agus sin sin!

to ~ a blow for freedom buille a bhualadh ar son na saoirse

to ~ at the heart of bureaucracy buille trom a bhualadh ar an mhaorlathas

to ~ it lucky séan a bhaint amach

to ~ it rich saibhreas mór a bhaint amach

to ~ up a friendship with him éirí cairdiúil leis

to go on ~ dul ar stailc

within striking distance faoi fhad buille

*(see also: **striking, struck**)*

striking

~ resemblance cosúlacht shuntasach

within ~ distance faoi fhad buille

string

long ~ of offences slabhra fada de chionta

to ~ a person up duine a chrochadh

to pull ~s cogar a chur i gcluas an duine chuí.

with no ~s attached gan coinníollacha ar bith

*(see also: **strung**)*

strip

He ~ped off. Bhain sé a chuid éadaí de go dtí nach raibh snáth air.

She tore ~s off him. **1** Leadhb sí é. **2** Thug sí leadhb dá teanga dó.

stroke

at a ~ d'aon iarracht amháin

at the ~ of twelve ar bhuille a dó dhéag

He had a ~. *(medical)* Fuair sé stróc.

He never does a ~ of work. Ní dhéanann sé buille oibre.

He ~d them up the wrong way. **1** Chuimil sé iad in aghaidh an tsnáithe. **2** Chuir sé goimh orthu.

It was a ~ of genius. Beart sárchliste a bhí ann.

strong

~ cheese cáis bhorb

~ evidence fianaise throm

~ market margadh tréan

~ nerves néaróga daingne

~ reason fáth maith

~ smell boladh láidir

~ly worded letter litir thréan

I am ~ly against it. Táim go daingean ina aghaidh.

Physics isn't his ~est suit. Ní hé an fhisic an t-ábhar is treise atá aige.

struck

~ off the list bainte den liosta

I was ~ by her kindness. Chuir a cineáltas iontas orm.

I was ~ by how she dealt with customers. Chuir mé sonrú sa tslí inar láimhseáil sí na custaiméirí.

I was ~ dumb in amazement. Buaileadh balbh mé le teann iontais.

*(see also: **strike**)*

strung

He ought to be ~ up. Ba chóir é a sheoladh chun a chrochta.

She's very highly ~. Tá sí chomh teann le téad fidile.

*(see also: **string**)*

stubborn

He's as ~ as a mule. Tá sé chomh ceanndána le muc.

stuck

He ~ it out to the end. Sheas sé leis go dtí an deireadh.

I didn't want a husband but now I'm ~ with him. Níor theastaigh fear céile uaim ach anois níl éalú agam uaidh.

I'm ~. 1 Táim dulta i bhfostú. **2** Táim i sáinn.

I'm not usually ~ for words. Is annamh é nach dtagann na focail liom.

She really got ~ into her studies this term. Luigh sí isteach i ndáiríre ar a cuid staidéir an téarma seo.

The words ~ in my throat. Sheas na focail i mo bhéal.

*(see also: **stick**)*

stuff

~ and nonsense! Amaidí agus seafóid!

Do your ~! Déan do ghnó anois!

Get ~ed! Do chorp don diabhal!

He knows his ~. Tá eolas a ghnó aige.

He's a ~ed shirt. Is molt é.

I'm ~ed. (after eating) 1 Tá mé dingthe. **2** Táim lán go béal.

My nose is ~ed. Tá mo shrón stoptha.

She's far too ~y. Tá sí go róchúisiúil ar fad.

That's the ~! Sin é mar ba chóir!

the right ~ an stuif ceart

stumble

I ~d across it while I was in the library. Tháinig mé air de thaisme agus mé sa leabharlann.

I was stumbling along. Bhí mé ag stamrógacht liom.

stumbling block

That's the only ~. Is é an t-aon cheap tuisle amháin atá ann.

stump

I ~ed up all I had on me to pay for the tickets. D'fholmhaigh mise mo phócaí chun íoc as na ticéid.

That ~ed me. Rinne sin crunca díom.

to ~ up the money do sparán a oscailt

style

Do it in ~! Déan go galánta é!

She has no ~. 1 Níl aon stíl aici. **2** Níl galántacht ar bith inti

She lives in ~. Tá saol na mná uaisle aici.

That's the ~! Sin é an tslí!

You're cramping my ~. Tá tú ag déanamh ciotaí dom.

subject

He changed the ~. Tharraing sé scéal eile anuas.

Let us return to the ~ we were discussing! Fillimis ar an ábhar a bhí i dtreis againn!

While we're on the ~, where is your own essay? Ós ag caint air atáimid, cá bhfuil d'aiste féin?

success

~ breeds ~. An té atá thuas óltar deoch air.

Her new business was another ~ story. 1 D'éirigh thar cionn arís leis an ghnó nua a bhunaigh sí. **2** Arís tá lámh mhaith déanta aici dá gnó nua.

It turned out to be a wonderful ~. D'éirigh go hiontach leis.

Nothing succeeds like ~. **1** Is fearr fairsinge ná bheith ar fónamh. **2** Tarraingíonn rath rath eile.

such

~ courage! A leithéid de mhisneach!

Did you ever hear ~ a thing?! Ar chuala tú riamh a leithéid?!

He said it in ~ a way as to insult her. Dúirt sé é i gcaoi gur mhaslaigh sé í.

I said no ~ thing! Ní dúirt mé é ná a leithéid!

in ~ and ~ a place ina leithéid seo d'áit

suck

As a teacher, he ~s. Ní fiú cnaipe gan chois é mar mhúinteoir.

That ~s! Caillteanas ar fad é sin!

to be ~ing up to a person **1** bheith ag líreac ar dhuine **2** bheith i do mhadra lathaí ag duine

sucker

~! A ghamail! A amadáin!

What a ~! A leithéid de spadaire!

sudden

all of a ~ i bhfaiteadh na súl

The door opened all of a ~. Osclaíodh an doras de sciotán/ go tobann gan choinne.

suffer

He doesn't ~ fools gladly. Is beag an fhoighne a bhíonn aige ar amadán ar bith.

He is only here on ~ance. Le caolchead amháin atá sé anseo.

The school buildings ~ from neglect. Tá díobháil aire le sonrú ar fhoirgnimh na scoile.

suffice

~ it to say that the small shops had to close down. Is leor a rá go raibh ar na siopaí beaga éirí as gnó.

suit

~ yourself! Déan mar is mian leat!

sum

to ~ up le coimriú a dhéanamh ar an scéal

When Ó Conaire died, that was the ~ total of his worldly possessions. Nuair a fuair Ó Conaire bás ba é sin an méid iomlán den mhaoin shaolta a bhí aige.

summer

~ college coláiste samhraidh

Indian ~ samhradh beag na ngéanna

sun

You caught the ~ while you were in Madrid. Fuair tú dath na gréine nuair a bhí tú i Maidrid.

There is nothing better under the ~. Níl aon rud níos fearr ná é faoi rothaí na gréine.

Sunday

~-school truths fírinní an chreidimh shaonta

She was dolled up in her ~ best. Bhí sí gléasta suas ina héadaí Domhnaigh.

sunk

He has sunk in my estimation as a result. Is lúide mo mheas air dá dheasca.

If she finds out – we're ~. Má fhaigheann sí amach – tá ár gcnaipe déanta.

The morale of the employees has ~ to an all-time low. Ní fhacthas riamh meanma na bhfostaithe chomh híseal sin.

*(see also: **sink**)*

sunken

~ eyes súile atá slogtha isteach

~ garden gairdín íslithe

~ treasure taisce bháite

supply

Potatoes are in short ~. Bíonn na prátaí gann.

support

He's without any means of ~. **1** Níl riar a cháis aige. **2** Níl aon tslí mhaireachtála aige.

sure

~ thing! Cinnte dearfa!

as ~ as I'm standing here chomh siúráilte le héirí na gréine amárach

Be ~ to switch the TV off. Déan cinnte go bhfuil an teilifís múchta agat.

It's a ~ thing. **1** Is rud cinnte é. **2** Mise á rá leat!

She's a grand lass, to be ~! Is girseach bhreá í ar ndóigh!

We can't know for ~ but we think he's dead. Ní féidir linn bheith cinnte faoi ach ceapaimid go bhfuil sé marbh.

surprise

~ attack ionsaí gan choinne

The Gardaí took the thief by ~. Tháinig na Gardaí aniar aduaidh ar an ghadaí.
What a ~! Nach iontach an saol é!
You took me completely by ~. Ní raibh coinne dá laghad agam leat.

survival
~ of the fittest seasamh na dtréan

suspicion
He is someone who is above ~. Is duine atá saor ó amhras é.

swallow[1]
She had to ~ her words. Bhí uirthi dul siar ar a cuid cainte.

swallow[2]
One ~ doesn't make a summer. **1** Ní tréad caora. **2** Ní scaoth breac.

swan
~ song buille scoir, amhrán eala
He's out ~ning around while I'm in here busting a gut. Tá seisean amuigh ag damhsa ar na bánta agus mise ag cur mo bhundún amach anseo.

sway
He held ~ over the whole empire. Bhí an impireacht go léir faoina réir aige.

swear
Alternative medicine – he ~s by it! Leigheas malartach – tá muinín mhór aige as!
He swore blind he hadn't seen her. Mhionnaigh agus mhóidigh nach bhfaca sé í.
He'd ~ black was white. Chuirfeadh seisean an dubh ina bhán.
I ~ to you I don't know. Geallaim duit – níl a fhios agam.
to ~ in a witness finné a chur faoi mhionn

sweat
~ shop siopa allais
by the ~ of my brow le hallas mo mhalaí
He ~ed blood and tears to establish that business. Thug sé fuil a chroí chun an gnó sin a bhunú.
No ~! Ní cúis imní é!
We'll just have to ~ it out. Caithfimid ól na dí seirbhe a thabhairt air.

sweep
He made a clean ~ of it. Níor fhág sé fuíoll buille air.
He swept the board. Lom sé an clár.
They are trying to ~ everything under the carpet. **1** Tá siad ag iarraidh gach rud a chur ó radharc na súl. **2** Tá siad ag iarraidh gach rud a cheilt.
to ~ into the room teacht de rúchladh isteach sa seomra

sweet
~ Fanny Adams Diabhal tada!
He is ~ on her. Tá sé bog uirthi.

Life is ~. Is aoibhinn bheith beo.
That was short and ~. Bhí sin go deas gonta.
to keep a person ~ duine a choimeád sásta
to whisper ~ nothings to one another labhairt lena chéile i mbaothbhriathra mealltacha

swim
She can ~ like a fish. Tá snámh an éisc aici.
to ~ with the tide dul leis an slua

swimming
My head is ~. Tá meadhrán i mo cheann.

swine
What a filthy ~! An suarachán bradach!

swing
He'll ~ for it. Rincfidh sé ar ghad dá dheasca.
I like music with a bit of a ~ to it. Is maith liom ceol a bhfuil gluaiseacht chroíúil leis.
I'm getting into the ~ of things. Táim ag teacht i gcleachtadh ar chúrsaí.
The party is in full ~. Tá an chóisir faoi lánseol.
This can ~ both ways. Is féidir an dá chríoch bheith ar an scéal seo.

swinging
the ~ sixties na seascaidí luascacha

swollen-headed
He has got very ~. Tá an t-uabhar dulta in ainseal air.
to be ~ bheith lán de lán

swoop
at one fell ~ d'aon ráib mharfach amháin

sword
This can be a double-edged ~. Ní bheadh a fhios ag duine ar bith an rachadh seo chun do leasa nó d'aimhleasa.
We crossed ~s some time ago. Bhíomar in adharca a chéile tamall maith ó shin.
*(see also: **pen**)*

sync
in ~ i sionc
out of ~ as sionc

system
All ~s go! Ar aghaidh faoi lán seoil!
She got it out of her ~. Lig sí a racht di.
to beat the ~ lámh in uachtar a fháil ar an gcóras

T

T
The plan suits me to a T. Feileann an plean thar cionn dom.

tab
Can you put it on the ~ for me? An féidir leat é a chur ar cairde dom?
I'll pick up the ~. Íocfaidh mise an scór.

They were keeping ~s on me. Bhí siad do m'fhaire.

table

She turned the ~s on him. D'iompaigh sí an roth air.

to ~ a motion rún a thairiscint

to get people round a table to discuss it daoine a bhailiú timpeall boird chun é a phlé

tacky

The dress looks ~. Tá cuma gháifeach ar an ghúna.

tag

He ~ged along with us. Lean seisean ar ár sála.

tail

He had the Gardaí on his tail. Bhí na Gardaí sna sála aige.

He left with his ~ between his legs. D'fhág sé go maolchluasach (le teann náire).

The ~ wagging the dog. **1** *(BÁC)* an t-eireaball ag croitheadh an mhadra. **2** an máistir ag iompar an ghiolla.

take

~ a hike! Gread leat!

~ it away! **1** Ar aghaidh leat! **2** Scaoil amach é!

~ it easy! Tóg go bog é!

~ it from me! Glac uaimse é!

~ it or leave it! Tóg é nó fág é!

~ my word for it! Creid uaim é!

~ your time! Tóg do chuid ama!

Don't ~ it out on me! Ná déan ceap milleáin díomsa!

He refuses to ~ this on board. Diúltaíonn sé glacadh leis seo.

He's on the ~. Tá lámh leis sa scipéad aige.

How did she ~ it? Conas a ghlac sí leis?

I ~ your point. Glacaim lena bhfuil á rá agat!

I'll ~ you through the procedures. Rachaidh mé tríd na gnásanna leat.

It ~s up a lot of my time. Creimeann sé an t-am go mór orm.

That ~s the biscuit! Beireann sin barr bua ar a bhfaca mé riamh!

The Leaving Cert really ~s it out of you! Baineann an Ardteist cuid mhór as duine.

taken

I was ~ in. Cuireadh cluain orm.

I was very much ~ by him. Bhí mé an-tógtha leis.

She was ~ ill. Buaileadh tinn í.

These seats are ~n. Tá na suíocháin seo tógtha.

taking

~ one thing with another idir mhín agus garbh

tale

Don't tell ~s! Na bí ag sceitheadh ar do chomrádaithe!

old wives' ~ comhrá cailleach

tall ~ scéal i mbarr bata

Thereby hangs a ~! Tá scéal le hinsint faoi sin!

talk

~ about sheer madness! A leithéid den deargmhire!

~ is cheap! Is furasta bheith ag caint!

~ to the hand! Labhair leis an lámh!

He ~s the ~. **1** Bíonn sé ag caint na cainte cuí. **2** Ag éisteacht leis, chreidfeá go raibh fios a ghnó aige.

He's all ~! Bíonn an focal mór aige i gcónaí.

It's all ~ and no action. Is é an focal mór agus droch-chur leis.

She ~ed her way into the new job. Lena deisbhéalaí a fuair sí an post nua.

She ~ed me out of doing it. D'áitigh sí orm gan é a dhéanamh.

You can ~! Éist leatsa!

talking

~ shop ag plé cúrsaí oibre

Now you're ~! Anois tá tú ag caint!

They're just a ~-shop. Ní bhíonn dada seachas caint faoi chúrsaí oibre ar siúl acu.

What are you ~ about?! Cad faoi a bhfuil tú ag caint?!

tall

That's a ~ story. **1** Is scéal le féasóg fhada é sin. **2** Sin scéal i mbarr bata. **3** Is scéal é sin nach bhfuil craiceann ar bith air.

tandem

in ~ i ndiaidh a chéile

tangent

She flew off at a ~. Scinn sí glan ón gceist.

tango

It takes two to ~. Tógann sé beirt chun damhsa.

tap

We have running water on ~. Tá uisce reatha ar tarraingt againn.

tape

I have got her ~d! Tá sise leabhraithe go maith agam anois!

target

~ group spriocghrúpa

I'm the ~ of his jokes. Bíonn mise i mo cheap magaidh aige.

to be on ~ bheith cruinn don urchar

task

He's a hard ~master. Is dian an máistir é.

She took him to ~ over it. Thug sí casaoid dó mar gheall air.

taste

~s differ. Beatha duine a thoil.

It leaves a bad ~ in your mouth. Fágann sé drochbhlas i do bhéal.

She got a ~ for power. Fuair sí blas na cumhachta.

There's no accounting for ~s. Ní lia duine gan tuairim.

teach

That'll ~ him! Tabharfaidh sin fios a bhéasa dó!

Time is a good ~er. Is maith an t-oide an t-am.

team

~ -player imreoir foirne

to ~ up dul i gcomhar le chéile

tear[1]

He was ~ing along. Bhí sé ag réabadh leis.

I couldn't ~ myself away from the work. Níor éirigh liom mé féin a tharraingt ón obair.

The treaty/ argument was torn to shreds. Stróiceadh an conradh/ an argóint as a chéile.

tear[2]

I was in ~s. Bhí na deora liom.

She burst into ~s. Bhris an gol uirthi.

This is all going to end in ~s. Caoineadh an deireadh a bheidh air seo.

vale of ~s gleann na ndeor

without a ~ in her eye gan deoir ar an tsúil aici

teeter

The coins ~ed on the edge but didn't fall. Bhí na boinn ina suí go guagach ar an imeall ach níor thit siad.

to ~ on the brink of total extinction ar tí bheith díothaithe ar fad

teeth

in the ~ of the storm i mbéal na doininne

in the ~ of tough competition in ainneoin na hiomaíochta géire

It sets my ~ on edge. Cuireann sé olc agus goimh orm.

They showed their ~. Nocht siad a bhfiacla.

to be sick to the ~ of it bheith tinn tuirseach de

*(see also: **tooth**)*

teething

~ troubles mionfhadhbanna tosaigh

tell

~ me about it! Nach maith atá a fhios agam!

~ me another! Inis scéal eile dom!

~ the truth and shame the devil! Inis an fhírinne agus cuir náire ar an diabhal!

as far as I can ~ chomh fada agus is eol dom

He's no fool, let me ~ you! Mise á rá leatsa, ní amadán ar bith é!

Her lack of experience began to ~. Thosaigh an easpa taithí a bhí aici ag luí uirthi.

I can't ~ you how happy I am. Ní fheadfainn a rá leat cé chomh sona is atáim.

I won't do that again in a hurry, I can ~ you! Mise faoi d(h)uit, ní dhéanfaidh mé é sin go luath arís!

I'll ~ you one thing (for sure). Déarfaidh mé an méid seo leat (gur féidir bheith cinnte faoi).

I'll ~ you what! Cad a déarfá faoi seo?

I'll ~ you what; I'll wait for you downstairs. Éist leis seo, fanfaidh mé ort thíos staighre.
Maybe someday he'll understand – who can ~?! B'fhéidir go dtuigfidh sé lá éigin – cá bhfios?!
Time will ~. Is maith an scéalaí an aimsir.
to ~ tales about a person bheith ag cúlchaint faoi dhuine
Truth to ~, I don't know. Déanta na fírinne, níl a fhios agam.
What did I ~ you?! Cad a dúirt mé leat?!
You can ~ she's smart. Tá an chlisteacht le haithint uirthi.
You can never ~! Ní fhéadfá choíche a rá.
*(see also: **telling** and **told**)*

telling
It's very ~ that she never returned. Nach suntasach go mór an rud é nár fhill sí choíche.
That would be ~! Nach tusa atá fiosrach!
There's no ~ what else will happen. Ag Dia amháin a fhios cad eile a tharlóidh.
You're ~ me! Nach agam atá a fhios!

temper
~! ~! 1 An stuaim i gcónaí! **2** Foighne! Foighne!
He lost his ~. 1 Rug an fhearg bua air. **2** Chaill sé a ghuaim.

tempt
Don't ~ me! Ná bí ag cur cathú orm!
I found the offer very ~ing. Chuir an tairiscint an-chathú orm.

ten
~ out of ~! Deich as a deich!
Graduates are ~ a penny these days. Bíonn céimithe chomh fairsing le féar na laethanta seo.

tender
left to the ~ mercies of the law fágtha faoi luí na bíse ag an dlí

tenterhooks
We were all on ~. 1 Bhíomar go léir ar cheann cipíní. **2** Bhíomar uile ar bís.

terms
on your ~ 1 ar bhreith do bhéil féin **2** ar do choinníollacha féin
She never came to ~ with her husband's death. Níor tháinig sí riamh chun réitigh le bás a fir chéile.
They're not on friendly ~. Níl aon bhuíochas acu ar a chéile.
We bought a computer on easy ~. Cheannaíomar ríomhaire ar shosanna.
We're on great ~. Táimid an-mhór le chéile.
You're in no position to dictate ~. Níl sé de cheart

agatsa coinníollacha a leagan síos.

territory

It goes with the ~. Is cuid dílis é den ghnó.

terror

Reign of ~ Ré an Uafáis

She used to live in ~. Bhíodh eagla a báis uirthi.

You're a holy ~! Is diabhailín cruthanta thú!

test

~ run sciuird thrialach

acid ~ báire na fola

driving ~ scrúdú tiomána

I'll go and speak with them to ~ the water. Rachaidh mé labhairt leo chun cúrsaí a bhrath.

They were put to the ~. Tástáladh iad.

tether

I'm at the end of my ~ with them. Táim i ndeireadh na péice leo.

text

~ me! Téacsáil mé!

I got a ~. Fuair mé téacs.

thank

You've only yourself to ~ for what has happened! 1 Ní haon duine eile ach tú féin a faoi deara é! 2 Ort féin a bhuíochas!

I'll ~ you to mind your own business! Bheinn buíoch díot dá bhféadfá fanacht amach ó rudaí nach mbaineann leat!

~s for nothing! Gan a bhuíochas duitse!

~less work obair gan bhuíochas

to be ~ful for small mercies bheith buíoch as na beaganna beaga

That's all the ~s I got! Sin a bhfuil de bhuíochas ormsa!

that

~'ll be the day! Beag an baol!

~'s ~! Sin sin!

~'s all! Sin a bhfuil!

after ~ ina dhiaidh sin

before ~ roimhe sin

then

between now and ~ idir an dá linn

He did it there and ~. Rinne sé lom láithreach é.

there

~ ~ now, don't be crying! Seo seo anois, ná bí ag gol!

~ goes my dancing career! Sin deireadh le mo shaol mar rinceoir!

~ he goes again, down to the pub! Seo againn arís é síos go dtí an pub!

~ you go! Seo agat é!

~ you have it, folks! Sin agaibh é, a chairde!

~'s gratitude for you! Cad a déarfá leis sin mar bhuíochas!

Been ~, done that, bought the T-shirt! Bhíos ann, Rinne sin, cheannaigh mé an T-léine!

He's not all ~. Tá easnamh air.

Hey! You ~! Hé! Tusa ansin!
How's life? – Slowly getting ~! Conas tá an saol? – Tá cruth éigin ag teacht ar chúrsaí de réir a chéile!
I've been ~ before. Bhí mé sa chás céanna cheana.
It's a pity but ~ you go! Is trua é ach sin mar a bhíonn an saol!
She was ~ for me when times were tough. Sheas sí liom nuair a bhí an saol go crua.

thick
~ accent blas láidir
~ cream uachtar ramhar
~ slices sliseanna tiubha
Blows fell on him ~ and fast. Buaileadh cith buillí air.
Gardaí were ~ on the ground. Bhí an áit dubh le Gardaí.
He has a ~ skin. Tá seithe righin air.
He's in the ~ of it at the moment. Tá sé i lár na bruíne faoi láthair.
Letters were coming ~ and fast. Bhí díle litreacha ag teacht.
She stuck with him through ~ and thin. Idir mhín agus gharbh sheas sí leis.
She was laying it on ~. Bhí plámás thar fóir á dhéanamh aici.
They are as ~ as thieves. **1** Tá siad chomh mór le chéile le gearrán bán agus coca féir. **2** Bíonn siad ag ithe as béal a chéile.
They are very ~ with one another. Tá siad an-mhór lena chéile.
to give a person a ~ ear clabhta a thabhairt do dhuine i bpoll a chluaise

thicken
The plot ~s. Téann an plota i gcastacht.

thief
Stop! ~! Stop an gadaí!
honour amongst thieves dílseacht na gceithearnach coille

thieving
She's a ~ cow! Is bó bhradach í!

thin
~ excuse leithscéal gan craiceann
Neurologists are ~ on the ground in Ireland. Is tearc néareolaí a gheofá in Éirinn.
She has very ~ skin when she's being criticised. Bíonn sí so-ghonta ar fad nuair a dhéantar cáineadh ar bith uirthi.
She's as ~ as a lath. Tá sí chomh caite le cú.
You're skating on ~ ice. Tá tú ag rith ar thanaí.
Your argument is a bit ~. Tá d'argóint tanaí go leor.

thing
All ~s French gach rud a bhaineann leis an Fhrainc
Golf is not my ~. Ní bhíonn suim agam sa ghalf.

He doesn't know the first ~ about bikes. Bíonn sé dall ar fad maidir le rothair.
He has a ~ about cats. Bíonn sé aisteach maidir le cait.
He is all ~s to all men. Is fear so-ranna é.
He's not coming – and no bad ~ either. Níl sé ag teacht – agus ní haon drochrud é sin ach oiread.
He's on to a good ~. Tá rud maith aimsithe aige.
Here's the ~. Éist leis seo.
His parents are expecting great ~s from him. Tá súil ag a thuismitheoirí le héachtaí móra uaidh.
I know a good ~ when I see it. Aithním rud maith nuair a fheicim é.
I thought I was seeing/ hearing things. Cheap mé go raibh rudaí á bhfeiceáil/ á gcloisteáil dom.
It's his ~. Is é an rud a dhéanann sé.
It's just one ~ after the other! Is é tubaiste ar mhuin tubaiste é!
It's not the done ~. Ní den dea-bhéas é.
Of all things, to tell her that! Thar aon rud eile, é sin rá léi!
She has a ~ for tall men. Bíonn a croí istigh sna fir arda.
She knows a ~ or two about computers. Tá rud nó dhó ar eolas aici faoi na ríomhairí.
since that's how things are ós mar sin atá an scéal
That's the very ~! Sin go díreach an rud é!
The ~ is I haven't any money. Is é mar atá an scéal nach bhfuil aon airgead agam.
The poor ~! An créatúr bocht!
There's only one ~ for it! Níl an dara rogha againn!
We started talking and one ~ led to another. Thosaíomar ag caint agus chuaigh cúrsaí ar aghaidh as sin.
What with one ~ and another I clean forgot about it. Idir gach uile shórt rinne mé dearmad glan air.
You take ~s too seriously! Bíonn tú ró-dháiríre faoin saol ar fad!

thingamabob
Mr ~ Mac Uí Rudaí
What's that ~ over there? Cad é an rud sin eile thall ansin?

think
~ again! Cuimhnigh arís!
~ it over! Déan smaoineamh air!
Come to ~ of it, why don't you have a go at it? Anois nuair a smaoiním air, cén fáth na bhféachann tusa leis?
I should ~ so! 1 Mise á rá leat! **2** Deirimse leat!

I should hardly ~ so! Ní déarfainnse é.
to my ~ing de réir mo thuairimse, de réir mar a thuigimse é
Who'd have thought it! Cé a shílfeadh é!
You have to learn how to ~ on your feet. Caithfidh tú foghlaim conas smaoineamh ar an toirt.
You're not ~ing straight. Níl tú ag smaoineamh i gceart.
You've got to ~ big. Caithfidh tú (an) smaoineamh mór a dhéanamh.

thinking
Good thinking! Smaoineamh maith!
I'm just ~ aloud. Nílim ach ag smaoineamh os ard.

third
~ time lucky! 1 Ar an treas lá a dtagann an t-ádh! **2** Orainne gean má tá trí treana ann!

this
after ~ ina dhiaidh seo
before ~ roimhe seo
~ is it! *(i.e. agreeing with observation)* Sin agat é!
We went ~ way and that. Chuamar soir siar.
We were chatting about ~ and that. Bhíomar ag cadráil faoi seo agus siúd.

thorn
~y question ceist achrannach
She's a ~ in my side. Is bior sa bheo dom í.

those
~ were the days, my dear friend! B'in iad na laethanta, a chara mo chroí!

thought
A penny for your ~s?! Cad atá sa chloigeann agat?!
Don't give it another ~! Ná smaoinigh níos mó air!
He has no ~ for his own children. Níl cás ar bith aige dá pháistí féin.
I didn't give it a second ~. Níor thug mé an dara smaoineamh air.
I was having second ~s. Bhí mé ag déanamh athsmaoineamh air.
on second ~s ar athsmaoineamh dom
She has given me food for thought. Thug sí ábhar smaoinimh dom.

thrash
to ~ out a question ceist a chíoradh ó bhun go barr

thread
I've lost the ~ of the argument. Chaill mé snáithe na hargóinte.
My life was hanging by a ~. 1 Bhí mé ar forbhás. **2** *(BÁC)* Bhí mo bheatha ar crochadh ar shnáithe caol.

threw
He ~ his weight behind the proposal. Thug sé a thacaíocht don tairiscint.
His remark ~ me. Bhain a chuid cainte geit asam.

I ~ my hat at it. 1 Chaith mé le haill é. **2** *(BÁC)* Chaith mé mo hata leis.
*(see also: **throw**)*

thrill

~s an spills spraoi agus sult
I was ~ed to bits. Bhí sceitimíní orm.

throat

It sticks in my ~. Téann sé díom a shlogadh.
She jumped down my ~ before I had a chance to apologise. Thug sí aghaidh a craois dom sula raibh seans agamsa mo leithscéal a ghabháil léi.
They're at one another's ~s. Bíonn siad i bpíobán a chéile.
You're cutting your own ~. Ag milleadh fút féin atá tú.

throes

in the ~ of death i gcróilí an bháis
Russia was in the ~ of a revolution. Bhí an Rúis i gceartlár réabhlóide.

throne

Mary was the power behind the ~. Ba í Máire an chumhacht taobh thiar den choróin.

through

He's an Irishman ~ and ~. Is Éireannach go smior é.
I am ~ with getting physiotherapy. Táim réidh leis an fhisiteiripe.
I can easily see ~ that man. Léim aigne an fhir sin go héasca.

throw

~-away remark seachfhocal, focal gan aird
Don't ~ the towel in now! 1 Ná caith an tuáille isteach anois! **2** Ná cuir do lámh i bpaca fós!
It makes me want to ~ up. Cuireann sé fonn urlacain orm.
It's a ~-back to paganism. Is filleadh ar aimsir na págántachta é.
to ~ a life-line to a person líne tharrthála a chaitheamh le duine
to ~ light on to the matter léargas a thabhairt ar an scéal
*(see also: **threw and stone**)*

thumb

~s up! Ordóga in airde!
He is under her ~. Tá sé faoina hordóg aici.
He spends his life twiddling his ~s. 1 Caitheann sé a shaol le díomhaointeas. **2** Cuireann sé a chuid ama amú ag casadh na méar.
It sticks out like a sore ~. 1 Seasann sé amach mar smuilc mhuice. **2** Tá sé chomh soiléir le smut mosach (muice).
to ~ a lift síob a fháil
We got the ~s up. Tugadh an comhartha glas dúinn.
*(see also: **rule**)*

thunder

He stole my ~. **1** Ghoid sé mo scéal orm. **2** Chuaigh sé ar mo bhéala le mo scéalsa.

tick

I bought it on ~. Cheannaigh mé ar cairde é.

I don't know what makes him ~. Níl a fhios agam cad a ghríosaíonn é.

She gave me a ~ing off. Thug sí fios mo bhéasa dom.

to ~ all the right boxes gach éileamh a shásamh

ticket

That's the ~! **1** Nár lagaí Dia do lúth! **2** Sin í an obair cheart!

tickle

I was ~d pink when I heard the news. Bhí sceitimíní orm nuair a chuala mé an scéal.

It ~d my fancy. Mheall sé mo mhian.

ticklish subject ceist íogair

tide

the turning of the ~ in Irish politics casadh na taoide i bpolaitíocht na hÉireann

There is a ~ in the affairs of man. Tagann uair na cinniúna chuig gach uile dhuine.

This money will ~ me over until Wednesday. Cuirfidh an t-airgead seo thar an ghátar mé go dtí an Chéadaoin.

Time and ~ wait for no man. Cuirfear srian ar an gcapall ach ní ar an am.

tie

He's ~d to the house. Níl fágáil an tí aige.

I was fit to be ~d when I heard. Bhí mé le ceangal nuair a chuala mé.

I'll be ~d up with my work for the rest of the day. Ní bheidh tógáil mo chinn ó mo chuid oibre don chuid eile den lá.

Our game ended in a ~. Tháinig an dá thaobh ar cothrom sa chluiche peile.

the old school ~ carbhat na seanscoile

They ~d the knot last year. Cuireadh snaidhm an phósta orthu anuraidh.

to ~ a person in knots with questions meascán mearaí a chur ar dhuine le ceisteanna

tight

He was ~ after leaving the pub. Ní raibh aithne a bheart aige tar éis dó an pub a fhágáil

He's ~ with money. **1** Bíonn sé gortach lena chuid airgid. **2** Bíonn sé go greamastúil lena chuid airgid.

tile

He was on the ~s last night. Bhí sé ar na cannaí aréir.

She has a ~ loose. Tá lúb ar lár inti.

till

~ death do us part go scara an bás sinn

He was caught with his fingers in the ~. Fuarthas é lena lámh sa scipéad aige.
You can practise ~ the cows come home. Is féidir cleachtadh go dtí Lá an Luain.

tilt
at full ~ faoi lánseol

time
~ **after** ~ arís agus arís eile
~ **and tide wait for no man!** Cuirfear srian ar an gcapall ach ní ar an am!
~ **flies.** Eitlíonn an t-am.
~ **is money.** Is ionann an t-airgead agus an t-am.
~**'s up!** Tá an t-am istigh!
after a short ~ tar éis tamaill bhig
at ~**s** ar uaire
at all ~**s** i ngach tráth
at certain ~**s** ar thráthanna áirithe
at my ~ **of life** san aois ina bhfuilimse
At no ~ **did I say that.** Riamh ná choíche ní dúirt mé sin.
At one ~ **they were married** Bhí tráth ann agus iad pósta.
by the ~ **we got to Spidéal** faoin am gur thángamar go Spidéal
by this ~ faoin am seo
for days at a ~ ar feadh laethanta i ndiaidh a chéile
For some ~ **now he's been ill.** Le tamall beag anuas tá sé tinn.
for some ~ **to come** go ceann tamaill fhada eile
for the ~ **being** don am atá i láthair
from ~ **to** ~ ó am go ham
from that ~ **on** ón am sin amach
I arrived in ~**.** Tháinig mé in am.
I have done my ~**.** Tá mo sheal tugtha agam.
I was there all the ~**.** Bhí mé ann ar feadh an ama.
I've told you ~ **after** ~**.** Dúirt mé leat na mílte uair.
in ~**s of old** san am fadó
in ~**s of trouble** i dtráthanna an éigin
in a short ~ i gceann tamaill bhig
in good ~ in am agus i dtráth
in our ~ lenár linn
in these ~**s** ar na saolta seo
It's ~ **for me to leave.** Is mithid dom imeacht
making good ~ **with the work** suas chun dáta leis an obair
My ~ **is my own.** Tá cead luí agus éirí agam.
She has no ~ **for him**. Níl goile aici dó.
She is ahead of her ~**.** Tá sí roimh a ham.
She is playing for ~**.** Tá sí ag feitheamh na faille.
some ~ **or other** lá éigin
There's no ~ **for delay.** Ní tráth moille é.
to kill ~ an t-am a mheilt/ a mharú
We had a great ~ **in Spain.** Bhí an-saol againn sa Spáinn.

We have tons of ~. Tá greadadh ama againn.
when I have ~ on my hands nuair a bhíonn am le cois agam
You're behind the ~s. Tá tú seanaimseartha.
You're just in ~. Tá tú go díreach in am.

tinpot
He has a ~ business down in Skibbereen. Tá gnó bhothán mo mháthar aige thíos sa Sciobairín.
some ~ scheme plean suarach beag le rá

tinker
I don't give a ~'s curse who owns it. Is cuma sa diabhal liomsa cé leis é.

tinkle
Give me a ~ some time! Tabhair scairt dom am éigin!

tip
Did you give the waiter a ~? Ar thug tú síneadh láimhe don fhreastalaí?
if you take a ~ from me má ghlacann tú cogar uaimse
It's on the ~ of my tongue. Tá sé ar bharr mo theanga agam.
This is just the ~ of the iceberg. Níl anseo ach tosach na stoirme.
This room is a ~! Níl sa seomra seo ach brocais!
to walk on ~toes siúl ar do bharraicíní

tipsy
She got ~. D'éirigh sí súgach.

tit
~ for tat cor in aghaidh an chaim

to-ing
There was a large crowd ~ and fro-ing all the time. Bhí slua mór anonn is anall an t-am ar fad.

toast
I would like to ~ the newly-weds! Ba mhaith liom sláinte na lánúine nua-phósta a ól!
I'm as warm as ~ here by the fire Táim do mo ghoradh go maith cois na tine seo.

toe
I don't want to tread on anyone's ~s. **1** Ní theastaíonn uaim bheith ag satailt ar chosa dhaoine eile. **2** Nílim ag iarraidh bheith ag innilt ar thalamh nach liom. **3** Ní bhíonn uaim bheith ar féarach i ngort mo chomharsan.
You had better keep on your ~s. Ba chóir duit bheith ar d'airdeall.
*(see also: **step, tip**)*

toffee
She can't sing for ~. Níl nóta ina ceann.

together
Let's put our heads ~ on this one. Cuirimis ár gcomhairlí i gceann a chéile faoin cheann seo.

token
as a ~ of my love for you mar chomhartha de mo ghrá duit

book ~ éarlais leabhar
by the same ~ 1 ar an mbealach céanna **2** dá chomhartha sin

told
All told, he's a decent enough sort. Tar éis sin agus uile, is madra macánta é.
He told on me. Sceith sé orm.
I ~ you so! Nach mise a dúirt leat é!
If all were ~! Dá mbeadh fios an scéil go léir ag an saol!
*(see also: **tell**)*

Tom
I don't want every ~, Dick and Harry using my bike! Ní theastaíonn uaim go mbeadh gach uile dhailtín ag baint úsáid as mo rotharsa!

tomorrow
~ is another day! Beidh lá eile ag an bPaorach!
Jam ~! Mair a chapaill agus gheobhaidh tú féar!
They are shopping as if there was no ~. Tá siad ag siopadóireacht amhail is gurbh é lá deiridh a saoil é.

ton
~s of time, of money greadadh ama, airgid
Have you enough? I've ~s. An bhfuil do dhóthain agat? – Tá mo sheacht ndóthain agam.
There are ~s of things that need to be done. Tá neart rudaí a bhfuil gá lena ndéanamh.

tone
~ deaf bodhar ar cheol
Don't talk to me in that ~ of voice! Ná bí ag caint liomsa le tuin mar sin i do ghuth!
Don't you use that ~ with me! Ná labhair de ghlór sotalach mar sin liomsa!
He had an arrogant ~. Bhí an sotal ann nuair a labhair sé.
to ~ down a report tuairisc a mhaolú

tongue
foreign ~ teanga iasachta
gift of ~s bua na dteangacha
Her new name trips off the ~. Ritheann a hainm nua go héasca le do theanga.
Hold your ~! Éist do bhéal!
I held my ~. Chuir mé srian le mo theanga.
my native ~ mo theanga dhúchais
The news set ~s wagging. Chuir an scéal lucht an bhéadáin ag clabaireacht.
*(see also: **tip**)*

tool
to down ~s 1 an spád a shá **2** stopadh den obair
Would you stop ~ing about?! Nach n-éireofá as an phleidhcíocht?!

tooth
He has a sweet ~. Is beadaí é.
He is a bit long in the ~. Tá na géaráin curtha go maith aige faoi seo.

top

A hundred euro ~s! Céad euro ar a mhéad!

He's getting thin on top. Tá sé ag éirí maol.

His statement was way over the ~. Bhí sé ag dul thar fóir ar fad ina ráiteas.

I couldn't give you the answer off the ~ of my head. Ní fhéadfainn an freagra a thabhairt duit lom láithreach.

I slept like a ~. Chodail mé spuaic mhaith.

I'm in ~ form. Táim i mbarr mo mhaitheasa.

I'm on ~ of the world. Táim chomh sásta le píobaire.

on ~ of it all mar bharr ar an iomlán

She ~ped the bill at the Abbey Theatre. Bhí stádas príomh-hréalta aici in Amharclann na Mainistreach.

That ~s everything! Buann sin ar ar chuala mé riamh!

top-billing

the ~ an stádas is airde

This matter will be given ~. Tabharfar tús áite don ghnó seo.

*(see also: **top**)*

torch

He handed on the ~ to his son. D'fhág sé an dualgas le oidhreacht dá mhac.

I think he still carries a ~ for her. Táim ag ceapadh go mbíonn nóisean fós aige di.

The Nazis ~ed the synagogues. Loisc na Naitsithe na sionagóga.

torn

I was ~. Bhí mé i gcás idir dhá chomhairle faoin dá rogha a bhí agam.

That's ~ it! Sin buille na tubaiste!

toss

It's just a ~ up. Níl ann ach de réir mar a thitfidh.

Our team won the ~. Thit crann an áidh ar ár bhfoireann.

touch

~ of class braon galántachta

~ of emotion creathán tochta

~ of fever sceitse den fhiabhras

~ of garlic blas gairleoige

~ of satire iarracht (bheag) den aoir

He has a delicate ~. Tá lámh éadrom aige.

He hasn't lost his ~. Tá sé gach pioc chomh maith is a bhí sé riamh.

He's ~ed. Tá boc mearaí air.

I have just to add the finishing ~es to the work. Níl le déanamh agam ach bailchríoch a chur ar an obair.

I was ~ed by your kindness. Chuaigh do chineáltas go croí ionam.

I'll be in ~ with you. Beidh mé i dteagmháil leat.

I've lost ~ with them. Chuaigh mé ó chaidreamh orthu.

to kick a ball into ~ liathróid a chiceáil thar an taobhlíne

tough

He's a ~ customer. Is é an mac doscúch é.~!

When the going gets ~, the ~ get going! 1 Dá chruacht an saol is crua an Gael! 2 Cruthaíonn cruatan croí cróga! 3 Is sa chruatan a chruthaítear laoch.

tower

She's a ~ of strength. Tá sí ina crann seasta.

town

He's the talk of the ~. Níl ar bhéal an phobail ach é.

She really went to ~ on him. 1 Níor mhór a luach é nuair a bhí sí críochnaithe leis. 2 Rinne sí ceirt draoibe de.

They really went to ~ with the decorations. Chuaigh siad thar fóir ar fad leis na maisiúcháin.

We were out on the ~ last night. Bhíomar ag déanamh spraoi dúinn féin sa chathair aréir.

trace

without a ~ gan tásc gan tuairisc

track

He has a good ~ record. Tá dea-theist air.

He has a one-~ mind. Ní bhíonn ach an t-aon phort amháin ina cheann aige.

He was born on the right side of the ~s. *(US)* Rugadh é ar an taobh ceart den bhaile.

I had better make ~s. Caithfidh mé greadadh liom.

I've lost ~ of them. Chaill mé tuairisc orthu.

It's hard to keep ~ of all that's happening. Is deacair cuntas a choinneáil ar a mbíonn ag tarlú.

Lauren loses ~ of time at gymnastics. Imíonn an t-am i ngan fhios ar Lauren agus í i mbun na gleacaíochta.

to be on the right ~ bheith ar an mbóthar ceart

to cover your ~s an fhianaise a cheilt

trade

He ~d on her ignorance. Tháinig sé i dtír ar a haineolas.

to ~ in a car carr a thabhairt isteach mar pháirt-íocaíocht

traffic

~-jam tranglam tráchta

to ~ drugs drugaí a gháinneáil

to be stuck in ~ bheith sáinnithe i dtrácht

trailblazer

She's a ~ in her work on astrophysics. Is ceannródaí í san obair a dhéanann sí ar an réaltfhisic.

train

~ of thought snáithe smaointe

I lost my ~ of thought. Chuaigh snáithe mo smaointe ar strae.

trap

Shut your ~! Dún do ghob!

tread

~ softly! 1 Siúil go ciúin! **2** Bí go cúramach!

She's just ~ing water. Níl sí ach ag snámh ina seasamh.

to ~ the boards 1 bheith ar an stáitse **2** bheith ag aisteoireacht

treat

A cup of tea would go down a ~. Chuirfeadh cupán tae aoibhneas ar mo chroí.

Don't ~ me like a fool! Ná tabhair meas amadáin orm!

I was ~ed well. Caitheadh go maith liom.

It was a rare ~ for us. Ba phléisiúr annamh dúinn é.

They ~ed him like dirt. Chaith siad leis mar phíosa salachair.

What a ~! A leithéid d'aoibhneas!

tree

He out of his ~. *(insane)* Tá sé imithe leis na craobhacha.

Money doesn't grow on ~s! *(BÁC)* Ní fhásann an t-airgead ar na crainn!

trembling

I was in fear and ~ that we would be caught. Bhí mé ar aon bharr amháin creatha ar eagla go mbéarfaí orainne.

trial

~ by jury triail choiste

~ by media cur faoi thriail ag na meáin

~ flight eitilt thástála.

~s and tribulations of life cora crua an tsaoil

The solution was found by ~ and error. Thángthas ar an réiteach de bharr tástála agus earráide.

triangle

the eternal ~ an triantán suthain

tribute

I would like to pay ~ to all those who helped us with the work. Ba mhaith liom buíochas a ghabháil le gach duine a chabhraigh linn san obair.

The book she wrote is a great ~ to her. Tá onóir mhór tuillte aici as an leabhar a scríobh sí.

trice

in a ~ le hiompú do bhoise

trick

confidence ~ cleas caimiléireachta

He never misses a ~. Ní éalaíonn aon rud uaidh.

He used his whole bag of ~s. Bhain sé úsáid as gach cleas a bhí ar eolas aige.

He's up to his old ~s again. Bíonn i mbun a sheanchleasaíochta arís.

How's ~s? Craic ar bith?

It's one of the ~s of the trade. Is cuid d'ealaín na ceirde é.

That'll do the ~. Déanfaidh sé sin an beart.

to turn ~s bheith i mbun striapachais

tricky

He's a ~y customer. Is iomaí lúb ina chorp siúd.

This kind of work can be a bit ~ at times. Is féidir leis an gcineál oibre seo bheith achrannach ar uaire.

tried

~ and true iontaofa agus fíor

I tried my very best. Rinne mé mo sheacht ndícheall.

The children tried it on with the new teacher. **1** Shíl na páistí an ceann is fearr a fháil ar an mhúinteoir nua. **2** Rinne na leanaí iarraidh dallamullóg a chur ar an oide nua.

*(see also: **try**)*

trigger

The police became very ~-happy. D'éirigh na póilíní ró-thapa ar úsáid a ngunnaí.

trim

He keeps himself ~. **1** Tugann sé aire dó féin. **2** Tugann sé aire dá aclaíocht phearsanta agus dá chruth tanaí.

to ~ a beard féasóg a thrimeáil

to ~ back on spending gearradh siar ar chaiteachas

trip

Be careful not to ~ on the steps! Fainic nach mbainfí tuisle asat ar na céimeanna!

to ~ out on drugs bheith ag truipeáil ar na drugaí

to ~ up all the time botúin as éadan a dhéanamh

Trojan

~ Horse Capall Adhmaid na Traí

to work like a ~ obair na gcapall a dhéanamh

trolley

She's off her ~. Tá sí ar shiúl sa chloigeann.

trooper

He swears like a ~. Bíonn sé ag mallachtach ar nós an diabhail

You're a real ~! Is togha an duine thú!

trot

He's always ~ting out lame excuses. Bíonn caise de leithscéalta bacacha de shíor ag sileadh uaidh.

My job keeps me on the ~. Baineann mo chuid oibre sodar gan stad asam.

trouble

He has heart ~. Tá a croí ag cur air.

I'm giving you a lot of ~! Tá tú cráite agam!

I'm sorry to put you to so much ~. Tá brón orm an oiread sin trioblóide a chur ort.

It's no ~ at all! Ní dua ar bith é!

The ~ is we have no money. Is é an fhadhb nach bhfuil aon airgead againn.

to get a girl into ~ cailín a chur ó chrích

We had no end of ~. Ní raibh deireadh leis na trioblóidí a tháinig orainn.
What's the ~? Cad tá cearr?
When ~s come they never come singly! Nuair a thig cith, tig balc!
You'll get me into a lot of ~. Tarraingeoidh tú trioblóid mhór anuas orm.
You're (just) asking for ~. **1** Níl tú ach ag tarraingt na trioblóide ort féin. **2** Níl tú ach ag tuar an dochair duit féin. **3** Ag cothú achrainn duit féin atá tú.

troubled
~ relationship caidreamh corrach
She was deeply ~ when she heard. Bhí sí suaite go mór nuair a chuala sí.

truck
I have no ~ with liars. Ní bhíonn baint ná páirt agam le lucht an éithigh.

true
~ grit fíormhisneach
Dreams come ~. Fíoraítear aislingí.

truly
~ I don't know why. Déanta na fírinne níl a fhios agam cén fáth.
No one knows it better than yours ~. Níl aon duine is fearr a fhios sin ná ag an mac seo/ag an mbean seo.

trump
He always comes up ~s. **1** *(reliable)* Ní loicfidh an fear sin choíche ort. **2** *(always wins out)* Titeann sé i gcónaí ar a chosa. **3** Bíonn an t-ádh ag rith air i gcónaí.
He was sent to jail on some ~ed up charge. Cuireadh i bpríosún é mar gheall ar choir bhréige éigin a cuireadh ina leith.
When I lost my job, my friends really turned up ~s, with paying my rent and so on. Nuair a chaill mé mo chuid oibre, chruthaigh mo chairde go hiontach maith le híocaíocht an chíosa dom agus eile.

trumpet
He likes to blow his own ~. Is breá leis mórtas tóin gan taca a dhéanamh.

trust
~ has to be earned. **1** Is cara an té a sheas liom inné. **2** Cuirtear muinín sa duine a chruthaigh gur cóir muinín a chur ann.
I wouldn't ~ him as far as I could throw him. **1** Ní bheadh muinín dá laghad agam as. **2** *(BÁC)* Ní chuirfinn aon mhuinín ann fiú oiread is go bhféadfainn é a chaitheamh uaim.
to accept a thing on ~ glacadh le rud ar a thuairisc

truth
~ is often stranger than fiction. Is minic gurb iontaí fírinne ná finscéal.

She told him a few home ~s. D'inis sí fios a thréithe dó.
That's the absolute ~. Sin í an fhírinne glan!
The ~ will never find a home. Ní bhfaighidh an fhírinne adhairt dá ceann.
The ~ will out. **1** Is cuairteoir déanach an fhírinne ach tiocfaidh gan gó. **2** Mór í an fhírinne agus buafaidh sí.
There's some ~ in what you say. Tá cuid den fhírinne agat.
to tell the ~ **1** déanta na fírinne **2** leis an bhfírinne a rá

try
~ that for size! Conas a thaitníonn sin leat!
I'll try my hand at it. Féachfaidh mé mo lámh leis.
*(see also: **tried**)*

tube
My whole year's work down the ~s! Bliain iomlán mo chuid oibre imithe le gaoth!
to take the ~ an meitreo a thógáil

tuck
~ in! **1** *(plural)* Déanaigí bhur ngoile! **2** *(singular)* Déan do ghoile!
They ~ed into the cake. Leag siad isteach ar an chácа.

tug
~ of war tarraingt téide
The memory ~ged at my heart-strings. Chuir an chuimhne sin tocht ar mo chroí.

tune
out of ~ as tiúin
The building is in ~ with its surroundings. Tá an foirgneamh ag cur lena thimpeallacht.
to the ~ of 50 euro ar shuim de chaoga euro

tunnel
light at the end of the ~ solas ag deireadh an tolláin

turkey
cold ~ turcaí fuar
like ~s voting for Christmas amhail lucht damnaithe ag éileamh Lá an Bhreithiúnais

turn
As it ~ed out you were right. Faoi mar a tharla bhí an ceart agat.
He ~ed his back on his friends. Thug sé droim láimhe dá chairde.
He ~ed into a drunk. D'éirigh sé ina mheisceoir.
He did me a good ~. Rinne sé gar dom
He'll ~ up one of these days. Tiocfaidh sé lá de na laethanta seo.
I met opposition at every ~. Ag gach cor dá chuir mé díom bhí daoine i mo choinne.
It all ~ed out well in the end. Bhí dea-thoradh ar gach uile shórt ag an deireadh.
It's ~ing cold. Tá sé ag éirí fuar.
It's your ~ now! Is leatsa anois é!

She certainly ~ed heads. Is cinnte gur tharraing sí aird an phobail uirthi féin.
She had a (bad) ~ yesterday. Bhuail taom í inné.
Something will ~ up! Béarfaidh bó éigin lao éigin lá éigin!
taking a ~ for the better cuma na maitheasa ag teacht ar an scéal
The milk is ~ing. Tá cor sa bhainne.
The weather ~ed out fine. Rinne sé aimsir bhreá.
They ~ed into swans. Rinneadh ealaí díobh.
They ~ed on their own father. D'iompaigh siad i gcoinne a n-athar féin.
Things took a ~ for the worse. **1** Chuaigh an scéal chun olcais. **2** Chuaigh an scéal ó mhaoil go mullach.
We can't ~ back the clock. Ní féidir linn an clog a chasadh siar.
We took it in ~s. Rinneamar uainíocht air.
You'll have to wait your ~! Caithfidh tú fanacht ar so shealsa!

turn-up
That's a ~ for the books! Sin cor nach raibh aon súil leis!

twain
East is east and west is west, and never the ~ shall meet. Oirthear thoir is iarthar thiar gan gó is ní chasfar ar a chéile iad go deo.

twenty-four
It's a ~ seven shop. Is siopa ceithre huaire is fiche é, seacht lá sa tseachtain.

twice
I'd think ~ before I said anything like that. Chaithfainn tamall fada ag machnamh sula ndéarfainn a leithéid.
She didn't have to be asked ~. Ní raibh fiacha iarraidh an dara uair uirthi.

twinkle
when you were just a ~ in your father's eye nuair a bhí tusa i bpóca Dé

twinkling
in the ~ of an eye i bhfaiteadh na súl

twist
~ of fate cor cinniúna
at every ~ and turn ag gach cor agus casadh
Don't get your knickers in a ~! Ná caill do ghuaim faoi!
He ~ed the knife. Chas sé an scian sa chréacht.
He's round the ~. Tá boc mearaí air.
She ~ed the truth. Chuir sí an fhírinne as riocht.
She can ~ him round her little finger. Tá sé ar teaghrán aici.
The affair took another ~. Tháinig cor eile sa scéal.

Twitter

to be twittering all the time bheith ag giolcaireacht an t-am ar fad

the ~ati lucht na giolcaireachta

to be trending on ~ bheith ag treochtáil ar Twitter

two

~ can play at that game! **1** Is féidir le beirt an cluiche sin a imirt! **2** Cor in aghaidh an chaim agus cam in aghaidh an choir!

~'s company. Millean triúr cuideachta beirte.

He's a ~-timer. Is Tadhg an dá ghrá é.

People will soon put ~ and ~ together. Cuirfidh daoine a dó is a dó le chéile.

That makes ~ of us! **1** *(man)* Labhair le do dhearthháir! **2** *(woman)* Labhair le do dheirfiúr!

They're ~ of a kind. Is mar an gcéanna atá siad.

two-way

Friendship is a ~ street. Oibríonn an cairdeas an dá bhealach.

U

U

The party made a complete ~-turn in its policies. Rinne an páirtí aisiompú iomlán ina pholasaithe.

ugly

as ~ as sin chomh gránna le muc

He cut up ~. Thaispeáin sé go raibh an drochbhraon ann.

the ~ duckling an t-éinín lachan gránna

umbrage

He took ~ at his name not being mentioned. Tháinig múisiam air ó nach luadh a ainm.

uncertain

in no ~ terms go neamhbhalbh

uncle

~ Sam Uncail Sam

And Bob's your ~! Agus tá agat!

He talked to me like a Dutch ~. Thug sé comhairle na seacht seanóirí dom.

under

I went there ~ my own steam. Chuaigh mé ann ar mo chonlán féin.

I'm a bit ~ the weather today. **1** Nílim ionam féin inniu. **2** Nílim céad faoin gcéad inniu.

The lift is ~ repair. Tá an t-ardaitheoir á dheisiú.

The ship is ~ way. Tá an long faoi shiúl.

We have everything ~ control. Tá gach rud faoi smacht againn.

underage

~ drinking ólachán faoi aois

understand

Am I to ~ that you will not be there? An bhfuil tú á rá

liom nach mbeidh tú anseo?

As I ~ it, he will be our new president. De réir mar a thuigim beidh seisean ina uachtarán nua againn.

I was given to ~ that she would be late. Tugadh le tuiscint dom go mbeadh sí déanach.

understanding

to reach an ~ with a person teacht ar chomhthuiscint le duine

unknown

~ **poet** file anaithnid

for some ~ reason ar chúis éigin nach eol do dhuine ar bith

The actor playing the role was a complete ~. Aisteoir gan iomrá ar bith a bhí i mbun na páirte.

unsound

He is of ~ mind. Tá saochan céille air.

unstuck

Our plans have come ~. Tá ár bpleananna tite as a chéile.

unwashed

the great ~ cosmhuintir na tíre

up

~ **you go!** Suas leat!

~ **yours!** *(vulgar)* Bíodh an diabhal agat!

climbing ~ the social ladder ag dreapadh suas an dréimire sóisialta

Face ~ to it! She's not coming back! Féach ar an scéal mar atá! Níl sí ag teacht ar ais!

Her work wasn't ~ to the mark. Ní raibh a cuid oibre maith go leor.

I waited ~ all night. D'fhan mé i mo shuí go maidin.

I'll leave it ~ to you. Fágaim fút féin é.

I've had it ~ to here. Táim bréan dóite de.

It's ~ to you! Fút féin atá sé!

It's all ~ with him. Tá a chosa nite.

Money ~ front! Airgead síos!

Road ~! 1 Bóthar á dheisiú! **2** Bóthar druidte!

Speak ~! Labhair amach é!

the ~s and downs of life cora crua an tsaoil

The game is ~! Tá an cluiche caillte!

The moon is ~. Tá an ghealach ina suí.

There is something ~. Tá rud éigin ar cois.

to come ~ from nothing teacht aníos ón bhochtaineacht

What's ~? Cad tá ar siúl?

What's she up to? Cad tá ar bun aici?

Will he be ~ to the job? An mbeidh sé in inmhe don obair?

You will be ~ against it. Beidh an saol is a mháthair i do choinne.

upbeat
She is always very ~. Feiceann sí an taobh solasmhar i gcónaí.
upgrade
to ~ to a better hotel uasghrádú go dtí óstán níos fearr
upper
He is down on his ~s. Tá sé sna miotáin.
the ~ forms na hardranganna
upset
~ tummy bolg nimhneach
upshot
The ~ of it was he got the sack. Ba é críoch an scéil é ná gur tugadh an bóthar dó.
upside
Everything is ~ down. Tá gach rud bunoscionn.
On the ~, we can go there tomorrow. Ar an taobh geal den scéal is féidir linn dul ann amárach.
The new management turned everything ~ down. Rinne an bhainistíocht nua cíor thuathail de gach rud.
There is no ~ to the situation we find ourselves in. Níl aon taobh dearfa ag baint leis an suíomh ina bhfuilimd.
uptake
He's a bit slow on the ~. Tá sé go fadálach ag tuiscint rudaí.
up-to-date
A map that is ~. Léarscáil atá suas chun dáta.
use
~less thing rud gan mhaith
in ~ in úsáid
It's no ~. Níl aon mhaith ann.
out of ~ as úsáid
That will come in ~ful. Tiocfaidh sé sin isteach úsáideach.
to make ~ of the bike úsáid a bhaint as an rothar
What ~ will that be to you? Cén tairbhe duit as sin?
What's the ~? Cén mhaith é?

V

vain
in ~ in aisce
They worked in ~. Saothar gan tairbhe a bhí acu.
to take God's name in ~ ainm Dé a thabhairt gan fáth
value
It's of little ~. Is beag is fiú é.
You mustn't take everything at face ~ Is minic nach ionann an cófra agus a lucht.
vanishing
He did a ~ act. D'imigh seisean mar a shlogfadh an talamh é.
vantage
from the ~ point of the consumer maidir le tairbhe na dtomhaltóirí
variety
~ is the spice of life. 1 Bíonn blas ar an ilghnéitheacht.

2 Saibhreas an tsaoil san éagsúlacht.
for a ~ of reasons ar iliomad cúiseanna

veil
~ed hostility naimhdeas faoi cheilt
beyond the ~ ar an taoibh thall
to draw the ~ over the abuse of these people an drochíde a tugadh do na daoine seo a cheilt
to lift the ~ of secrecy surrounding the project an fál rúndachta a bhaint den tionscadal
to take the ~ *(historical)* dul isteach sna mná rialta

veiled
~ threat bagairt leath-cheilte

vengeance
'~ is mine!' saith the Lord! 'Liomsa an díoltas!' arsa an Tiarna.
It's raining with a ~. Tá sé ag cur báistí ar nós an diabhail.

vent
She ~ed her anger on me. Lig sí a fearg amach ormsa.

venture
Nothing ~ed, nothing gained! Ní fhaigheann cos ina cónaí dada!

vessel
Empty ~s make most noise. Cloistear gligín i bhfad.

vested
~ interests leasa bunaithe
He has a ~ interest. Ar a leas féin atá sé.

victory
They had a landslide ~. Bhí ollbhua acu.

view
He takes a very dim ~ of anyone smoking. Is beag an meas a bhíonn aige ar éinne a bhíonn ag caitheamh tobac.
houses on ~ tithe ar taispeáint
in ~ of the fact that he was late ó tharla go raibh sé déanach
in my ~ i mo thuairimse
They went there with a ~ to buying a house. D'fhonn teach a cheannach a chuaigh siad ann.

village
Potemkin village *(historical)* cur i gcéill
the ~ idiot leibide an tsráidbhaile
the global ~ an sráidbhaile domhanda
the Olympic ~ an sráidbhaile Oilimpeach

villain
Pádraig Mac Cárthaigh is the real ~. Is é Pádraig Mac Cárthaigh an fíorbhithiúnach.

vine
to wither on the ~ dul i léig i ngan fhios don saol
*(see also: **grapevine**)*

violet
shrinking ~ faiteachán

viper
nest of ~s nead de nathracha

virtue
by ~ of her age de bharr a haoise

by ~ of the fact that he is her boyfriend ós rud é go bhfuil seisean ina stócach di
The four ~s of the stoics are: wisdom, justice, courage and moderation. Is iad na ceithre shuáilce de réir na stóch ná: saíocht, ceart, crógacht agus measarthacht.
to make a ~ of necessity áil a dhéanamh den éigean

visiting
the ~ team an fhoireann as baile, an fhoireann ar cuairt

vital
~ statistics staitisticí beatha
It's ~ that you tell him. Tá sé go ríthábhachtach go ndéarfaidh tú leis.

voice
~mail glórphost
a ~ in the wilderness guth aonair
at the top of your ~ in ard do ghutha
I have no ~ in this matter. Níltear chun éisteacht liomsa sa ghnó seo.
I hope you're in good singing ~ today. Tá súil agam go bhfuil guth maith chun ceoil agat inniu.
in a gentle ~ de ghlór caoin
with one ~ d'aon ghuth

vote
Let's put it to the ~! Cuirimis ar vóta é!
(see also: ***turkey****)*

vulture
~ fund creach-chiste
culture ~ alpaire cultúir

W

wade
I ~d my way through the book. Rinne mé mo shlí a threabhadh tríd an leabhar.

wagon
He's been on the ~ for the last couple of weeks. Tá sé éirithe as an ólachán le cúpla seachtain anuas.

wait
~ till I see! Fan go bhfeicfidh mé!
He ~s on her hand and foot. Bíonn sé á chur ó bhois go bois aici.
I'm sorry to keep you ~ing. Tá brón orm moille a chur ort.
lady in ~ing bean choimhdeachta
Let's ~ and see! Fanaimis go bhfeicfimid!
Repairs while you ~! Deisiúchán láithreach!
There are always contenders ~ing in the wings. Bíonn iomaitheoirí i gcónaí ann ag feitheamh lena seans.

wake
~ house teach tórraimh
in the ~ of the ship i marbhshruth na loinge
She came in to the room in Mrs Ryan's wake. Tháinig

sí isteach sa seomra ar shála Bhean Uí Riain.
to go to a person's ~ dul ar fhaire/ ag tórramh duine
*(see also: **coffee**)*

walk
I was ~ed off my feet. Bhí mo chosa marbh ag siúl timpeall.
I was ~ing on air. Bhí mé ag siúl ar an aer.
in that ~ of life sa tslí bheatha sin
It was easy for him – he ~ed it. B'éasca an rud dó é – rinne (sé) gan stró é.
She ~s all over him. Bíonn sí ag satailt air
to ~ a thin line líne thanaí a shiúl
to ~ on eggshells bheith ag siúl ar uibheacha
to ~ tall siúl le do cheann in airde
to ~ the talk beart a dhéanamh de réir briathair

wall
~s have ears. Bíonn cluasa ar na claíocha.
~-to-~ carpeting cairpéid ó bhalla go balla
His business went to the ~. Thit an tóin as a ghnó.
It drives me up the ~. Cuireann sé fraoch feirge orm.
Some of his suggestions are just off the ~. Tá cuid dá thairiscintí craiceáilte ar fad.
We had our backs to the ~ on this one. Bhí fál go haer romhainn maidir leis an gceann seo.
You might as well be talking to the ~. 1 Is cuimilt mhéire do chloch é. **2** Tá sé mar a bheifeá ag iarraidh tine a fhadú faoi loch.

wand
I can't just wave a magic ~! Níl slaitín draíochta agam!

wane
His / Her / Their star is on the ~. Tá a réalta ag meath.

want
for ~ of a better word de cheal focail eile
for ~ of imagination d'uireasa easpa samhlaíochta
He was put in the scales and found ~ing. Cuireadh sa mheá é agus fuarthas folamh é.
I ~ for nothing. Níl easnamh ar bith orm.
to be in ~ bheith ar an ngannchuid, bheith ar an anás

war
~ of words 1 cogadh béil **2** sáraíocht
Europe was on a ~ footing. Bhí an Eoraip i dtreo cogaidh.
I'm ~ -weary. Táim tuirseach traochta den síorchogadh/ síorchoimhlint.
The ~ to end all ~s. An cogadh a chuirfeadh deireadh le cogadh ar bith eile.

You look as if you've been in the ~s lately. Tá a dhealramh ort go bhfuair tú do chíorláil le tamall beag anuas.
(see also: ***warpath****)*

warm
~ thanks! Buíochas ó chroí!
She has a ~ heart. Tá croí mór aici.
The athlete ~ed up before the race. Rinne an lúthchleasaí é/í féin a théamh (suas) roimh an chluiche.
The game was ~ing up. Bhí beocht ag teacht sa chluiche.
We never ~ed to one another. Ní raibh eadrainn choíche ach aithne na mbó maol ar a chéile.
You're getting ~. *(in game)* Tá tú ag teannadh leis. Tá tú ag éirí te.

warning
~ sign comhartha rabhaidh
~! Aire!
a word of ~ focal rabhaidh
They didn't heed the ~ signs. Níor thug siad aird ar na comharthaí rabhaidh.

warpath
She's on the ~ today. 1 Tá giúmar tintrí uirthi inniu. **2** Tá sí ar lorg troda inniu.

warts
She accepted him as he was, ~ and all. Ghlac sí leis mar a bhí, a dhea-chroí agus a chuid lochtanna araon.

wash
~ your mouth out! Glan amach do bhéal!
He's a ~ed-up movie star. Is réalta scannáin atá caite i gcártaí é.
I feel ~ed out. Táim tugtha tnáite.
It will all come out in the ~! Tiocfaidh an fhírinne amach ar deireadh thiar thall.
That won't ~ with me! Ní bhainfidh a leithéid aon mhealladh asamsa!
The play was a ~out. 1 Níorbh fhiú cipín dóite an dráma. **2** Bhí an dráma go hainnis ar fad.

waste
~ not want ~! Ná bí caifeach is ní bheidh tú gann!
~ing disease cnaíghalar
Don't ~ your breath! Ná cuir do chuid cainte amú!
It's a ~ of time! Is diomailt aimsire é!
The land is going to/ is being laid ~. Tá an talamh ag dul chun báin/ á bhánú.
What a ~! Nach mór an cur amú é!
a ~ed life saol amú

watch
~ it! 1 Aire duit féin! **2** Fainic!
~ out! Bí cúramach!
~ this space! Ní hé seo deireadh an scéil!
~ your mouth! Tabhair aire do do theanga!

to keep a ~ out in case a teacher is coming bheith san airdeall ar eagla go dtiocfadh múinteoir ar an láthair
We had better ~ the time! Ba chóir dúinn súil a choimeád ar an am!

water
She went through hell and high ~ to get to the top. **1** Thug sí farraigí móra agus tinte ifrinn uirthi féin chun an barr a bhaint amach. **2** Chuaigh sí tríd an bhearna bhaoil chun an barr a aimsiú. **to ~ down a statement** **1** ráiteas a mhaolú **2** *(BÁC)* ráiteas a dhéanamh uisciúil
That argument doesn't hold ~. Ní sheasann an argóint sin.
That's all ~ under the bridge. **1** Is iomaí lá ó shin ó tharla sin. **2** *(BÁC)* Is uisce faoin droichead anois é sin.
to test the ~ **1** cúrsaí a bhraith **2** *(BÁC)* an t-uisce a thriail

watering
Where is your local ~ hole? Cá bhfuil do 'thobar' áitiúil?

Waterloo
He met his ~. **1** Fuair sé lá a threascartha. **2** Fuair sé a threascairt.
It was in the following election he met his ~. Ba sa toghchán ina dhiaidh sin ar baineadh céim síos as.

wave
to make ~s fadhbanna a chruthú
to ~ goodbye to friends slán a fhágáil le cairde
We're not on the same ~-length. Níl aon teacht le chéile eadrainn.

way
~ to go! Togha ar fad!
all the ~ an bealach iomlán
By the ~, I was speaking with Seán. Dála an scéil, bhí mé ag caint le Seán.
Do it the right ~! Déan sa tslí cheart é!
He has a nice ~ with people. Bíonn dóigh dheas aige le daoine.
He went out of his ~ to help us. Chuaigh sé as a bhealach chun cabhrú linn.
I'll find a ~ of doing it. Gheobhaidh mé caoi lena dhéanamh.
in a ~ ar bhealach
in some out-of-the-way spot i mball iargúlta éigin
in that ~ sa tslí sin
Out of the ~! Fág(aigí) an bealach!
There are no two ~s about it. Níl ach aon insint amháin ar an scéal.

wayside
The other pupils fell by the ~ in the race for points. Thit na daltaí eile ar leataobh i rás na bpointí.
to be left on the ~ bheith fágtha ar an gclaí

wayward
~ imagination samhlaíocht gan chosc
~ pupil dalta spadhrúil

weak
I'm as ~ as a kitten. Táim chomh lag le héinín gé.
He has a ~ness for the drink. Tá claon aige leis an ól.
She had a ~ness for anything sweet. Bhí luí aici le haon rud a bhí milis.

wear
Don't ~ yourself out with the work! Ná tabhair marú an daimh duit féin leis an obair!
He doesn't know any better?! – I won't ~ that! Ní thuigeann sé aon rud níos fearr?! – Ní ghlacaim leis sin!
He returned from the party looking the worse for ~. D'fhill sé ón chóisir agus drochbhail an óil air.
His excuses are beginning to ~ thin. Tá an fhoighne beagnach caite agam lena chuid leithscéalta.
I have nothing to ~! Níl aon rud fiúntach le caitheamh agam.

weather
Great ~ for ducks! Aimsir álainn do na lachain!
He was making heavy ~ of the work. Bhí sé ag treabhadh go maslach tríd an obair.
in all ~s beag beann ar an aimsir
There's stormy ~ ahead. Tá farraigí móra os ár gcomhair.
to keep an eye on the ~ súil a choimeád ar an aimsir

weave
to ~ a plot comhcheilg a bheartú
to ~ through the traffic bheith ag snoí tríd an trácht

web
~ of lies gréasán bréag
What a tangled ~ we weave when first we practise to deceive! Nach achrannach an saol don té, a d'inis paca bréag inné!

wedding
Do I hear ~-bells? An bhfuil cloigíní an phósta le cloisteáil agam?
shotgun ~ pósadh faoi bhéal gunna

wedge
I was ~d in between the two of them. Bhí mé brúite isteach idir an bheirt acu.
This is the thin end of the ~. Is é seo ceann caol na dinge é.

weed
He's a little ~. Is geosadán bídeach é.
They ~ed out the weakest candidates. Scag siad amach na hiarrthóirí ba laige orthu.

week
~ in ~ out seachtain i ndiaidh seachtaine
during the ~ i rith na seachtaine

for a ~ ar feadh seachtaine
for the past ~ le seachtain anuas
He doesn't know what day of the ~ it is! *(clueless)* Ní bhíonn a fhios aige cén lá den tseachtain é!
I'll knock you into the middle of next ~! Cuirfidh mé i lár na seachtaine seo chugainn thú!
in a ~'s time i gceann seachtaine
next ~ an tseachtain seo chugainn
this ~ and last ~ an tseachtain seo agus an tseachtain seo caite

weekend
at the ~ ag an deireadh seachtaine
bank holiday ~ deireadh seachtaine saoire bainc

weigh
It ~s heavily on my mind. Tá sé ag goilleadh go mór ar m'intinn agam.
to ~ up a situation suíomh a mheas

weight
He likes to throw his ~ around. Is maith leis bheith ag cur thairis.
I'm watching my ~. Bím ag tabhairt aire do mo mheáchan.
She was struggling with her ~. Bhí sí ag coraíocht lena meáchan.
Take the ~ off your feet! Bain an meáchan de do chosa!
That's a ~ off my mind. Is mór an faoiseamh aigne dom é sin.
to lose ~ meáchain a chailleadh
to put on ~ meáchan a chur suas

welcome
~ home! Fáilte romhat abhaile!
~ to the club! Fáilte go dtí an club!
cold ~ fáilte dhoicheallach
I was given a really warm ~. Cuireadh fíorchaoin fáilte romham.
May I try it? – You're more than ~! Ar mhiste liom triail a bhaint as? – Bain, tá fáilte is fiche romhat!
She has worn out her ~. Tá aga na fáilte caite aici.
They made us feel very ~. Chuir siad fáilte Uí Cheallaigh romhainn.
to give a person a hero's ~ fáilte laoich a chur roimh dhuine

well
As ~ as that she has Spanish. Chomh maith leis sin tá Spáinnis aici.
He's ~ up in history. Tá eolas mór ar an stair aige.
I can sing every bit as ~ as you can. Táim in ann canadh gach pioc chomh maith leatsa.
I meant ~. Is le dea-rún a rinne mé é.
I was there as ~. Bhí mise ann chomh maith.

It's ~ you came. Is maith an rud é gur tháinig tú.
She did as ~ as she could. Rinne sí a dícheall.
Take me with you as ~. Tóg mise leat freisin.
That's all very ~ (and good) but he's still only a child. Tá sin ceart go leor (agus uile) ach níl ann ach páiste fós.
The patient is as ~ as can be expected. Tá an t-othar chomh maith agus is féidir bheith ag súil leis.
They are ~ off. Tá siad go maith as.
Very ~! maith go leor!
You might as ~ say she passed the exam. **1** D'fhéadfá a rá gan agóid ar bith gur éirigh léi sa scrúdú. **2** Is ionann é sin agus a rá gur éirigh léi sa scrúdú.
You would do ~ not to mention it. Ba é do leas é gan é a lua.

west
to go ~ dul siar
to come from the ~ teacht aniar
in the ~ of Ireland in iarthar na hÉireann

wet
He's still ~ behind the ears. Tá sé glas go fóill.
I'm soaking ~. Táim fliuch báite.
to ~ one's whistle do phíobán a fhliuchadh

whale
They had a ~ of a time on holiday in Malaga. Bhí an-saoire acu i Malaga.

what
~ about a game of cards? Cad a déarfá le cluiche cártaí?
~ for? Cad chuige?
~ I feared has happened. An rud a raibh eagla orm roimhe, tharla sé.
~ is it like? Céard leis is cosúil é?
~ next?! A leithéid!
~ of it? Nach cuma?
~ with one thing and another, I clean forgot. Idir seo agus siúd, rinne mé dearmad glan air.
~'s that? Cad é sin?
~'s that in Irish? Cad é sin as Gaeilge?
~'s that for? Cad chuige é sin?
~'s with Seán today? Cad tá ar Sheán inniu?
And ~'s more, he's a liar! Agus ina theannta sin, is bréagadóir é!
She gave them ~ for. Thug sí íde béil dóibh.
She knows ~'s ~. Níl aon néal uirthi siúd.

wheat
to separate the ~ from the chaff an grán a scaradh ón lóchán

wheel
~s within ~s rothaí laistigh de rothaí

fifth ~ duine gan iarraidh
The ~ has turned full circle. Tá an roth tar éis casadh iomlán a dhéanamh.
the ~ of fortune roth na cinniúna
The Big Wheel of Life *(book title)* Rotha Mór an tSaoil
to ~ and deal bheith ag scéiméireacht
to put your shoulder to the ~ cromadh isteach ar an obair
to reinvent the ~ cosa crainn a chur faoi chearc
to set the ~s in motion tús a chur le rudaí

whatever
~! Nach cuma!

where
~ do you think you're going?! Cá bhfuil tusa ag dul, mura miste leat?!

while
~ I think of it ós air a bhfuilim ag smaoineamh
after a ~ tar éis tamaill
for a ~ ar feadh tamaill
in a ~ i gceann tamaill
once in a ~ anois is arís

whip
She has the ~ hand. Tá an lámh in uachtar aicise.
The management is looking for a ~ing boy. Tá ceap milleáin á lorg ag an mbainistíocht chun a mbotúin féin a cheilt.

whirl
My head is in a ~. Tá meadhrán i mo cheann.
You ought to give it a ~. Ba chóir duit iarraidh a dhéanamh air.

whirlwind
They had ~ romance for a while. Scuab cuaifeach a ngrá dá gcosa iad ar feadh tamaill.

whisker
They won the election by a ~. Is ar éigean gur bhuaigh siad an toghchán.

whisper
~ing gallery ceárta cheilge
in a stage ~ i gcogar a chloiseann cách
It is ~ed that she wants to marry him. Bíonn sé ag dul thart os íseal go dteastaíonn uaithi é a phósadh.

whistle
~-blowers lucht séidte feadóige
as clean as a ~ chomh glan le criostal
She blew the ~ on what was going on. Nocht sí an scéal faoina raibh ar siúl.
She can ~ for it! Féadfaidh sí a beannacht a scaoileadh leis!

white
~r than ~ níos gile ná an sneachta féin
as ~ as snow chomh bán le sneachta
He turned ~. Bhí an mhonarcha nua ina eilifint bhán eile.

whiz(z)
I hear he's a bit of a ~ -kid. Cloisim gur féidir leis míorúiltí a dhéanamh.
She ~ed past us. Sciorr sí tharainn ar luas lasrach.
who
~ cares?! Nach cuma?!
~ does she think she is?! Cad é an chéimíocht a mheasann sí bheith aici?!
~ on earth are they?! Cé faoin spéir atá iontu?!
~'s ~? Cé hé gach duine?
Knock! Knock! ~'s there? Cnag! Cnag! Cé 'tá ann?
With ~m were you speaking? Cé leis a raibh tú ag caint?
wholesale
~ slaughter ár coitinn
It's ~ robbery! 1 Is é an ghadaíocht i lár an lae ghil é! **2** Is gadaíocht gan náire é!
why
~ not? Cad chuige nach ea?
the ~s and wherefores of the case bun agus lorg an cháis
wick
He gets on my ~. Feidhmíonn sé ar mo néaróga.
wicked
a ~ sense of humour an diabhlaíocht mar acmhainn grin
That's ~! *(wonderful)* Tá sin thar barr!
That's a ~ dress! Is millteanach an gúna é sin!
The weather was ~. *(very bad)* Ba chaillte an aimsir í.
wild
~ horses wouldn't drag it out of me. Dá mbrisfí coill orm, ní sceithfinn é.
The kids ran ~. D'imigh na páistí le báiní.
to go into the ~ dul amach sna réigiúin fhiáine
will
Fire at ~! Scaoiligí de réir bhur dtola!
He did it out of ill will ~. Le mírún a rinne sé é.
He lost the good ~ of the staff. Chaill sé dea-mhéin na foirne.
She did it of her own free ~. Rinne sí dá deoin féin é.
With the best ~ in the world you won't be able to do that. Fiú má dhéanann tú do sheacht ndícheall ní éireoidh leat é sin a dhéanamh.
willies
He gives me the ~. Cuireann sé drithlíní fuachta liom.
win
~ some, lose some! Thuas seal, thíos seal – sin an saol!
~ the day! Bíodh bua an lae agat!
You can't ~ them all! Ní féidir leat an bua bheith agat i gcónaí.
You can't ~ with him! Dá gcuirfeá an cnoc abhus ar an chnoc thall, ní bheadh sé sásta leat tráthnóna.

(*see also:* ***won***)

wind[1]

He got ~ of it. Chuala sé cogar an scéil.

He ran like the ~. Rith sé ar nós na gaoithe.

if she gets ~ of it má fhaigheann sise gaoth an fhocail

It's an ill ~ that blows nobody any good. Is olc an ghaoth nach séideann do dhuine éigin.

That took the ~ out of his sails. Bhain sin an ghaoth dá sheolta.

to see which way the ~ blows **1** féachaint conas a rachaidh an scéal **2** féachaint cén aird ghaoithe atá ann

You really put the ~ up me! Nach tusa a chuir eagla mo chraicinn orm!

You're sailing close to the wind. Tá tusa ag rith ar thanaí.

wind[2]

He's just ~ing you up. Níl sé ach ag spochadh asat.

windfall

That money was an amazing ~. An t-airgead a fuarthas, b'iontach an t-amhantar é.

windmills

tilting at ~ **1** ag dul i ngleic le muilte gaoithe **2** ag dul i ngleic le samhailtí

window

~ of opportunity áiméar an aga

That's just ~ dressing. Níl ansin ach seó.

We went ~-shopping. Chuamar ag féachaint timpeall na siopaí.

wine

~, women and song radaireacht agus ragairne

He ~d and dined her. Chuir sé bia agus deoch ar an mbord roimpi.

You can't put new ~ in old bottles! Ní chuirtear fíon nua i seanbhuidéil!

wing

I haven't written a speech. I'll just ~ it. **1** Níl óráid scríofa agam. **2** Labhróidh mé gan ullmhú.

She took me under her ~. Chuir sí faoina coimirce mé.

waiting in the ~s ag feitheamh ar na cliatháin

wink

I had forty ~s. Chodail mé néal.

to tip the ~ to a person leid a thabhairt do dhuine

wipe

He ~d my eye. Chuir sé dallamullóg orm.

That will ~ the smile off his face. Bainfidh sin an gáire dá aghaidh.

to ~ out a nation náisiún a dhíothú

to ~ the slate clean **1** tosú as an nua **2** *(BÁC)* an scláta a ghlanadh

wise

~ up! Tar ar do chiall!

A word to the ~! Is leor nod don eolach!
That was a ~ move. Rinne tú an chríonnacht ansin.
Who's the ~ guy?! Cé hé an fear grinn?!

wish
~ me luck! Guigh gach rath orm!
~ful thinking comhairle in aice le do thoil
Do as you ~! Déan mar is mian leat!
I ~ to God I'd never met him. Mo léan go géar gur casadh orm é.
I ~ you well! Mo bheannacht leat!

wit
flash of ~ léaspairt
He has a quick ~. Is aibí an greann a bhíonn aige.
I'm at my ~'s end. Tá mé i mbarr mo chéille.
Keep your ~s about you! Bí go hairdeallach!

witty
to pass a ~ remark focal deisbhéalach a rá

witch
She's an old ~. Is seanchailleach í.
~-hunt feachtas géarleanúna

with
I am ~ you there. Táim ar aon tuairim leat ansin.
To hell ~ him! Go mbeire and diabhal leis é!

wobbly
I'm a bit ~ on my feet. Ní bhím ró-chinnte ar mo chosa.

woe
~ is me! Mo léan!
tale of ~ scéal ainnise

wolf
He cried ~ once too often. Bhí scéal chailleach an uafáis aige go ró-mhinic.
He's a lone ~. Is cadhan aonair é.
to throw a person to the wolves duine a chaitheamh chuig an gconairt
We manage to keep the ~ from the door. Éiríonn linn an gorta a choinneáil uainn.

won
He ~ over his audience. Thug sé a lucht éisteachta leis.
They ~ through in the end. **1** D'éirigh leo sa deireadh. **2** Bhí an bua leo sa deireadh.

wonder
~s will never cease! Cé a chreidfeadh a leithéid!
It's no ~ she's upset. Ní haon ionadh é go bhfuil sí trína chéile.
No ~ you're tired! Ní nach ionadh go bhfuil tuirse ort!
This medicine will work ~s for you. Déanfaidh an leigheas seo maitheas an domhain duit.

wood

There's too much dead ~ in management. Tá an iomarca den seanadhmad sa bhainistíocht.

Touch ~! Dia idir sinn agus an t-olc!

We can't see the ~ for the trees! Táimid caillte sna mionrudaí ar fad!

We're not out of the ~s yet. Nílimid thar an mbarra go fóill.

wool

His answer was a bit ~ly. Bhí an freagra a thug sé pas beag doiléir/ fánach.

She pulled the ~ over my eyes. Chuir sí an dallamullóg ormsa.

word

~ came that he was dead. Tháinig scéala go raibh sé marbh.

~ for ~ focal ar fhocal

~s fail me. 1 Níl insint bhéil agam air. **2** *(BÁC)* Loiceann na focail orm.

by ~ of mouth ó bhéal go béal

Gross isn't the ~ for it! Ainnis – ní hé sin an focal dó.

He never has a good ~ for anyone. Ní bhíonn focal deas le rá aige faoi dhuine ar bith.

I give you my ~. Tugaim m'fhocal duit air.

I kept my ~. Chuir mé le m'fhocal.

I'll have a ~ in his ear if you like. Cuirfidh mé cogar ina chluas más mian leat.

I'll not hear another ~ about it. *(kind act)* Ná cloisim an dara focal faoi.

in a ~ i bhfocal amháin

in other ~s lena rá ar chaoi eile

It is too stupid for ~s. Ní fhéadfá cur síos a dhéanamh ar cé chomh bómánta is atá sé.

Just say the ~! Ní gá ach an focal a rá.

My ~! Dar le m'fhocal!

The ~ of God Briathar Dé

We had ~s. D'éirigh eadrainn.

work

~ to rule obair de réir rialach

construction ~s obair thógála

Does that ~ for you? An oibríonn sin duit?

Everything is in good ~ing order. Tá gach uile rud i bhfearas go maith.

It's a ~ of art. Is saothar ealaíne é.

It's all in a day's ~. Is cuid den obair laethúil é

Keep up the good ~! Coinnigh leis an dea-obair!

restoration ~ obair athchóirithe

There is a new edition in the ~s. Tá eagrán nua ar na bacáin.

to throw a spanner in the ~s bata a chaitheamh sa roth

We'll ~ something out. Tiocfaimid ar shocrú éigin.

When she was at the hairdressers, she got the ~s. Nuair a bhí sí ag an ghruagaire, rinne siad jab iomlán ar a cuid gruaige.
You certainly have your ~ cut out. Nach obair na gcapall é atá le déanamh agatsa!

workman
A bad ~ blames his tools. Ní féidir a sháith de chorrán a thabhairt do dhrochbhuanaí.

world
all over the ~ ar fud an domhain
He has come down in the ~. Tá sé tagtha anuas sa saol.
He thinks the ~ of her. Ceapann sé an dúrud di.
I was in a ~ of my own. Bhí mé ag brionglóideach.
in an ideal ~ dá mbeadh an saol go foirfe
It was for all the ~ like a palace. Bhí sé díreach mar a bheadh pálás ann.
That hotel was out of this ~! Saol eile ar fad ea ba an t-óstán sin.
That's the way of the ~! Sin an saol agat!
the ~ of work an saol oibre
the ancient ~ an saol ársa
The movie was out of this ~. Bhí an scannán thar barr ar fad.
the next ~ an saol eile
The Third ~ An Tríú Domhan
The ~ and his wife were there. Bhí an saol agus a mháthair ann.
They are ~s apart. Níl cosúlacht dá laghad eatarthu.
to come down in the ~ teacht anuas sa saol
to go up in the world dul i gcéim sa saol
What a small ~! Castar na daoine ar a chéile (ach ní chastar na cnoic ná na sléibhte)!
What in the ~ is the matter? Cad faoin spéir atá cearr?

worm
He ~ed his way into her confidence. Rinne sé í a mhealladh chun go gcuirfeadh sí a muinín ann.
The ~ turned. Chas an phéist.

worn
I'm worn out. 1 Táim cnaíte. **2** Táim spíonta.
She is ~ to a shadow. Níl inti ach a scáil.
The effects of the virus have ~ off. Tá iarsma an víris imithe.

worry
Not to ~! 1 Is cuma! **2** Ná bac leis!
We hadn't a ~ in the world. Ní raibh cíos, cás ná cathú orainn.

worse
Everything is getting ~. Tá gach rud ag dul in olcas.
His behaviour was ~ than ever. Ba mheasa ná riamh a

iompar.
I'm none the ~ for it. Nílim a dhath níos measa dá dheasca.
It was a change for the ~. Athrú chun na donachta ea ba é.
She will not be on our team – ~ luck! Mar bharr ar an donas ní bheidh sise ar ár bhfoireann!
So much the ~ for him! Is amhlaidh is measa dósan!
You could do ~. Is iomaí rud ba mheasa go bhféadfá a dhéanamh.

worst
~ of all, he doesn't care. Mar bharr ar an donas, is cuma leis!
Do your ~! Déan mar is féidir leat!
If the ~ comes to the ~ we'll stay at home. Má théann an scéal go cnámh na huillinne, fanfaimid sa bhaile.
The ~ of it is over. Tá an chuid is measa de thart.
when things were at their ~ an uair ba mheasa an saol

worth
Any teacher ~ his salt would know that. Bheadh sin ar eolas ag múinteoirí ar bith gur fiú múinteoirí a thabhairt orthu.
for what it's ~ cibé ar bith is fiú é
I ran for all I was ~. Rith mé an méid a bhí i mo chnámha.
I want my money's ~. Tá luach mo chuid airgid uaim.
I'll make it ~ your while. Gheobhaidh tú luach do shaothair uaim.
It's ~ thinking about. Is fiú smaoineamh a dhéanamh air.
It's not ~ a damn. Ní fiú mallacht é.
It's not ~ the trouble. Ní fiú an saothar é.

wound
By saying that, you're only rubbing salt into her ~. Níl tú ach ag meádú ar a fulaingt agus a leithéid á rá agat.
He was licking his ~s at home. Bhí sé ag téarnamh sa bhaile.
*(see also: **rub**)*

wrap
It's a ~! Sin sin!
Let's ~ it up for the evening! Cuirimis críoch leis don oíche!
She's very ~ped up in the children. Tá sí doirte ar fad do na leanaí.
Try to keep it under ~s! Déan iarracht gan an scéal a ligean amach!

wrist
The management gave him a slap on the ~. Thug an bhainistíocht foláireamh beag dó.

writ
the family ~ large an teaghlach sínte

writing

The ~ is on the wall for him. Tá an scríbhinn ar an mballa dó.

written

It was ~ all over his face. Bhí sé le haithint go soiléir ar a aghaidh.

wrong

~ again! Dulta amú arís!

Didn't you get out of the ~ side of the bed today! Nach tusa a d'éirigh ar do chois chlé inniu!

It was ~ of you to do it. Níor cheart duit é a dhéanamh.

Rightly or ~ly I have to tell her. Le ceart nó le héigeart, caithfidh mé a insint di.

That's where you're going ~. Sin an áit a bhfuil tú ag dul amú.

to be in the ~ bheith san éagóir

Two ~s don't make a right. Ní dhearna dhá bhréag riamh aon fhírinne.

We don't want it getting into the ~ hands. Ní theastaíonn uainn go bhfaigheadh na daoine contráilte seilbh air.

What's ~ with your ears? Cá raibh tú aimsir na gcluas?

You are ~. **1** Tá tú mícheart. **2** Níl an ceart agat.

You have the ~ end of the stick altogether! Tá an chiall chontráilte den scéal ar fad agat!

You're barking up the ~ tree. Tá an diallait ar an chapall contráilte agat.

You're entirely on the ~ track. Tá tú dulta amú ar fad.

You've got it all ~! Tá sé go contráilte ar fad agat!

Y

yard

Not in my back ~! Ní ar leac mo dhorais-se

year

~ in ~ out gach bliain gan eisceacht ar bith

during the ~ i rith na bliana

for a ~ ar feadh bliana

in a ~ i gceann bliana

It would put ~s on you! Chuirfeadh sé i dtreo na huaighe thú!

last ~ an bhliain seo caite

next ~ an bhliain seo chugainn

since the ~ dot ó thús ama

this ~ i mbliana

*(see also: **donkey**)*

yes

~ and no tá agus níl

yesterday

I wasn't born ~. Ní leanbh ó aréir mé.

the day before ~ arú inné

young

the ~ an t-aos óg

the ~ at heart iad atá óg ina gcroí

Z

zenith

at the ~ of his power i mbarr a réime

zero

~ **hour** an spriocuair

~ **point** pointe nialais

~ **tolerance** neamhfhulaingt

The photographers ~ed in on the star. Chruinnigh na grianghrafadóirí go díreach isteach ar an réalta.

zigzag

to go in ~s dul i bhfiarláin

The road ~s all over the place. Tá gach re cor agus casadh sa bhóthar.

zip

Put a ~ in it! 1 Bí beo leis! *(Hurry up!)* **2** Dún é! *(Be quiet!)*

to ~ past us scinneadh tharainn

A

Ability/inability

an **art** to it
an **ear** for music
as far as I can **tell**
as **well** as she could
beyond my **ken**
bit of a **whiz**-kid
can **swim** like a fish
can't sing for **toffee**
dab hand at
down to fine **art**
fingers and thumbs
gift for singing
green fingers
ham actor
has what it takes
He couldn't **hack** it.
head for maths
hidden **depths**
I can't **help** it!
It's **beyond** me.
Jack of all trades
keen **eye** for fashion
know what's **what**
lost his **touch**
off his **game**
rear end from **elbow**
She plays by **ear**.
streets **ahead** of us
string to my **bow**
to his **finger**tips
two left **feet**
up to the job

Action/activity

Action stations!
ants in his pants
bolt upright
caught in the **act**
early **bird** catches
Full steam **ahead**!
Going, going, gone!
hive of activity
in the **middle** of
It's all **systems** go!
out of/in **use**
piece of the **action**
to get in on the **act**
to take **action**
try my hand at
under the **hammer**

Admiration/praise

any **brownie** points
beyond **compare**
beyond praise
Bully for you!
Fair play to you!
feather in her cap
full **marks** for
Good **call**!
Good for you!
hard **act** to follow
has her **moments**
He's a **sound** man!
It's a class **act!**
Long live Ireland!
no **better** person
Not **bad**!
on a **pedestal**
one in a **million**
one of your **admirers**
pat on the back
power to **elbow**
praise to skies
quite something
raised the roof
real **trooper**
risen in my esteem
sincerest **flattery**
singing her **praises**
speaks volumes for
the **apple** of my eye
the red **carpet**
thinks the **world** of
Three **cheers**!
to **bow** the knee
to **hand** it to you
to his **credit**
waxing **lyrical**
Well **said**!
where **credit** is due
You crafty **devil**!
You're a **gas** man!
You're a **legend**!

Advantage

at a **disadvantage**
best of both worlds
got the **jump** on
in your own **interest**
It's a big **plus.**
keep **ahead** of game
she had the **edge** on
she took **advantage**
to **cash** in on
to gain **upper** hand
to your **advantage**
trick up **sleeve**
turned the **tables**
whole **beauty** of it

Age/aged

Act your age!
adult film
be **adult** about this
first **flush** of youth
for **donkey**'s years
golden **oldies**
He's **past** it!
How old are you?
in her **prime**
in his **glory** days
long in the **tooth**
look your **age**
men from the boys
of a **certain** age
of uncertain **age**

old **dog** new tricks
over the **hill**
past her best
past his sell-by-**date**
ripe old **age** of 90
second-**hand**
seen **better** days
senior moment
the golden **age**
the old **guard**
to a **grasshopper**
to come of **age**
to feel my **age**
under**age**
wet behind the ears

Agreement

Agreed!
All **right**!
And **how**!
at **one** with
down to the **ground**
Enough **said**!
Good enough!
I **expect** you're right.
I'm **game**!
I'm on **board.**
I'm **with** you there.
inclined to agree
Not half!
Now you're **talking**!
on the **dotted** line
Put it there!
Quite so!
same hymn sheet
Say no **more**!
say you're right
struck a **chord**
Tell me about it!
that **said**
That's the **stuff**!
This is it!
to fall into **line** with
truth in what
What the **heck**!
words out of **mouth**
You are **quite** right!
You **said** it!

Ambition/goal

ahead of yourself
asking for the **moon**
lowered her sights
sights **set** on being
than she could **chew**

Amount

at the **most**
at the very **least**
bags of time
baker's **dozen**
be it ever so **little**
beyond **measure**
by a **long** chalk
charisma in **spade**s
Devil the bit!
drop in the ocean
eats **little** or nothing
few and far between
fingers of one hand
for the **most** part
grain of truth
I've **tons**.
in **force/strength**
in some **measure**
into the **bargain**
It's no great **matter**.
more the **merrier**
large/small **scale**
low in potatoes
matter of days
more or less
mountains of work
not in the **least**
oceans of space
place was **pack**ed
plenty more **fish**
quantum leap
shade too long
sweet Fanny Adams
ten a penny
That's your **lot**!
the lion's **share**
the vast **majority**
thick and fast
thin on the ground
to the nth **degree**
up to my **neck** in
world and his wife

Anger/rage

bear; sore head
blow off steam
boiling with rage
count to ten
fit to be tied
flew off the handle
foaming at mouth
got the **better** of
have **kittens**
He is a **hot**head.
He lost his **rag**.
He lost his **temper**.
She went **ballistic**.
He'll hit the **roof**.
heat of the moment
hopping mad
hot under the collar
in a **fit** of temper
lashing out at
looking **daggers** at
makes **blood** boil
on the **warpath**
red rag to a **bull**
see **red**
She **blew** her top.
She'll go **ape.**
short fuse
short-tempered
Temper! **Temper**!
to **bottle** up anger
to get **dander** up
to go **bananas**

up in **arms** about it
vented anger

Annoyance
a **thorn** in my side
allergy to whining
always on **at** me
annoy a saint
away with murder
bellyful of
Enough **cheek**!
fed up to back teeth
For God's **sake**!
gets my **back** up
gets on my **nerves**
gets on my **wick**
gets under my **skin**
gets up my **nose**
Give us a **break**!
He gets my **goat**.
I've had my **fill**.
It gives me the **pip**.
never stops **nagging**
pain in the **neck**
really **cheese**d off
sick and tired of it
sick to **death** of it
sticks in my **craw**
to get a **rise** out of
What a **grind**!
What a **nuisance**!
What a **pain**!

Appearance
a **hedge** backwards
acceptable **face** of
at face **value**
bark than bite
best foot forward
birthday suit
blank expression
brown as a **berry**
by **looks** of things
caught the **sun**
dress it up
dress up to the **nines**
face like back of **bus**
fit to be **seen**
for **show**
in the **nude**
judge **appearance**s
just for appearance
keep up **appearance**s
like a **bay** window
looks; deceptive
million dollars
no **oil-**painting
Not a pretty **sight**!
on the **face** of things
pleased with
pop up from
pretty as a picture
She's no **oil** painting.
sticking out a **mile**
strikes me as being
talk of the **devil**
to take **shape**
what a **sight**
You look a **fright**!
you've **seen** a ghost

Arrogance
a bit **rich**
a lot to **say** for
above himself
as if he **owns** it
full of himself
God's gift to
gone to his head
grandeur **delusions**
high and mighty
holier than thou
looks down nose at
lord **muck**
on his high **horse**
the **bee**'s knees
the cat's **pyjamas**
to **lord** it over
too **big** for his boots
too much for **granted**
very **self-**righteous

Attack/scolding
bit the **nose** off me
cut down to **size**
cut the **ground** from
down a **peg** or two
dressing down
flea in her ear
gave him an **ear**ful
gave them **what** for
gave me a **roasting**
gave such a **slating**
giving out pay
had it in for me
hauled over **coals**
his wings **clipped**
I got it in the **neck**.
in the **firing** line
jumped down **throat**
keeps on at him
kick in the pants
knock his block off
piece of my mind
read the riot **act**
She **bit** my head off.
She'll **eat** me alive!
tear **limb** from **limb**
The **gloves** were off.
to go for the **jugular**
to take a **poke** at
took him to **task** over
under **fire** from the
veiled hostility
went to **town** on him
wiped the **floor** with

Attendance
an **appearance**
He is **absent**.
present and correct!
there **all** along

Attention/alertness
an **eyeful** of this

attention-seeking
Bear that in **mind**!
catch eye
caught off **guard**
dances **attendance**
ear to the ground
eyes in back of head
hang on every word
keep an **eye** on
keep **wits** about you
Lend me your ears!
lower your guard
Mark my words!
never misses a **trick**
on the **ball**
Pay **attention**!
presence of mind
pricked up his ears
sit up and take **notice**
smell the **coffee**
take **eyes** off
to be on the **alert**
to make a **scene**
watched like **hawk**
wide **awake**

Attitude/relationships

attitude problem
He's a bad **loser**.
in good **grace**
in this **regard**
treat me like a fool
treated him like dirt
very **upbeat**

Authenticity

from **horse**'s mouth
heart of **hearts**
It's the **real** deal!
showed true colours
the **genuine** article
to speak my **mind**

B

Badness/foulness

Bad things **happen**.
cheap and nasty
in bad **books**
in **league** with Devil
living in a **pig**sty
man **down** below
meat has gone **off**
out of sheer **spite**
rotten to the core
skeleton; **cupboard**
skulduggery
That place is a **kip**!
They are **bad** news.
to high **heavens**
to make **mischief**
What a filthy **swine**!
You are the **pits**!
Why don't **listen**?

Balance/equanimity

as good as she **gets**
balancing act
bat an **eyelid**
cool and collected
cool customer
even stevens
hang in the **balance**
Keep **cool**!
level-headed person
little **give** and take
on an even **keel**
on **balance**
rough with smooth
split the **difference**
the middle **ground**
the **pros** and cons
tipped the **scales**
to **lurch** side to side
too many **chiefs**
We're **even** now.
wrongs make right

Banishment/removal

Away with you!
Beat it!
Clear off!
darken door again
foot in my doorway
given the **push**
Go **jump** in the lake!
good **riddance**
Hop it!
kicked upstairs
marching orders
out of the **picture**
Out you go!
put out to **pasture**
sent him packing
showed the **door**
To hell **with** him!
told where to **get** off

Beginnings

at **first**
back to **square** one
break new **ground**
curtain-raiser
First things **first**!
foot in the door
for **openers**
from the word **go**
get **show** on road
get the **ball** rolling
in on **ground** floor
in the first **place**
Let's get **crack**ing!
Let's hit the **road**!
new kid on **block**
Ready, steady, go!
scratch the surface
since the **year** dot
start from **scratch**
tip of iceberg
the green **shoots** of
thin end of **wedge**
to break the **ice**

to **draw**ing board
to **set** to work
to take the **plunge**
wheels in motion

Behaviour
as good as **gold**
creature of habit
dos and don'ts
from force of **habit**
got out of the **habit**
hen on hot griddle
keep a **civil** tongue
make an **exhibition**
not the done **thing**
peeping Tom
right little **demon**
stepped out of line
Stop your **horse**play!
to **act** the maggotto
act the goat
to kick the **habit**
to play to the **gallery**
tooling about
up to no **good**

Boastfulness
blowing **trumpet**
fancies himself
showing off
talking **big**
to **crow** about
went to his **head**

Boundaries/limits
as far as it **goes**
as long as I **live**
draw the line at
Enough is **enough**!
glass **ceiling**
Iron **Curtain**
knows no **bounds**
only a mere **mortal**
out of **bounds**
to **cross** Rubicon
to draw line in **sand**
to push **envelope**
You are the **limit**!

Bullying/coercion/ mocking
always on my **back**
always on my **case**
butt of every joke
driven to it
elbowed his way to
forced my **hand**
iron **fist** in velvet
leaned on him
needling him
picking on me
play **cat** and mouse
pressing him to
she **put** him up to
to **kick** when down
to poke **fun** at
twisted my **arm**

C

Caution/advice
again in **hurry**
alarm bells ringing
at your **peril**
bitten twice shy
caution to the wind
chink in **armour**
cuts both ways
do yourself **injury**
don't rock **boat**
eggs in one basket
err side of caution
foot in both camps
for a rainy **day**
Fore! *(golf)*
give h**eads** up
hedging his **bets**
hole; stop digging
It's your **lookout**!
just in **case**
keep at **arm**'s length
keep **away** from
keep on your **toes**
lower your guard
not on your **life**
on no **account**
on **red** alert
precaution **measure**
puts a **foot** wrong
rap on the **knuckle**s
safe than sorry
shot across the bows
sleeping dogs lie
than **job** is worth
the **devil** you know
think **twice**
to **nip** in the bud
to raise the **alarm**
twixt **cup** and lip
walk on eggshells
while **going** is good
with a **bargepole**
word of **warning**
You'd **better** leave.
your **funny** business

Celebration
Happy birthday!
Happy **New** Year!
I **give** you the bride!
Happy anniversary!
Many returns!
Merry **Christmas!**
painted town red
to kill **fatted** calf

Certainty
absolutely **certain**
Are you **dead** sure?
cut and dried
in all **probability**
It's on the **cards**.
nail **colours** to mast
no **awards** for

no **bones** about it
No **doubt** about it!
no **question** of it
no two **ways** about
on good **authority**
open and shut case
out of the **question**
Pope a Catholic
Rest assured!
Sure thing!
without **question**
You **bet**!
You can **bank** on it!

Challenge
baptism of fire
Bring it on!
had it out with him
I **dare** you!
I took **issue**
isn't a **bed** of roses
one-horse race
pit your wits against
run for my money
She called my **bluff**.
than I **bargain**ed for
threw **gauntlet**
to up the **ante**
with the big **boys**
You're **on**!

Change
blows hot and **cold**
change of **scenery**
changed his tune
chop and change
hear to the **contrary**
highs and lows of
laugh on other side
Mr **Nice** Guy
new ball game
once a thief, always
ring in the changes
rip up the rulebook
seamless transition
The **worm** turned.
to change our **plans**
to **reverse** a ruling

Choice/preference
blue-eyed boy
have it both ways
I would as **soon** not
It's **up** to you!
keep **options** open
lesser of two evils
more **fish** in the sea
no **account**ing for
nothing else for it
of her own free **will**
only **gig** in town
pick and choose
piper, calls tune
Put up or shut up!
reached **crossroads**
spoilt for **choice**
Take it or leave it!
torn between two
Variety spice of life

Circumlocution
A **roundabout** way
long **story** short
to beat around **bush**
to **skirt** the issue

Clarity
blow by **blow**
daylight robbery
in **black** and white
in **broad** daylight
It stands out a **mile**.
like a sore **thumb**
make myself **clear**
plain as a **pikestaff**
pure and simple
read him like a **book**
staring in the **face**
to **spell** it out

Class/classification
bottom of the **pile**
coat **fit** for a king
common as muck
common or garden
first among **equals**
high-brow literature
in high **places**
in the first **instance**
the **jet** set
the **rank** and file
top **spec**
wheat from chaff
with a **silver** spoon

Comfort
as warm as **toast**
close for **comfort**
creature comforts
doesn't **sit** well with
happy **medium**
lives in **clover**
of small **comfort** to
middle course
put out of **misery**
the life of **Reilly**
The **Middle** Way
weight off my mind

Communication/speech
a **frog** in her throat
by **word** of mouth
call **mobile**
Double **Dutch**
Drop me a **line**!
for talking's **sake**
gave the **game** away
Give me a bell!
Give me a **tinkle**!
google it
got **news** for you
headline news
heard on **grapevine**
his **parting** words

I have the **floor**!
keep you **posted**
Just say the **word**!
kissed Blarney
living language
made **feelings** clear
maiden speech
making **eyes** at me
native speaker
networking
never **stops** talking
news **scoop**
nineteen to the **dozen**
no **news;** good **news**
nod as good as wink
off the **cuff** answer
passing comment
rabbiting on
shoot the **messenger**
shooting the **breeze**
shout from **rooftops**
strong **language**
stuck for words
Text me!
Text **message**
the gift of the **gab**
the **gutter** press
the **hind** legs off a
the **tip** of my tongue
to drop a **hint**
to speak off the **cuff**
to use bad **language**
to vent her **feelings**
Twitter
Twitterati
word in **edge**ways
word in his ear
Words fail me.

Comparisons

as a **ram**'s horn
as **bald** as a coot
as **blind** as a bat
as **bold** as brass
as **bright** as a button
as **busy** as a bee
as clean as a **whistle**
as clean as a new **pin**
as clear as a **bell**
as **clear** as crystal
as **clear** as day
as **clear** as mud
as **dead** as a dodo
as dead as **doornail**
as **deaf** as a door post
as **dry** as a bone
as easy as **pie**
as **flat** as a pancake
as **fresh** as a daisy
as gentle as a **lamb**
as good as **new**
as grains of **sand**
as **green** as grass
as happy as a **lark**
as happy as **Larry**
as **keen** as mustard
as **light** as a feather
as **live**ly as a cricket
as **neat** as a new pin
as **nice** as pie
as **old** as the hills
as **pleased** as Punch
as **proud** as peacock
as **proud** as Punch
as quiet as a **mouse**
as **quiet** as the grave
as **silent** as the tomb
as smooth as **silk**
as **sober** as a judge
as steady as a **rock**
as **straight** as a die
as thin as a **rake**
as **weak** as a kitten
as white as a **sheet**
as **white** as snow
compare notes
different as **chalk**
happy as a **sand**boy
hold a **candle** to you
honest as day is long
in the same **league** as
like nothing on **earth**
mad as a march hare
mad as a hatter
no **match** for you
not a **patch** on you
nothing **like** as
on a **par** with
poor as a **mouse**
pure as driven snow
puts me in **shade**
small compared to
stubborn as a mule
sure as **eggs** is **eggs**
sweating like a **pig**
What is it like?

Compassion/caring

angel of **mercy**
find it in my heart
for **pity**'s sake
for small **mercies**
heart goes out
kick when down
Sharing is caring!

Compliment

compliments chef
My **compliments**!
You're an **angel**!

Concealment

behind the **scenes**
cards close to chest
cover of darkness
cover your **tracks**
covers multitude
He's very **reserved**.
if we **lay** low
into thin **air**

keep low **profile**
light under a **bushel**.
on the **QT/quiet**
out of sight
paper over **cracks**
play **down** affair
red tape
sweep under carpet
than meets the **eye**
to keep a **lid** on it
under **cover**
under the **fog** of
went to **ground**

Concern/sympathy
concerns me greatly
deepest sympathies
far as **concern**ed
for my **part**
my heart **bleed**s for
none your **concern**
worried **sick** about

Concession
present **company**
to make **allowances**
you can't **win** them

Conclusion
all is said and done
and an idiot to **boot**
at **length**
at long **last**
at the end of the **day**
brought to a **head**
cheesy ending
done and dusted
done with magazine
Game, set, match!
I **jack**ed it in.
I rest my **case**.
in **heel** of the hunt
in the final **analysis**
in the long **run**
It's as **good** as done!
It's in the **can**!
jump to **conclusion**s
last but not least
last of **Mohicans**
nothing to be said
once and for all
over bar shouting
over and done with
sealed and **deliver**ed
That's that!
The end is in **sight**.
till the **fat** lady sings
to fight to the **finish**
to have **last** word
to **knock** off work
until the **bitter** end
when **chip**s down
where it's **at**

Condescension
and whose **army**
banana republic
faint **praise**
general **dog**sbody
give the time of **day**
looks down her nose
make me **laugh**
only **chicken** feed
throws **cold** water

Condition(s)
as **matters** stand
at any **rate**
at that **rate**
burnt to a cinder
frozen to **marrow**
in a **bad** way
in any **case**
in no **uncertain**
in reasonable **nick**
lends self to tourism
no **circumstances**
no **string**s attached
one **reservation**
other things equal
piping hot
play second **fiddle**
the **case** in question
to dictate **terms**
under **circumstance**
with **reservations**
without **reservation**

Conflict/competition
another's **throat**
at **daggers** drawn
at **loggerheads**
at **odd**s with
beat at own game
bone of **contention**
contradiction in
It's **dog** eat **dog.**
jockeying for
pen is **might**ier
survival of fittest
the **cut** and thrust
the **rat** race
They fell **out** over it.
to cross **swords**
war of words
We had **word**s.

Confusion/mess
at cross **purposes**
at sixes and **sevens**
been a **mix**-up
blinded with science
got wires **cross**ed
hash of everything
head is in a **whirl**
head is **swim**ming
headless **chicken**s
It **puzzle**d me.
left **scratch**ing heads
lost the **plot** entirely
messing with head
My brain is **addle**d.
remark **threw** me

round in **circle**s
tail wagging the dog
talk in **riddles**
That **stump**ed me.
to **muddy** the waters
to upset **apple** cart
upside down

Consequence/karma
all hell to **pay**
a lot of **good** it'll do
asking for it
As ye sow, ye **reap**!
blessing in disguise
bread upon waters
by **virtue** of her age
chickens to roost
comes **around**
dog has its day
efforts bore **fruit**
goes **around**
He had it **coming.**
his **just** deserts
It **serve**s you right!
one **thing** led to
owing to the **fact** that
stew in own juice
The **joke**'s on him.
the **upshot** of it was

Contact
be in **touch** with you
crossed **path**s
I've lost **touch** with
met in **person**
to **pay** a visit

Control
at his **beck** and call
at the **helm**
beyond our **control**
beyond **pay** grade
Big **Brother**
brainwashing
calls the shots
cracking down on
divide and conquer
eat out of her hand
everything in **hand**
finger in every **pie**
finger on the **pulse**
He runs a tight **ship**.
hold illness at **bay**
holds **purse** strings
in her **pocket**
in the driving **seat**
led him by the **nose**
out of **control**
out of **hand**
out of my **grasp**
pulled rank on him
pulling her strings
putty in her hands
rules the **roost**
some **hold** over him
the **ring**leader
the **whip** hand
under **control**
under her **thumb**
with a rod of **iron**

Cooperation/compromise
all **muck**ed in
arm in **arm**
as **thick** as thieves
can't **beat**, join
hand in glove
in **cahoots**
in **tandem**
Live and let **live**!
play **ball**
played along with
playing **hard** to get
put heads **together**
scratch my back
share and **share**
shoulder a burden
shoulder to
team player
to close **ranks**
to meet **halfway**
two to **tango**

Corruption/unfairness
backhander
didn't **play** fair
dirty work
fell **foul** of the law
hacked an account
hand in **cookie** jar
He was **frame**d.
He was **set** up.
He's on the **make**.
He's on the **take**.
his fingers in the **till**
hit and run
hotbed of corruption
ill-gotten gains
insider trading
jobs for the **boy**s
loaded **dice**
off back of **lorry**
robbing us blind
sharp **practice**
She **nick**ed my pen.
smash and grab
The **game** is up!
thieving cow
to **aid** and abet
to **flog** stolen goods
grease **palm**
to move **goal**posts
to **pick** pockets
trumped-up charge

Courage
ballsy thing to do
bloodied; unbowed
bold move
braved the **elements**
Chin up!
Of **conviction**s

daredevil exploits
discretion; valour
Don't lose **heart**!
Fight good **fight**!
grit teeth and bear it
head on the **block**
keep **pecker** up
Never say **die**!
nothing **daunted**
put on a **brave** face
favours **brave**
step up to the **plate**
stick your **neck** out
take **bull** by horns
Take it on the **chin**!
to bite the **bullet**
to **die** with boots on
to grasp the **nettle**
to pluck up **courage**
to **roll** with punches
to step into **breach**
true **mettle**

Cowardice

cry**baby**
hadn't the **bottle**
has a yellow **streak**
He **chicken**ed out.
He lost his **nerve**.
He's **chicken**!
I got cold **feet**.
I hadn't the **ball**s to
lily-livered
live to **fight** another
say **boo** to a goose

Criticism

amount to much
an **apology** for
armchair **critic**
bitter **pill**
butterfingers
curiosity killed cat
eyebrows **raised**
He's a **blow**-in.
place is a **dump**
to pick **hole**s in
wet **blanket**
with faint **praise**

D

Danger

car is a **death**trap
case of **do** or die
caught in **crossfire**
come to **grief**
hair's **breadth**
hanging by a **thread**
in the fast **lane**
in the **lion**'s mouth
in very **deep** water
land up in hospital
life or death
loose **cannon**
lull into a false sense
marriage on **rocks**
open a **can** of worms
out of danger
out on a **limb**
playing with **fire**
put head in **noose**
recipe for disaster
risked his **neck**
royally screwed
sailing close to **wind**
sitting **duck**
skating on **thin** ice
snake in the grass
stir up **hornets**' nest
The **fat** is in the fire!
too **hot** to handle
What **harm** in that?

Death/termination

at **death**'s door
at eternal **rest**
beyond the **grave**
came to a bad **end**
day of reckoning
days are numbered
did away with him
dig your own **grave**
dust to **dust**
famous last words
fatal **blow**
fly **flag** half-mast
gave up the **ghost**
goose is cooked
grinds to a **halt**
He bit the **dust**.
He met his **fate**.
He met his **maker**.
He **pass**ed away.
He **snuffed** it.
He's **dead** meat.
headless coachman
His **number**'s up.
in the **after**life
in the **here**after
It has **had** it.
It's all **up** with him.
It's **curtains** for him!
It's your **funeral**!
kicked the **bucket**
kiss of death
lamb to the slaughter
nail in their **coffin**
not **long** for world
on **borrowed** time
on his last **gasp**
on its/his **last** legs
one foot in **grave**
patient is **sink**ing
pay my **last** respects
pulled the **plug**
push up the **daisies**
put the **kibosh** on it

Rest in peace!
shuffle off **mortal**
six feet under
sleeps with **fish**es
swansong
the **departed**
the **end** of the road
The Grim **Reaper**
The **jig** is up.
the way of all **flesh**
They **did** him in.
to cash in his **chip**s
to **fight** to the death
to **kingdom** come
TV has gone **phut**
We're **done** for.
writing's on wall

Deception/lying

accidentally on
All glitters not **gold**
behind my **back**
black was white
bum deal
bum steer
butter wouldn't
by the **back** door
cheque bounced
cloak-and-dagger
confidence **trick**
crocodile tears
Don't **give** me that!
Don't play the **fool**!
drop the act
economical truth
false flag operation
false **pretences**
fool's **gold**
fooling yourself
Greeks; gifts
having me on
He pulled a **fast** one.
He's a **con** artist.
He's a real **poser**!
hook, line and sinker
I was **con**ned.
in **sheep**'s clothing
It sounds **fish**y.
jiggery-pokery
led a **double** life
lied through teeth
merry **dance**
monkey business
more than **prayers**
oldest trick in book
on the **fiddle**
pig in a poke
playing **game**s
poisoned chalice
pulled the **wool** over
put-up job
red **herring**
smelling of **roses**
soft-soap a person
some new **angle**
swallowed the **bait**
taken for a **ride**
tall **tale**
The race was **fix**ed.
to **butter** him up
to cook the **books**
Trojan Horse
under the **pretence**
up the garden **path**
web of lies
You're **kid**ding?
You've been **had**!
twisted the truth

Delay/hesitancy

better **late** than
delays inevitable
further **delay**
I **put** off the party.
I was **delay**ed.
Let's **wait** and see!
no **time** for delay
on the **back-**burner
playing for **time**
Quit **stall**ing!
stay of execution
to keep you **wait**ing
to **press** on
wedding on **hold**
while you **wait**
without **delay**

Delicacy/fragility

a delicate **touch**
delicate health
delicate situation
just **flesh** and blood

Dependence

apron strings
as if life **depend**ed
It **depend**s.

Desire

Do as you **wish**!
his **heart** set on
I have **half** a mind to
kill for a beer
not my **scene**
not my **thing**
say no to a beer

Despair

as a **last** resort
at a very low **ebb**
Bang **go** our chances!
clutching at **straw**s
doom and gloom
For **cry**ing out loud!
Hang it anyway!
in **deep**est despair
scraping the **barrel**

Deterioration

add **fuel** to the fire
all **down**hill
change for **worse**
getting **worse**

gone to the **dogs**
on **slippery** slope
rack and ruin
The **rot** sets in.
worst comes to

Determination/decision

be seen **dead** in it
bit between her teeth
dead **set** on it
held his own against
hell-**bent** on
if it **kill**s me
in **spite** of everything
It's **now** or never!
jury is still out
made a **bee**line for
made up my **mind**
moment of truth
not **rest** until
point of no **return**
She has an **iron** will.
stand by what I said
stand one's **ground**
Stick with it!
stop at **nothing**
stuck to his **guns**
The **die** is cast.
to **go** through with it
very **single-minded**
wild horses drag out

Difference

all the **difference**
another matter
apples and oranges
chalk and cheese
different strokes
far cry from
how **other** half lives
I **beg** to differ!
kettle of **fish**
Let's **agree** to differ!
men from the boys
new **ball** game
of a different **colour**
other side of **coin**
poles **apart**
shoe on other **foot**
tastes differ

Difficulty

between rock and
That's a tall **order!**
bitter **pill**
bogged down
cards stacked
dropped me in it
hard put to
hard way
have **work** cut out
heavy going
heavy **weather**
hit a **bad** patch
I'm in a **jam**.
I'm **stuck**.
in a lot of **hot** water
in a tight **spot**
in the hot **seat**
in the **soup**
more of a **hindrance**
mountain to climb
needle in a haystack
no royal **road**
over a **barrel**
over the **hump**
rose garden
rough and tumble
scraping a living
stumbling block
the **devil**'s own job
tied up in **knots**
tight **scrapes**
to be in a **pickle**
to be on the **ropes**
to hit rock-**bottom**
to **jump** hoops
to **scrape** through
tricky customer
tough **nut** to crack
traffic **bottle**neck
trials of life
tricky customer
backs to the **wall**
we **hit** a brick wall

Dignity/respect

and **circumstance**
beneath her **dignity**
flag at half-mast
gentleman to tips
hold head high
honour-bound to
She's a real **lady**!
lower myself
stand on **ceremony**
to **walk** tall

Disagreement

Anything but
Far from it!
I won't **wear** that!
no **meeting** of minds
not on the same **page**
parting of the ways
quite the **contrary**
see **eye-to-eye** on
takes a **dim** view of
That is not the **case**.
to **contradiction**
to **part** company

Disappointment

gave you more **credit**
put a **damper** on

Disclosure/revelation

cover was **blown**
hangs a **tale**
He spilt his **guts**.
It **dawn**ed on me.
leak story to press
out into the **open**
put in the **picture**
He **let** it slip.
spilled (spilt) beans

to break **cover**
to **out** someone
whistle-blowers

Disorder

choose at **random**
into a **free-for-all**
made a **pig**'s ear of

Disregard

blind bit of notice
blind eye to
brushed aside
bury head in sand
couldn't give a **hoot**
couldn't **give** a toss
don't think **much** of
fell on **deaf** ears
give a monkey's
give a **rat**'s ass
give us time of **day**
I couldn't **care** less!
left out in the **cold**
let herself go
look the other way
made **light/little** of
neither **here** nor
Never **mind**!
play **fast** and loose
She **laugh**ed it off.
short shrift
Take no **notice** of
That's all my **eye**.
the cold **shoulder**
turned a deaf **ear** to
What of it?
Who cares?
with a **pinch** of salt
You can **lump** it!

Disrepair/damage

on the **blink**
played **havoc** with
the **cat** dragged in

Distress/pain

agonised over it
agony aunt
cut me to the **quick**
freezing with cold
Give 'em **hell**!
He **twist**ed the knife.
It's **purgatory** for me.
life isn't worth living
living hell
no **laughing** matter
She burst into **tears**.
splitting headache
to **laugh** about
vale of **tears**

Dreaming

American **Dream**
castles in the air
cloud **cuckoo** land
Dream on!
dreams come **true**
figment of your
grass always greener
head in the clouds
in an **ivory** tower
in wildest **dreams**
in **world** of my own
pie in the sky
pipe dream
rose-tinted **spectacles**
stars in your eyes
the end of **rainbow**
went like a **dream**
white **elephants**

Drinking

a **drop** too much
as **drunk** as a lord
blind **drunk**
Bottoms up!
Cheers!
demon for the drink
designated **driver**
Down the **hatch**!
drink to their health
drink under the table
drink whiskey **neat**
drink-driver
Drinks all **round**!
drinks like a fish
drinks on **house**
drunk and disorderly
Dutch **courage**
fierce thirst
gasping for a drink
had a **skin**ful
have a quick **one**
He was **dead** drunk.
He was **smash**ed.
He's had a **few**.
It's my **round**.
knocking them back
liquid **lunch**
local **watering** hole
Name your **poison**!
nightcap
on the **tiles**
on the **wagon**
one for the **road**
one over the **eight**
one too **many**
secret drinker
tight
to drown **sorrows**
to hit the **bottle**
to sign the **pledge**
to **wet** one's whistle
under the **influence**
underage drinking
was legless **drunk**
went on a **blinder**
worse for **wear**

Drugs

He was **space**d out.
high as a kite
my **fix** of coffee
to smoke a **joint**
to **trip** out on drugs

Dullness
all work and no **play**
an old **misery**-guts
dead from neck up.
dead-and-alive sort
dog in the manger
dull as dishwater
He's a **dry** stick.
He's a real **drip**.
much **upstairs**
never **dull** moment
no one at **home**
real **pea**-brain
run-of-the-mill
set world on **fire**
slow on the **uptake**
thick as two **planks**
very **strait-laced**

Duty/obligations
duty-**bound** to say it
owe an explanation
to do one's **bit**
to hold the **fort**
world doesn't **owe**

E

Ease/comfort zone
(easier) all **down**hill
as **easy** as falling off
Bob's your **uncle**
click of his **fingers**
coasting along
cut me some **slack**
easier said than
Easy come, **easy** go!
Easy does it!
free and easy life
Go easy now!
go with the **flow**
handed on a **plate**
hands make **light**
I was **chill**ing out.
I'm **easy**.
in her **stride**
isn't **rocket** science
It's **child**'s play.
Knife; butter
made **light** work of
money for old rope
nothing easier
of least **resistance**
off a **duck**'s back
one **click** away from
piece of cake
plain sailing
pushover
Take a **chill** pill!
the **easy** way out
the soft **option**
to go **easy** on
to sugar the **pill**
touch of a **button**
walk in the **park**
with both **hand**s tied
with kid **gloves**
won **hands** down

Economy
at a **pinch**
cutting **corners**
grow on **trees**
penny-pinching
to **kill** two birds
to **scrimp** and save
to tighten our **belts**
to **trim** back on

Education/learning
carrot and stick
chalk and talk
man of **letters**
picked up Irish
Practice; **perfect**
The three **Rs**
to learn by **heart**
to learn the **ropes**
to walk before **run**
You **live** and learn.

Effort
all in my **power**
all-out effort
at great **pains**
Believe me!
busted a **gut**
by the **bootstraps**
elbow grease into it
ends of the earth
enter into the spirit
fight tooth and nail
fingers to the **bone**
good **fist** of
hammer into shape
have a **crack** at it
hell and high **water**
hell-**bent** on
I **tried** my very best.
I'll have a **stab** at it!
just **soldier** on
make a **go** of it
make **something** of
move **heaven** earth
my **damn**edest
No pain, no **gain**!
no **stone** unturned
pull out all the **stops**
put your **back** into
racked my brains
shoulder to **wheel**
singing **heart** out
sweat of my brow
sweated blood
the **spade** work
took some **do**ing
We're in **overdrive**.
working **flat** out
working **sock**s off

Enjoyment/fun
at your **leisure**
craic was **ninety**

dabbles at
did **justice** to meal
electric **atmosphere**
for **heck/hell** of it
heaven on earth
icing on **cake**
in her **element**
It was a rare **treat**.
just for **fun**
lives it up in Spain
music to my **ears**
of what you **fancy**
real party **animal**
rolling in the **aisles**
the bright **lights**
the time of my **life**
to make the **most** of
to **sow** wild oats
We had a **ball.**
where the **action** is
wine women song
your heart's **desire**

Enmity

an instant **dislike**
bad **blood** between
chip on **shoulder**
hated my **guts**
it **put** me off
just **sour** grapes
never **warm**ed to
own worst **enemy**

Enquiry

being **served**
catch what you said
fishing **expedition**
fishing for
fruitless enquiry
getting **at**
How about a drink?
How are you?
How come?
How much?
How often?
How wide?
If you don't **mind**?
It's a **big** ask.
knock knock who
loaded **question**
May I **please**?
penny for **thought**s
playing **at**
Pretty please!
take a **hint**
the **state** of play
What **gives**?
what's all the **fuss**
What's **new**?
What's the **craic**?
What's the **latest**?
What's the **story**?
What's **up**?
Where on **earth?**
Where the **heck?**
Who **goes** there?
Why not?
Why on **earth?**
You've **only** to ask.

Enthusiasm

bursting to tell you
champing at the **bit**
computer **buff**
culture **vulture**
falling; backwards
itching to do it
more the **merrier**
movers and shakers
straining at leash
to be asked **twice**
We're **raring** to go.
your **get**-up-and-go

Envy/jealousy

eat your heart out
envy of the world
green with envy
green-eyed **monster**
keep up; **Joneses**

Escape/flight

beat a hasty **retreat**
bolt for the door
for dear **life**
get-out-of-**jail** card
gets **away** with
He did a **bunk**.
He did a **runner**.
It was a **close** call.
It was a **near** thing.
leg it out of here
Let's **split**!
like a **hot** potato
make myself **scarce**
narrow escape
never get **away** with
off like the **clap**pers
out of the **woods**
ran like **anything**
She ran for her **life**.
skin of his teeth
slipped through **net**
The **bird** has flown.
to find a **loop**hole
to fly the **coop**
took to their **heels**

Essence/précis

in a **nut**shell
in **short**
the **bare** bones of
the **long** and short

Evaluation

as **good** as it gets
best of a bad **lot**
best of my **reckoning**
cheap and nasty
double-edged **sword**
He's a queer **fish**.
He's **high**ly rated.
mixed **bag**
mixed **blessing**
no great **shakes**
play was **average**

reckon you're right
rough **diamond**
six of one, half
So far so **good**!
That's a **good** one!
the **score** with
things being **equal**
to the **crunch**

Exaggeration

drama queen
He's all **mouth**.
larger than life
make a **drama** of
make an **issue** out of
mountains out of
out of **proportion**
promised the **earth**
storm in a teacup
way over the **top**

Example

for **example**
good **example**
leaf out of **book**
made an **example** of
might **rub** off on him

Excellence

far and away the best
great and the good
head and shoulders
jewel in the crown
word-**perfect**
league of her own
nothing less than
second to none
She **stole** the show.
She's a **trail**blazer.
ten out of **ten**
That's **cool**!
That's just the **job**!
the **last** word in
with flying **colours**

Excess/excessive

a little **extreme**
baby with bathwater
beyond her **means**
beyond the pale
burn **candle** at both
engine **heavy** on fuel
flogged to death
foolish in **extreme**
give him an **inch**
glut of graduates
go **overboard** with
going too **far**
highly overrated
hind legs off donkey
irons in the fire
laying on **thick**
like a fifth **wheel**
make a **meal** out of
more into **bargain**
mustn't **overdo** it
overshoot the target
pushing it a bit
pushy salesman
sledgehammer to
song and dance
splitting **hairs**
That's a bit **Irish**!
That's a **bit** much.
That's going too **far**.
That's too **much**!
to go to **extremes**
too **clever** by half
too many **cooks**
waits hand and foot

Excuse

bad workmen
bit of a **cop**-out
lame excuse
Pardon me!
Pardon my French!

Exhaustion/fatigue

falling on my feet
I'm **fit** to drop.
I'm **worn** out.
keep my **eyes** open
on the **go** all day
put **years** on you
shop till you drop

Expectation/hope

ain't seen **nothing**
as a **last** resort
as **well** as expected
came to the **point**
contrary to
counter to all
didn't **bargain** for
end of the **tunnel**
eye to being
Friday feeling
hope against **hope**
Hope springs eternal
hopes are high
I **hope** so.
in the **offing**
kept us **dangling**
looking forward to
my last **hope**
oddly enough
pan out as expected
pinned my **hopes** on
ray of sunshine
spark of hope
to **raise** hopes
what you **expect**
where there's **life**
will **turn** up
world is your **oyster**
wouldn't put it **past**

Expense/cost/price/pay

at any **price**
At my **expense**!
bells and whistles
bought it on **tick**
cheap at the price
cost a pretty **penny**
costs arm and leg
cost the **earth**

for next to **nothing**
free of charge
going for a **song**
ha'p'orth of tar
health beyond **price**
high price to pay
I got it dirt **cheap**.
It cost a **packet**.
It **cost** him his life.
It's a **bargain**!
lash out on a new car
learned it to his **cost**
Not a **sausage**!
paid top **dollar** for
pay through nose
Prices are on the **rise**.
reduced prices
rock-bottom prices
shelled out for
Spare no **expense**!
splashed out on
to cut **losses**
to foot the **bill**
to pick up the **tab**
travelling **expense**s
What's the **damage**?
Words are **cheap**.

Experience
at **first** hand
catch doing it again
got his **sea** legs
He's been **around.**
I saw it first-**hand**.
my own two **eyes**
still **green**
wet behind the ears

F

Failure/giving up
a losing **game**
all to no **avail**
blown out of water
business went **south**
came a **cropper**
came to **nothing**
damp squib
didn't **measure** up
doesn't cut **mustard**
doesn't hold **water**
drawing board
fell **apart** at seams
fell to **pieces**
flat as a pancake
get to first **base**
getting **anywhere**
going **nowhere** with
got **better** of him
got off the **ground**
He **blew** it.
He **sucks**.
I **give** up.
like a ton of **bricks**
lot to be **desired**
make the **grade**
never got off **ground**
not getting **anywhere**
not **halfway** decent
plans **fell** through
play was a **wash**out
ran out of **steam**
scheme ran **aground**
throw in the towel
to pass **muster**
wave white **flag**
We drew a **blank**.
went **belly** up
went **pear-shaped**
went to the **wall**
wide of the **mark**
without **fail**
wooden **spoon** prize

Family/home
baby **bump**
blood thicker than
born and bred in
bundle of joy
follow in footsteps
home **bird**
Home sweet **home**!
in the **family** way
in your family **circle**
morning sickness
nearest and dearest
no place like **home**
on mother's **knee**
our kith and **kin**
own **flesh** and blood
patter of tiny feet
runs in family
She is **expecting**.

Fantasy/imagination
cock and bull story
flight of fancy
in my **mind**'s eye
made-up story
make-**believe**

Fashion/dress
all the **go/rage**
Do it in **style**!
dressed to kill
dressed to the **nines**
flavour of the month
in **fashion**
looks **tacky**
make **heads** turn
nine days' wonder
on the **bandwagon**
out of **fashion**
peach of a dress
Sunday glad-**rags**
the new **buzzword**
world of **fashion**

Fate
accident waiting
come what may
comes to **worst**
cookie crumble

Don't tempt **fate**!
fate worse than
fated to meet one
hostage to fortune
in lap of the **gods**
in the melting **pot**
left to their **fate**
make or break
one of those things
sealed his **fate**
twist of fate

Fear/fright

afraid of shadow
be the **death** of me
for **grim** death
frightened out wits
frozen with fear
hair-raising tale
half afraid
heart in my boots
I was scared **stiff**.
I'm **afraid** so.
in a blue **funk**
into a **cold** sweat
jump out of her skin
living **daylights**
look over shoulder
my blood run **cold**
put the **wind** up
scared the **pants** off
scaremongering
shaking like a leaf
show his **face** here
taken **aback**
the **fear** of God into
the **heart** across me

Fidelity/tenacity

change **horses**
loyalty into **question**
make **good** on
the **party** line
to stay the **course**

Foolishness

more **fool** you
April Fool's joke
Are you **brain**-dead?
blind **leading** blind
born **yesterday**
empty **vessels**
empty words
He's a **bird**brain.
height of folly
in a fool's **paradise**
It's a lot of hot **air.**
laughed out of **court**
laughing stock
lays the golden **eggs**
load of **baloney**
load of **clap**trap
lot of **rot**
made a **fool** of
no **fool** like old **fool**
old hat
old wives' **tale**
on a **fool**'s errand
play the **fool**
She's a silly **goose**.
Sucker!
the **chattering** classes
tilting at **windmills**
to make a cat **laugh**
turkeys voting for
You silly **sausage**!

Forgiveness

a clean **sheet**
bygones be
lay to **rest**
least said soonest
let it **pass** this time
No hard **feelings**!
Put it **behind** you!
put that behind us
to bury the **hatchet**
to turn other **cheek**
to **wipe** slate clean
water under bridge

Freedom

at **liberty**
footloose, fancy-free
I took the **liberty**
It's a **free** country!
on the **loose**
prisoner at **large**
to **spread** her wings
too many **liberties**

Frequency

a dime a **dozen**
a dying **breed**
familiarity breeds
from force of **habit**
like **gold** dust
now and again
once in a **blue** moon
once in a **while**

Friendliness

an **olive** branch
bosom pal
drop in to see
fair-weather friends
hero's **welcome**
I **came** to like him.
nice **way** with
on all **fours**
see you to the door
the **common** touch
to **catch** up
to touch **base** with
Welcome home!
Will you **join** us?

Fundamentals

back to **basics**
down to **brass** tacks
know the **first** thing

Futility
banging your head
blood from a stone
cuts no **ice** with me
flogging dead **horse**
for the **birds**
gain nothing by
one **step** forward
Peter to pay Paul
till **blue** in the face
tinpot business
yesterday's **news**

G

Gambling/guessing
against all the odds
All **bets** are off!
anybody's guess
backed wrong horse
bet bottom **dollar**
bet your life
diced with death
double or nothing
Heads or tails?
hit-or-miss
I'll try my **luck**.
in for a **penny**
It's **even** money!
leap in the dark
money where mouth
mug's game
odds are
on **spec**
risked his neck
shot in the **dark**
stake my life on
That's a safe **bet**.
to take the **risk**
to toss a **coin**
We drew **lots**.
wee **flutter**

Generalisation/ approximation
by and large
general **principle**
generally **speaking**
in **principle**
in so **many** words
in the **ballpark** of
in the **main**
man in the street
on **average**
plus or minus
the **guts** of

Gossip
bad-mouthing
constant **back**biting
ears **burn**ing
It is **whisper**ed.
only **hear**say
set **tongue**s wagging

Gratitude
bite hand that feeds
Cheers, mate!
count your **blessing**s
gift horse in mouth
Half **loaf** better than
I **owe** you one.
Many thanks!
pay **tribute** to
spoiling us rotten
Thank **heavens**!
thank lucky **stars**
to be **thank**ful for
to take a **bow**
Warm thanks!
You're a **star**!

Greed
bit off more than
eyes bigger than
feathering his **nest**
hog the chocolates
lining his pockets
made a **pig** of herself
polished off sweets
to **pig** out

Guilt
blood on his hands
caught red-handed
conscience let me
have nothing on him
in all **conscience**
look me in the **eye**
point the **finger**
to **clear** my name

Greetings/toasts
All the **best**!
asking after them
Bye for **now**!
Cheers, see you!
Compliments of
Give me **five**!
Good afternoon!
Good morning!
Good night!
Good to see you!
kind **regards** to
Long time no **see**!
Nice to meet you!
peck on cheek
Take **care**!
The **same** to you!
Welcome **one** and all!

H

Happiness/heaven
all **over** the new baby
beaming ear to ear
bright-eyed

Christmas cheer
cockles of my heart
Don't postpone **joy**!
full of **joys** of Spring
happy with my **lot**
happy-go-lucky
He was all **smiles**.
I was **thrill**ed to bits.
I was **tickled** pink.
I'd be thrilled to **bits**.
in **high** spirits
in **seventh** heaven
jumping for **joy**
land milk and **honey**
like a **Cheshire** cat
made my **day**
on **top** of the world
over the **moon**
She's on **cloud** nine!
sight for sore eyes

Hardness/cruelty

a **heart** of stone
a real **slave driver**
as **hard** as nails
cruel to be kind
hard knocks
hatchet job on book
He has no **feelings**.
heavy-handed
in at the **deep** end
in cold **blood**
It was no **picnic**.
It's **sink** or swim.
Man's inhumanity to
play **hard**ball
pulls no punches
rough **ride**
takes no **prisoners**
That was a **bit** rough.
through the **mill**
We had to **rough** it.

Help

another **pair** of hands
At your **service**!
doing no **favours**
Every **little** helps.
Everyone **pitched** in.
give me a **lift**
grinds in Irish
grist for the mill
He **stood** in for me.
He's the **side**kick.
Heaven help us!
know where to turn
Lend me a hand!
over **backwards**
put a word in for
rallied round
refresh memory
saved the trouble

Health/healing/hygiene

a **power** of good
as **fit** as a fiddle
as **fresh** as a daisy
as right as **rain**
bit of a **spare** tyre
clean **bill** of health
cold **turkey**
firing on cylinders
hair of dog that bit
have a **smear** test
I'm in **top** form.
in fine **fettle**
in some sort of **shape**
iron constitution
keeps himself **trim**
least said, soonest
mend your ways
on the **mends**
out of her **system**
Physician, heal
picture of health
put on/lose **weight**
quack remedy
quick **pick**-me-up
road to full recovery
She is in the **pink**.
the **desired** effect
The **Golden** Fleece
to **chain**-smoke
to **clear** the air
to **pick** up the pieces
to **put** things right
up and **about** again
What's **wrong**?
will work **wonders**

Humiliation/disrespect

an **exhibition** of
nose out of **joint**
to **bow** and scrape
to **lower** the tonemade
a **spectacle** of
with utter **contempt**

Humour

bad **hair** day
bear with sore head
enough to laugh
gone beyond a **joke**
good one for a laugh
I did it for a **joke**.
in **fits** of laughter
Isn't he a **hoot**!
joke in good **part**
joke is on him
joker of the pack
Joking aside!
taking the **Mickey**
keep a straight **face**
killed laughing
laughed herself silly
passed off as a joke
practical joke
pulling my **leg**
quick **wit**
razor-sharp wit
shaggy-dog story
slap-stick comedy
That's a **good** one!
That's **gas**!

to see the **funny** side
tongue in **cheek**
wicked humour
witty remark
wrong side of **bed**
You're **price**less!

Hunger/food

appetite for war
early-bird **menu**
fast food
fix you something
food for thought
free **lunch**
gnawed by hunger
Grub's up!
I could eat a **horse**.
Indian takeaway
keep **wolf** from door
licked his lips
like a **bite** to eat
on a **full** stomach
sweet **tooth**
the best **sauce**
three square **meals**
Tuck in!
whetted my **appetite**

Hypocrisy

calling kettle **black**
great giving advice
He's a **lick**.
last person to talk
lip service.
Practise; preach
sucking up
to get hands **dirty**
to live a **lie**

I

Illness

as sick as a **parrot**
bit below **par**
catch your **death**
fight off this cold
going down**hill**
I had a **runny** nose.
nasty **dose**
She was **taken** ill.
She's out of **sorts**.
under the weather

Imperatives

Battle stations!
Be **prepared**!
Bear with me!
Carry on!
Charge!
Check it out!
Come again!
Come off it!
Count me out!
Cut it out!
Cut the **crap**!
Dig in!
Do it at **once**!
Do your **stuff**!
Drop dead!
Drop it, will you!
Easy on the butter!
Enter!
Fish or cut **bait**!
Get a life!
Get a **move** on!
Get **knotted**!
Give it up!
Give me **strength**!
Go **figure**!
Go fly a kite!
Hands off!
Hands up!
Hang in there, man!
Have a **bash** at it!
Have a **go**!
Help yourself!
Hold on a moment!
Jump to it!
Keep it up!
Knock it off!
Knock yourself out!
Know your **place**!
Let it **rip**!
Look **lively**!
Look **sharp**!
Move along please!
Move your **butt**!
Out of the **way**!
Out with it!
Pass me the milk!
Please stand!
Pull together!
Put a **zip** in it!
Rise and shine!
Run along!
Save your **breath**!
Say **cheese**!
Shove off!
Shut up!
Snap out of it!
Snap to it!
Speak your mind!
Stick 'em up!
Stop it!
Suit yourself!
Take it easy!
Take my word!
Use your **loaf**!
Wait a **minute**!
Wait a **second**!
Wash mouth out!
Watch it!
Watch out!
Watch your mouth!
You **stay** put!

Importance/effect

$64,000 **question**
big **noise** in politics
cuts no **ice** with me
enemy number one
first **magnitude**

flashy car
He's a big **shot**.
history in making
image-conscious
in the big **league**
into **insignificance**
lay/set great **store**
made **impression**
not a **key** issue
not to be **sneezed** at
red-**letter** day
small **potato**es
the **bottom** line
the red **carpet**
to **hammer** home

Improvement

any advance on
better off
blessing in disguise
brush up French
came into her **own**
clean up your **act**
cut above the rest
far **better** to fly
gaining ground on
great **strides**
He **grow**s on you.
I'm **much** better.
in **leap**s and bounds
open to improve
room improvement
So much the **better**!
step in direction
the world of **good**
to go one **better**
to **upgrade** to
two **heads** better

Independence/ autonomy

Englishman's **castle**
every man for
given **carte** blanche
He's his **own** man.
It **pay**s for itself.
left to own **devices**
lone **wolf**
not bend the **knee** to
of his own **accord**
off her own **bat**
paddle own **canoe**
self-**made** man
single-handed
to **pay** my own way
under own steam

Insult

add insult to injury
Damn you all!
gutter snipe
He's a **damn** liar!
He's a total **jerk**!
in-your-**face**
kick in the teeth
No **offence** intended!
old-**maid**ish
perfect idiot!
slap in the face
with **knob**s on

Intelligence

bright spark
I had a **brain**wave.
knows his **onions**
method in madness
no **flies** on him
quick on the uptake
She has **brains**.
She's nobody's **fool**.
stroke of genius
That's a **neat** trick.
the little grey **cells**
think outside **box**
to pick your **brains**

Intensity/emphasis

at full **blast**
bottom of my heart
bumper to **bumper**
Don't I **just**!
fat lot of use
fingers to the bone
for the **life** of me
fought tooth nail
fresh out of coffee
hammer and tongs
He **flat**ly refused.
heart into the work
hell of a good time
high and low
I'll be **hang**ed if
It was **hell**ish hot.
like **mad**
nobody's **business**
precious few
pressing upon us
push to shove
refuses **point-blank**
running **high**
rushed off my **feet**
something **fierce**
swore **blind**
The **extreme**s meet.
the **hell** do I care
to **knuckle** down
to **labour** the point
to set the **pace**
under **pressure**
up to my **eyes**
up to the **hilt** in debt
with all my **heart**

Intent/planning

accidentally on…
acted for the **best**
best **will** in world
crossed my mind
have something on
I meant **well**.
I'll do it **first** thing.
in good **faith**
It's no **joke**!
Let's do **lunch!**
no **axe** to grind

out of ill **will**
to **mean** business

Interest/curiosity

best**seller**
big into computers
bitten by same bug
bookworm
bug for swimming
came to **light**
Don't be so **nosey**!
going like a **bomb**
He's a **nosey** parker.
heart isn't in work
How **odd**?!
I'm all **ears**.
I'm not **keen** on it.
It's really **more**ish.
like hot **cakes**
not much of a **one** for
one-**track** mind
out of the **ordinary**
penny for **thoughts**
right up my **street**
tear myself away
the **high** spot
The plot **thickens**.
to be a **fly** on a wall
very **wrapp**ed up in
vested interests

Interference

back-seat driver
breathing down
mind own **business**
nothing to do with
real **busy**body
spoke in his wheel
to **stick** your oar in

J

Justice/fairness

by **rights**
fair and square
fair **game** for
Fair's **fair**.
fear or favour
got his **just** deserts
hoisted by petard
in all **fairness**
in **open** court
in the **dock**
it isn't **fair** on
kangaroo court
level playing field
miscarriage of
poetic justice
raw deal
rightly or **wrongly**
rough **justice**
sauce for the **goose**
to be **fair**
to bring to **justice**
to get a **square** deal
treated **square**ly
trial by jury/media

K

Kindness/hospitality

do me a **favour**
do the **honours**
generous to a **fault**
Have a **heart**!
heart in right place
heart of **gold**
home from **home**
hurt a **fly**
killing with kindness
make at **home**
milk of **human**
pay a compliment
soul of hospitality
the **shirt** off his back
Think **nothing** of it!
with kid **gloves**

Known/unknown

as far as I **know**
back of my hand
best of knowledge
chapter and verse
common **knowledge**
crumbs of info
damned if I know
fill in on everything
for all I **know**
I have no **idea**.
I haven't a **clue**.
I know him of **old**.
if the truth be **known**
in **public**
It's pure **guess**work.
keep me up to **date**
know **backwards**
know from **Adam**
know the first **thing**
knows **thing** or two
long; piece of string
new kid on **block**
new one on me
nod **acquaintance**
The rest is **history**.
There's no **knowing**.
to go **public** with
unknown **quantity**
without **knowledge**
wrote the **book** on
You can never **tell**.

L

Laziness

a **stroke** of work
caught **napping**
couch **potato**
didn't **lift** a finger
dragging his

Get the **lead** out!
grass grow under
He let things **slide**.
it's **high** time
loafing about
pull his weight
Pull your **socks** up!
put on long **finger**
rest on **laurels/oars**
She is **bone** idle.
to drag your **heels**
to **sit** on your hands
twiddling **thumbs**

Length/distance

ages since
at long **last**
changes in **pipeline**
for a **long** time
long time ago
long, long ago
long-drawn-out
outstay welcome
short and **sweet**
till my **dying** day

Liveliness

alive and kicking
full of **beans**
He's a real **live** wire.
life and soul of party
life in the old **dog** yet
new **lease** of life
play came to **life**
She's full of **pep**.
starting to **hum**
still **lead** in his pencil

Location/space

above **ground**
all over the **gaff**
all over the **place**
bottom of the **heap**
four corners of earth
from **near** and far
from **place** to **place**
hail from
here and there
here on the **ground**
in your **shoes**
left, right and centre
little **leeway**
Mecca for jazz
neck of the woods
out-of-the-**way** spot
place to stay/to eat
room to swing a **cat**.
side by **side**

Loss/lost/uselessness

at a **loose** end
at a **loss**
Bang goes the trip!
brain drain
completely at **sea**
cry over spilt **milk**
didn't **miss** much
down the **plughole**
fish out of water gave up for **lost**
gone by the **board**
He's a **dead** loss.
He's no great **loss**.
hide nor hair of her
I cut my **losses**.
I **miss** you a lot.
It's a dead **loss**.
It's of **damn** all use!
It's your **loss**!
kiss **goodbye** to
lost **soul**
middle of **nowhere**
no skin off my **nose**
no time to **lose**
out of **pocket**
up the **spout**
without a **trace**

Love/limerence

are an **item**
batty about her
blew me a kiss
blind **date**
cupboard love
going **steady**
got off with
has a **crush** on
He **fancies** her.
He is **sweet** on her.
He's a **lady**killer!
head over heels
hitting on
I love you to **bits**.
Isn't he a **dream**!
kiss-and-tell stories
light of my life
love at first **sight**
made a **pass** at
not much **love** lost
nuts about
old **flame** of mine
on the **pull**
on the **rebound**
puppy love
really **hit** it off
soft spot for
swept off his **feet**
the eternal **triangle**
to go out on a **date**
to play **gooseberry**
Two's company.
two-timer
whirlwind romance

Luck/misfortune

arrows of fortune
beginner's **luck**
Better **luck** next time!
British luck
chancing his **arm**
Don't push **luck**!
down on his **luck**
drew the short straw
dropped into his **lap**
finders keepers

good **job** you came
Good **luck**!
happy **coincidence**
Hard **cheese**!
Hard **lines**!
I should be so **lucky**!
It isn't your **day**!
like a bad **penny**
luck would have it
lucky dip
Lucky you!
on a **roll**
rains but **pours**
Rotten luck!
stroke of **luck**
the luck of the **draw**
the luck of the **Irish**
the **wheel** of fortune
Third time lucky!
to take **pot** luck
Too **bad**!
amazing **windfall**
Worse luck!
You lucky **beggar**!
You lucky **dog**!
You're a god**send**.
your **lucky** day

M

Madness/obsession

barking mad
basket case
bats in the belfry
batty idea
driving up the wall
gone **dotty**
has a **screw** loose
has a **slate** loose
head examined
He's **batty**.
He's **touched**.
isn't in right **mind**
It's sheer **lunacy**!
lost his **marbles**
lost his **mind**
not all **there**
nutty as a fruitcake
odd as two left feet
off her **trolley**
off his **rocker**
off the **deep** end
off the **rails**
off your **head**
on the **brain**
out of his **tree**
out of your mind
round the **bend**
She's **loopy**.
She's **potty**.
short of a **picnic**
what **possessed**
with the **fairies**

Magic/mystery

happen by **magic**
He's a dark **horse**!
It works like **magic**.
Land of Youth
like a **charm**
magic **carpet**
put the **evil** eye on
rabbit out of hat
the black **arts**
the **magic** touch
the **rabbit** hole
under her **spell**
wave **wand**

Manner/way

after a **fashion**
along these **lines**
any old how
as the **crow** flies
bedside **manner**
by **fair** means of foul
by **hook** or by crook
by some **means**
by **trial** and error
every which way
face to **face**
fight or flight
how she **phrased** it
in a **ham**-fisted way
in any **event**
in **fits** and starts
in like **manner**
in **reverse**
in single **file**
in **stages**
inch by **inch**
loop-the-**loop**
manner of speaking
no **means** of doing it
on the **flat** of back
one way or the other
ploughing through
the **lay** of the land
to go in **zigzags**

Marriage

confirmed **bachelor**
hatches, matches
hear **wedding-**bells
hen night/party
maid of honour
marriage; **heaven**
She is **single**.
left on the **shelf**
shotgun **wedding**
till death do us part
to **pop** the question
to tie the **knot**
to **toast** newly-weds

Mistakes

bark up **wrong** tree
better **judgement**
cock-up
drop a brick/clanger
false **alarm**
Freudian slip

got it all **wrong**
He made a **gaff**.
off the **beaten** track
putting **foot** in it
scored own **goal**
sin to be indoors
slip-up
to build on **sand**
to **shoot** self in foot
way off the **mark**
What a **screw**-up!
wrong end of stick

Money

another **dollar**
bleeding us dry
brings home **bacon**
burns hole in pocket
cash in hand
colour of money
few **quid**
free lunch
frozen account
golden **handshake**
grow on **trees**
in the **red**
laughing to the **bank**
little nest **egg**
living wage
made a **killing**
made of **money**
make a fast **buck**
money for old rope
money to **burn**
nice little **earner**
penny wise
the **Midas** touch
to earn your **bread**
to go **Dutch**
to sell family **silver**

Mood

bad **hair** day
down in the dumps
down in the **mouth**
I'm very **low**.
under a **cloud**

N

Nature

back to nature
born gentleman
call of nature
go **powder** my nose
his true **colours**
in your **pelt**
like a **duck** to water
moon in first **quarter**
moon in last **quarter**
nature in the **raw**
nature of the beast
second nature
see man about a **dog**
the **great** outdoors
the great **outdoors**
the law of the **jungle**
to go for a **leak**
to spend a **penny**
your **better** nature

Nervousness

all on **edge**
all on **tenterhooks**
biting my **nails**
bundle of **nerves**
highly **strung**
hit a **raw** nerve
knees were **knock**ing
quaking in boots
sets **teeth** on edge
She's all **nerves**.
shrinking **violet**

O

Obscurity

back of **beyond**
far-flung **corner** of
in the **dark** about
pitch **black**

Opinion/belief

best of my **belief**
from **point** of view of
guess is as good as
in my **opinion**
Judge for yourself!
matter of opinion
This is how I **see** it.
your **point** of view

Opportunity

at **first** opportunity
bird in hand
chance would be
fat **chance** of that
foot in the **door**
give my right **arm**
going a-**begg**ing
golden opportunity
grasp **opportunity**
hay while sun shines
He's a **fly**-by-night.
when one **door** closes
opportunity knocks
the **cat**'s away
to **seize** opportunity
upwardly **mobile**
We missed the **boat**.
window opportunity
while **iron** is hot

Opposition/opposing

against the **stream**
at every **turn**
devil's advocate
flies in the **face** of
I'm **dead** against it.

in the **teeth** of tough
over my dead **body**
quite the **opposite**
the **opposite** sex

Optimism

best of bad **job**
cloud; silver lining
It's all for the **best**!
look on bright side
more positive **note**
on the **plus** side

Order/rules/laws/ tidiness

above the **law**
according to **plan**
and **Bristol** fashion
as a **rule** (of thumb)
back to **back**
back to front
cart before the horse
exception; rule
fell into **place**
going like **clockwork**
golden rule
good **working** order
hard and fast rules
have the **law** on you
in **apple pie** order
in pecking **order**
in reverse **order**
It's against the **rules**.
law into own hands
law unto himself
lay the **law** down
letter of the **law**
long arm of the **law**
neat and tidy
no **law** against it
Order! **Order!**
Orders are **orders**!
out of **order**
play it by the **book**
present and correct
put **house** in order
Rules to be broken
seems to **check** out
spick-and-span
the **spirit** of the law
to tie up loose **ends**
to toe the **line**
went to **schedule**

Overwhelming/ amazement

bowled over
carried away by
drop-dead gorgeous
drunk with success
hair stand on end
in wildest **dream**s
I was all **agog.**
It **blew** my mind.
out of your **depth**
passed out with heat
rooted to the spot
runs **ring**s around
takes the biscuit
up to **ears** in debt
wind out of his sails

P

Patience/endurance

all in **good** time
at end of my **tether**
at my **wits**' end
biding my time
cross that **bridge**
for the long **haul**
hack the pressure
had it **up** to here
Have **patience**!
hold your **breath**
Hold your **horses**!
jumping the **gun**
one of those **days**
patience at an end
patience of a saint
patience of Job
put up with it
Rome built in a day
see how **land** lies
stuck it out
suffer fools gladly
the last **straw**
to grin and **bear** it
to **run** before walk
What's your **hurry**?

Peace/pacification

breathe easily
calm as millpond
for **quiet** life
for sake of **peace**
head in a crisis
Keep your **hair** on!
knickers in a **twist**
made his **peace** with
Nothing **ruffle**s him.
oil on troubled water
opium of the people
peace of **mind**
to cushion the **blow**
to **iron** out
to keep the **peace**
to **patch** things up

Perception

Beauty is in the eye
clapped eyes on
greater **scheme** of
in **perspective**
out of **perspective**
under the **illusion**

Permanence/ impermanence

fair-weather friends
here today

highs and lows
nine days' wonder
only a **stopgap**
seamless transition
set in **stone**
sticks at anything
the **same** as ever
to the **contrary**

Permission

Anything **goes**.
Be my **guest**!
blank **cheque**
by all **means**
Do as you **please**!
forbidden **fruit**
free **hand**
free **rein**
French **leave**
gave me the **nod**
here on **suffer**ance
It's a **no no**.
My **hand**s are tied.
no **authority** to
poetic licence
seal of **approval**
She gave the **nod**.
So be it!
the **green** light to

Possibility/impossibility

fancy your chances
fat **chance** of that
fighting **chance**
humanly possible
likely **story**
lot **going** for her
Not a **hope** in hell!
on the **horizon**
on the off-**chance**
Pigs have wings!
Silk; sow's **ear**
snowball in hell
square the circle
take a **rain** check
the ghost of a **chance**

Poverty

badly **off**
badly off for money
Beggars; choosers
born in the **gutter**
down-and-out
fallen on **evil** days
feeling the **squeeze**
hand to **mouth**
I don't have a **bean**.
keep **body** and soul
knight of the road
live rough
make **end**s meet
penny to **bless**
penny to my name
to feel the **pinch**
two cent to **rub**
with **cap** in hand

Power/strength

at full **blast**
at **zenith** of power
corridors of power
deliver the goods
flex your **muscles**
force be with you
friend at court
get **better** of you
has the **ear**
He's a **high** flyer.
held **sway** over
I'll **show** them
in full **swing**
in the **know**
might is right
nerves of **steel**
no **voice** in matter
out of power
pen is mightier
play **God** with
power behind **throne**
power to **elbow**
pressure to bear
ran out of **steam**
seat of power
So **help** me God!
taste for power
the **backbone** of
the **power**s that be
their big **guns**
to pull **strings**
to take a **back** seat
top **brass**
top **dog**
tower of strength
well **in** with
with stroke of **pen**
words **carry** weight

Precision

cross 't's, dot 'i's
Cut to the **chase!**
devil in the detail
down to a fine **art**
drink **hit** the mark
fine-tooth comb
finishing **touch**es to
fits like a **glove**
hit the **spot**
hole in one
in **narrow**est sense
Just so!
made-to-measure
nail on the head
no **room** for error
nook and cranny
on the **dot**
out of **kilter**
put your **finger** on it
right on the **button**
the small **print**
The very **thing**!
too **fine** a point on it
You're **spot** on!

Prediction

calm before storm

crystal ball
doesn't **augur** well
three **guesses**
You've **guessed** it.

Preparation/practice
get the **hang** of it
groundwork
keep my **hand** in
to **oil** the wheels

Pretence
bluffed his way out
in **name** only
mutton dressed as
put **airs** and graces
through the **motions**
under the **banner** of

Pride
a **climb** down
cat who got cream
her **pride** and joy
pride before a fall
prided himself on it
proud to know her
swallow my **pride**
They did us **proud**.

Problem/dilemma
add **fuel** to fire
bone to pick
Catch 22 situation
chicken and egg
cross to bear
damned if we do
devil and deep blue
fly in the **ointment**
gummed up
horns of a **dilemma**
isn't **fun** and games
It's a vicious **circle**.
left high and **dry**
Money is no **object**.
need to get a life
No **problem**!
not a **hang**ing matter
not my **problem**
public **enemy**
rock; **hard** place
rose; thorn
something **amiss**
something **up**
the **thing** is
There's the **rub**!
thing about cats
thorny question
to make **waves**
vexed **question**
What's his **problem**?
What's the **big** deal?

Proof/proving
acid **test**
anecdotal evidence
living proof
proof of the pudding
put to the **test**
seeing is **believing**
shred of evidence
smoking **gun**
through the **hoops**
tried and true
written all over

Property
bits and pieces
finders keepers
for **keeps**
possession
property **ladder**

Proportion/share
do things by **half**
go **halves** with
half and **half**
halfway house

Protection
to **cover** your back
to fight your **corner**
under her **wing**

Proximity
a hair's **breadth**
at close **quarters**
at **point-blank** range
at short **notice**
at the **coal**face
at your **finger**tips
close **shave** for me
close to hand
close to the **bone**
getting **hot**ter
hand to **hand**
heartbeat away
heart-to-**heart** chat
hot on the heels of
joined at the **hip**
near at hand
near the **knuckle**
nearer **home**
nearly drowned
neck and **neck**
next-door **neighbour**
no **elbow** room
not far off the **mark**
only yesterday
packed like **sardines**
pipped at the post
pushing fifty
spitting **distance**
stone's throw away
striking distance
under your **nose**
pretty much

Punishment
behind **bars**
did time in Mountjoy
fire and **brimstone**
He **served** time.
He was **put** away.
He'll **swing** for it.
jailbird
She got off scot **free**.
stretch in prison
threw the **book** at
to clap in **jail**

to **face** the music

Purpose

accidentally on…
at cross **purposes**
designs on
have in **mind**
I've a good **mind** to
intents and purposes
object of exercise
what's it in **aid** of
What's his **angle**?
What's the **use**?
with a **view** to

R

Readiness/availability

All **hands** on deck!
answers off **pat**
at the drop of a **hat**
batten **hatch**es
dry run
fresh in memory
given the **all-clear**
hang on to hats
hit ground **running**
I'm **on** it!
keyed up before
milling about
not **prepared** to
on **air**/off **air**
prepare the ground
ready or not
strike while **iron** hot
up for **grabs**

Reality

as **large** as life
down to **earth**
Get a **grip**!
Get **real**!
in the **flesh**
Is he for **real**?!
on **planet** earth
pinch myself
reality check
rude a**wakening**
Such is **life**!
the **cold** light of day
the facts of **life**
too **good** to be true
when **reality** hits

Realisation

Buck up!
burst his **bubble**
eye-opener for
Have some **cop**-on!
light at end of **tunnel**
open your **eyes** to
That **figures**.
to face the **facts**
to get the **message**
where **coming** from
with his **eyes** open

Reason/cause

all the more **reason**
behind all this
boils down to
Do the **maths**!
grounds for
have **cake** and eat it
ins and outs of
It **stands** to reason.
listen to reason
not without **reason**
pros and cons
rebel without a cause
rhyme or **reason**
see **reason**
smoke without fire
There's no **point**!
to strike at **root** of
to the **bottom** of
unknown reason
variety of reasons
What's the **point**?
within **reason**

Recollection

blast from the past
come to **think** of it
comes to **mind**
down **memory** lane
harking back to
if **memory** serves
in living **memory**
memory like a **sieve**
mind went **blank**
ring a bell

Recognition

a **known** criminal
Boys will be **boys**.
cap fits, wear it
elephant in the room
Facts are **facts**!
I **know** her to see.
let's **face** it
on to something
one saving **grace**
read between **lines**

Refusal/rejection

all the tea in **China**
flatly refused
gave up for bad **job**
give the **lie** to that
have **none** of it
I don't take **kind**ly to
I will not **hear** of it.
It's just not **on**!
kicking and **screaming**
like a **lead** balloon
met with a **rebuff**
need a hole in head
No **can** do!

No **chance**!
No **dice**!
No means **no**!
No surrender!
no **truck** with liars
No way!
Not a **bit** of it!
not having **any** of it
Not **likely**!
Not on your **Nellie**!
Nothing doing!
nothing of the **kind**
Perish the thought!
put her **foot** down
take **kind**ly to
take 'no' for **answer**
taking it **lying** down
to kick the **habit**
turned her **nose** up
under **protest**
washed **hands** of
white/black **lie**

Relaxation/rest

breathing space for
change is as good as
do with short break
easy-going
get away from it all
going for **eleven**ses
Let's take **five**!
recharge **batteries**
take **weight** off feet
to put one's **feet** up

Religion/spirituality

day of reckoning
ghost in machine
giving up for **Lent**
good **Mass**-goer
Good **Samaritan**
He got **religion.**
Job's comforter
leap of faith
man cannot live by
man of the **cloth**
Old **Nick**
original/mortal **sin**
real **holy** Joe
She **found** God.
The Holy **Land**
the **holy** of holies
The Promised **Land**
to go to **Mass**
Word of God

Relinquishing

burnt her bridges
more's the **pity**
put out to **grass**
They **pack**ed it in.
to **pack** up
to pass on **baton**

Renewal/repetition

a **change** of scene
a new **broom** sweeps
blow away **cobwebs**
bring up to **scratch**
change of heart
did up the house
needs new **blood**
new man/woman
once again
once in a **while**
to fresh **pastures**
turn over a new **leaf**

Repay/revenge

baying for **blood**
get **even**
his own **medicine**
his **pound** of flesh
I got my own **back**.
in **return**
laughing up sleeve
make him **eat** words
make it up to you
Now we're **quits**!
one **good** turn
paid in his own **coin**
pay dearly for
play at that **game**
Revenge is sweet.
settle a score with
the last **laugh**
tit for tat

Reputation/fame

as **black** as painted
authority on
cracked up to be
drag through mud
Galway on the **map**
good **track** record
got a bad **name**
has that **reputation**
his claim to **fame**
His name was **mud**.
history of telling lies
in the public **eye**
left with **egg** on face
minutes of **fame**
muck-raking
mud-flinging
name for herself
ruin his **reputation**
smear his good name
spread **far** and wide
talk of the **town**
the rich and **famous**
to blot **copybook**
to dig up the **dirt** on
to **dish** out the dirt
to run the **gauntlet**
writer of **note**

Requirement

a necessary **evil**
at a **push**

crying out for
for **want** of
if **necessary**
if **needs** be
It's a **must**!
keep **pace** with
necessities of life
show must go on
That fits the **bill**.
up to the mark

Rescue
asylum seekers
in shining **armour**
off the **hook**
rescue a damsel
saved by the **bell**
saved the day
seeking **asylum**

Responsibility
above and beyond
a **lot** to answer for
buck stops with
fall guy
falls on me to
I'll **see** to it.
left holding **baby**
like a **millstone**
lumbered with
On your **head** be it!
owned up to
take the **rap** for it
to carry the **can**
to pass the **buck**
took the **fall** for
while **Rome** burns

Rudeness/cheek
cheeky **pup**
Don't **answer** back!
effing and blinding
forgotten **manners**
hell of a **neck**
How **dare** you!
in **offhand** manner
Less of your **lip**!
make **rude** gesture
out of **line**
rough round edges
Talk to the hand!
teach **manners**
forgotten **manners**
the **cheek** of her
the **nerve** of him
to give the **finger**
What a **cheek**!
who does she think

S

Safety
feel **secure**
for good **measure**
head above water
home and dry
money in **reserve**
on the **safe** side
out of **harm**'s way
play it **safe**
safe and sound
safe as houses
safety in **numbers**
The coast is **clear**.
to land on his **feet**
under **lock** and key

Sarcasm/irony
breaking my heart
for his own **funeral**
grace us with
great **help**
have your little **joke**
laugh a minute
No thanks to you!
pull the other one
real **barrel** of laughs
Thanks a **bunch**!
Thanks for nothing!
there's gratitude
That's just **peachy**.
too **clever** by half
very **big** of you
wasn't **finest** hour
What a **beaut**!

Search/pursuit
bargain-**hunting**
dip into dictionary
follow your **nose**
house-**hunting**
It's a witch-**hunt**.
nosing about
follow on heels of
on the **lookout**
split the **difference**
to dig **deep**
What's she **after**?

Secrecy
behind **closed** doors
between you and me
cat out of the bag
closet atheist
genie out of bottle
He's a **deep** one.
hidden **agenda**
in **secret**
Keep it to yourself!
keep it under **wraps**
keep under your **hat**
little **bird** told me
Mum's the word!
My **lips** are sealed.
She is **in** on it.
soul of discretion
strictest **confidence**
terribly **hush-hush**
under the **counter**
veil of secrecy
Walls have ears.
would be **telling**

Scrutiny/observation
in a **goldfish** bowl

in the **limelight**
raking up the past
the **once**-over
through his **paces**

Sense

brought to **senses**
down-to-earth
good **head**
gut feeling
I **feel** it in bones
in **pit** of stomach
It doesn't **add** up
leave of **senses**
make her see **sense**
to **know** better
well **screwed** on

Sequence

and **roundabouts**
before **that**
before/after **this**
cart before horse
day in **day** out
drop by **drop**
ebb and flow of life
first come served
followed on
from **day** to **day**
jumped the **queue**
little by **little**
long **after** that
No **queue**-barging!
off and on
one after the **other**
soon **after** that
to form a **queue**
to stand in **line**
We took it in **turns**.
week in **week** out
What next?!

Shame

hung **head** in shame
It's a crying **shame**!
put me to **shame**
Shame on you!
tail between his legs
to eat **humble** pie
to lose **face**
to **name** and shame
to save **face**
What a **shame**!

Silence

awkward silence
Button your lip!
cat got your tongue
conspiracy silence
given **hush** money
He kept **mum**.
hear a **pin** drop
Hold your **tongue**!
Hush!
I held my **peace**.
I kept my **counsel**.
Lower your voice!
pregnant pause
Put a **plug** in it!
silence is golden
squeak out of
the silent **majority**
the **silent** treatment
to **bite** my tongue
Would you **dry** up!

Similarity

after my own **heart**
all in the same **boat**
all the **one**
as two **peas** in a pod
birds of a **feather**
carbon copy of
chip off old block
dead ringer for
dead **spit** of his dad
I **followed** suit.
image of his father
It's all the **same**.
It's **just** the same.
Join the **club**!
Like father **like** son!
looked the part
much of a **much**ness
not much to **choose**
not the **only** one
one and the **same**
paid him in **kind**
pass for silk
roads lead to **Rome**
six of, half dozen
striking resemblance
takes one to **know**
tar with same **brush**
the **look** of her mum
their **likes** again
to tell them **apart**
two of a kind

Situation

at this **stage** of
cooped up in a hotel
in every/this **respect**
in your **place**
many/some **respects**
where I **stand**

Sleep/unconsciousness

Even Homer **nods**.
foot has gone **asleep**
get much **kip**
half asleep
He **flake**d out.
He's out **cold**.
He's **out** of it.
I had **forty** winks.
I simply **drop**ped off.
I **slept** in.
I slept like a **log**.
I slept like a **top**.
I was **nod**ding off.
I'll hit the **hay**.
Let **sleep**ing dogs lie!
light sleeper
out for the **count**
pins and needles

Shake a leg!
Sleep tight!
sound **asleep**
the land of **nod**
to go for a **nap**
to hit the **sack**
to sleep **rough**
wink of **sleep**

Solution
an **answer** for
answer to **prayers**
half the **battle**
Now we're **sort**ed!
That **settle**s it!
That'll do the **trick**.
what **doctor** ordered

Speed/velocity
all of a **sudden**
as **quick** as a flash
as **quick** as lightning
at a good **pace**
at a hell of a **lick**
at a snail's **pace**
at full **pelt**
at walking **pace**
beat me to it
before you **know**
came to me in a **flash**
fast and furious
flash in the pan
flying visit
gathered **pace**
Get your **skate**s on!
hell for leather
Home **James**!
in a **heartbeat**
in a split **second**
in **double** quick time
in **dribs** and drabs
in **twinkling** of eye
like a **bat** out of hell
like a **house** on fire
Make it **snappy**!
making good **time**
no **soon**er said
off like a **shot**
put foot on the **gas**
quick off the mark
quick on the **draw**
ran like the **wind**
sooner the better
spread like wild fire
tearing along
There's no **hurry**.
They ran like **blazes**.
to make a **bee**line
to **zip** past us

Sport/entertainment
along for the **ride**
game ended in a **tie**
He's a good **sport**.
merry-go-round
not playing the **game**
painted town red
rollicking time
skinny-**dipping**
spoilsport
the **visiting** team
thrills and spills
to go for a **dip**
to pump **iron**
to **stretch** my legs
tug of war

Stubbornness
blind to the truth
dug his **heel**s in
glutton for
not give an **inch**
not **open** to advice
set in his ways

Substance/content
par for the **course**
part and parcel of

Success
aced at maths
come into her **own**
first **flush** of success
going great guns
had a **field** day
He **carried** it off.
height of his career
high-flyer
house down
I'm **get**ting there.
It's in the **bag**!
muddle through
no **hold**ing him
on **crest** of a wave
quids in
riding high
rising star
roaring trade
rose to the **occasion**
success breeds
the crowning **glory**
to break the **record**
to **pull** it off
within an **ace** of

Suitability
cut out for the army
Horses for courses!
if she sees **fit**
on the right **lines**
out of **place**
silk purse, sow's **ear**
square **peg** in round
wasn't my **place**

Support
comes up **trumps**
counting on you**given**
up on you
grass-roots support
He **stood** by me.
I'm all on my **own**.
It gave me a **lift**.
on a broken **reed**
pillar of the church
She's on our **side**.
shoulder to **cry** on

to **drum** up support
to **fall** back on
vote of **confidence**
was **there** for me

Surprise/exclamation

Believe it or not!
believe my eyes
bit of a **bomb**shell
By all that's **holy**!
Fancy that!
for **heaven**'s sake
from **left** field
Good heavens!
Good **Lord**!
Heaven forbid!
Heaven only knows!
Hell, I don't know!
Holy **mackerel**!
How do I **know**?!
I was taken **aback**.
imagine meeting you
in all my **born** days
It **beggar**s belief!
know what **hit** them
monkey's uncle
none other than
on the **hop**
out of the **blue**
quite a surprise
struck dumb
Well, **honest**ly!
what **coincidence**
What a **surprise**!
what **planet** on
what's big **idea**
with a **feather**
wonders never cease
You don't **say**!
You have no **idea**!
You're **joking**!

T

Tedium

always **harping** on
bit of a **drag**
I'm in a **rut**.
long and **drawn** out
long-winded speech
never **hear** end of
that old **chestnut**
watching **paint** dry

Tension

Atmosphere; knife
edge of our seats
heart missed a **beat**
on a knife-**edge**
with **bated** breath

Thinking

by the way
I should **think** so!
second **thoughts**
pause for thought
thinking **cap** on
to **think** big

Time

against the **clock**
ahead of her time
almost always
appointed time
arrow of time
at all **hours**
at crack of **dawn**
at **present**
at some **future** date
at the eleventh **hour**
at the **same** time
at **times**
back to the **future**
bang on time
beat the clock
behind the times
better **late** than
by this **time**
day before **yesterday**
day is still young
every now and then
every other day
falling behind
fine days
for a **short** time
for/during **year**
from **time** to **time**
fullness of time
getting on for four
I arrived in **time**.
I'll see you **later**.
in a **month**'s time
in a **week**'s time
in a **while**
in **less** than no time
in the **early** hours
in the **nick** of time
in the **night**
in the **short** run
in the small **hours**
It's **early** days yet.
just **now**
last **night**
late in the day
many **moons** ago
morning, **noon** ...
now and **then**
one of these **fine**
out of **date**
passed sell-by **date**
pushed for time
put **clock** back
race against time
real-time **app**
right away
round the **clock**
sands of time
since the **Flood**
sooner or later

spur of the moment
The clock is **slow**
the next **morning**
the **night** before last
the **odd** time
the **other** day
the rush **hours**
there and **then**
this/last/next **month**
this/last/next **week**
this/last/next **year**
time and **tide** wait
time good **teacher**
time on our **side**
Time will **tell**.
Time's up!
tomorrow **morning**
tomorrow **night**
water under **bridge**
We've time to **kill**.
year in **year** out
zero hour

Topic/argument

beside the point
case in question
getting to the **point**
name of the **game**
Speak of the devil!
the point at **issue**
to **come** back to

Totality

a **bird**'s eye view
across the **board**
all in **all**
all in one **go**
all-out war
all over the **shop**
all the **way**
at all **costs**
at the **outside**
back to the **hilt**
bar none
be-all and end-all
blanket cure
but the **kitchen** sink
enjoy life to the **full**
every man **Jack**
from **cradle** to grave
from top to **bottom**
holds all the **cards**
know **inside** out
length and breadth
lost to a **man**
No holds **barred**!
rank amateurs
root and branch
the **jigs** and the reels
the whole **enchilada**
the whole **hog**
the whole **shoot**
through and
through
to go for **broke**
whole **damn** lot
without **exception**

Treachery

below the **belt**
did the **dirty** on
He **told** on me.
He'll **rat** on us.
hung out to dry
Judas kiss
kiss-and-tell stories
left in the **lurch**
pulled **rug** from
rats deserting ship
runs with **hares**
sold down the **river**
sold him out
stab in the back
turn**coat**

Trouble(some)

acting up on me
arguing the toss
bear the **brunt** of
black **sheep**
cat amongst pigeons
dog-in-the-manger
for the **high** jump
gave a lot of **grief**
in the **dog**house
It's a **dog**'s life.
lot of **aggro**
midlife crisis
millstone round
never **hear** end of
no end of **trouble**
no **trouble** at all
playing up again
put to much **trouble**
stormy **weather**
teething troubles
terrible **fusser**
one **thing** after other
to **act** up
to keep **head** down
up the **creek**
What's the **trouble**?
You're **in** for it!

Truth, honesty

a few home **truths**
as a **matter** of fact
all perfectly **legit**
Be **open** with me!
call a **spade** a **spade**
cards on the table
clean **breast** of
Come clean!
Cross my **heart**!
did not **ring** true
good **grace** to admit
gospel truth
heart on **sleeve**
Honest **broker**
honestly speaking
I got it off my **chest**.

I **kid** you not.
I tell you no **lie**!
is an open **book**
It's all above **board**.
keep **nose** clean
mince his words
Not a word of a **lie**!
on the **level** with
Really and truly!
straight and narrow
tell the truth and
the **honest** truth
the **naked** truth
the **plain** truth
to blow the **whistle**
to tell the **truth**
truth to **tell**
with my own **ears**

U

Ugliness
as **ugly** as sin
It is an **eye**sore.
like back of a **bus**
reared its ugly **head**
to cut up **ugly**
ugly duckling

Unboundedness
Diamonds; forever
Let it be!
month of Sundays
never ever again
on the **never-never**
The sky's the **limit**!
till cows come home
till **hell** freezes over
till **kingdom** come
time **immemorial**
to heart's **content**
until **doomsday**
without **number**

Uncertainty/doubt
benefit of the **doubt**
blows hot and **cold**
Doubting Thomas
go the **distance**
I have my **doubts**.
I'm in two **minds**.
in a state of **limbo**
keeping me **guessing**
neither fish nor fowl
nothing in **concrete**
on **shaky** ground
remains to be seen
still anyone's **game**
still up in the **air**
swing both ways
This is a **grey** area.
to be touch and **go**
to sit on the **fence**
too close to **call**
what's-his-**name**

Understanding
as far as I can **see**
as **far** as I know
as **far** as I'm aware
catch my **drift**
common **ground**
driving home
Enough said!
error of ways
finding my feet
get the **picture**
getting to **grips** with
given to **understand**
goes over my **head**
goes without **say**ing
good **grasp** of matter
got **feel** of new job
got it into his **head**
haven't the **fogg**iest
hit upon something
I **have** it!
I know your **game**!
It's all **Greek** to me!
knows the score
knows what he's at
makes him **tick**
missed the point
nod as good as
penny **dropp**ed
take it as **read**
the **error** of his ways
to get a **handle** on
to join the **dots**
take for **granted**
under **impression**
You **have** me there!

Uproar
all **hell** broke loose
holy war
kicked up a fuss
wigs on the **green**

Upset
against the **grain**
badly **shake**n me
bee in her **bonnet**
blue **murder**
bull in a china shop
caused a **ballyhoo**
cried her **eyes** out
gives me the **creeps**
have **kick**ed myself
hot and **bothered**
I'm in **bits**.
in **flood**s of tears
It makes me **sick**.
It really **gets** to me.
knocked sideways
lump in my throat
make **blood** curdle
not a **happy** camper
ranting and raving
rotten having to

ruffled his feathers
salt into **wound**
spanner in the **works**
the gory **details**
to **step** on toes
turn in his **grave**
vale of tears
wasn't a **dry** eye
went off in a **huff**
What's **biting** you?
Why the long **face**?

V

Victory/defeat
Divide and conquer!
first past the **post**
in **pole** position
knocked socks off
landslide **victory**
leg to stand on
made **mince**meat of
met his **Waterloo**
punched **holes** in
Pyrrhic victory
stole a march on
That's **one** up for us.
to win the **jackpot**
took a **hammering**
We carried the **day**.
win **hearts** and minds
You got **own**ed.

Violence/war
all guns **blazing**
armed to the teeth
black and blue
blood and guts
by (brute) **force**
came to **blows**
carrying a **piece**
Don't **mention** war!
He **join**ed up.
knock **stuffing** out
on a **war** footing
pitched battle
put the **boot** in
right old **battle-axe**
rivers of blood
sabre rattling
to beat to a **pulp**
to put **claws** into
to **resort** to violence

Vow/promise
I give you my **word**.
I kept my **word**.
I **swear** I don't know.
my word of **honour**
promise is a **promise**
promise to see **right**
word is my **bond**

W

Waste
bumming around
coals to Newcastle
Don't **waste** breath!
down the **drain**
down the **tubes**
good **money** after
good-for-nothing
He's a lost **cause**.
in **vain**
It's no **use**.
left **empty**-handed
little to **show** for
no **good** talking
preach to **converted**
spends like water
the **prodigal** son
to cast **pearls** before
waste not want not
waste of **space**
wild goose **chase**

Weakness
Achilles' heel
chink in **armour**
done in after the flu
flesh is weak
hero had feet of **clay**
his **strong**est suit
lame **duck**
make old **bones**
not **much** of a
nothing to write
pea-brained idea
She has a **thin** skin.
small **cog** in a wheel
strength is **ebbing**
the **spirit** is willing
to **err** is human

Wealth
any **amount** of
bread alone
deep **pockets**
fleshpots of Dublin
gold **mine**
hand over **fist**
He lives like a **lord**.
heaps of money
horn of plenty
in **lap** of luxury
making a **mint**
making a **pile**
marry money
means test
Nouveau Riche
off the **fat** of the land
pots of money
raking in the money
rolling in **money**
silver spoon in …
sitting pretty
the **gravy** train

They are **well** off.

Weather

down in **buckets**
freezing out there
hail, rain or **shine**
heavens opened
in all **weathers**
in **teeth** of the storm
Indian **summer**
It was **pour**ing rain.
It's **turn**ing cold.
nip in the air
raining **cats** and dogs
raw weather
weather for ducks
weather **permitting**
weather the **storm**

Welcome

frosty reception
It's my **pleasure**!
Please do!
royal welcome
with **open** arms

Wisdom/ignorance

Fools rush in
Great **minds** …
hidden **depths**
hind**sight** is no …
I'm **none** the wiser.
pig-ignorant
waters run **deep**
wise after the **event**
Wise up!
word to the **wise**

Wishes/prayers

God bless you!
God forgive you!
God have mercy on
God help us!
God willing!
happy anniversary
Happy Birthday!
Happy **New** Year!
keep fingers **crossed**
Merry **Christmas**
Thanks be to **God**!
Win the day!
wishful thinking
with **God**'s help

Worry/nerves

has his own **demons**
least of my worries
look **bothered**
lot on my mind
No **sweat**!
No worries!
Not to **worry**!
tearing my **hair** out

Work/being busy

a lot on my **plate**
a lot **on** this week
all in a day's **work**
and **bottle**-washer
Any other **business**?
as a **side**line
beavering away
burn midnight oil
business hours
busman's holiday
closed shop
cushy **number**
donkey work
from **pillar** to post
got the **sack**
have **hands** full
He got the **boot**.
He got the **chop**.
in that **walk** of life
labour of love
my **meal** ticket
nine to **five**
nose to **grind**stone
on the **job**
other **fish** to fry
roll up shirt**sleeves**
rolling stone gathers
run off my feet
shift work
snowed under with
talking shop
thankless work
the daily **grind**
to down **tools**
to **earn** one's keep
to go on **strike**
to **moonlight**
told to **clear** his desk
Try to look **busy**!
work to rule

Worth/value

at a **premium**
cheap and **nasty**
come in **handy**
do him **justice**
He's a cheap **hack**.
her weight in **gold**
icing on the **cake**
make it **worth** while
much to be **said**
no **harm** in trying
not worth a **nickel**
not worth **candle**
not worth the **paper**
not **worth** trouble
of little **value**
only small **fry**
said a **mouth**ful
salt of the earth
served me well
small **beer**
whatever it's **worth**
worth his salt

Acknowledgements

Firstly, I would like to express my sincere thanks to my publisher Edwin Higel, whose endless enthusiasm for all things Irish never ceases to amaze and inspire. Edwin's persistent determination that New Island Books should develop and produce a wide range of titles promoting the Irish language has been, and will always remain, a tremendous source of encouragement for me as an author.

With regard to this particular book, I owe a huge debt of appreciation to the New Island commissioning editor, Aoife K. Walsh, for her consummate professionalism, her unwavering commitment to this, our first project together and hopefully not our last, and especially for her many creative contributions during the compilation and editorial review of the book. I also need to thank Dan Bolger, former senior editor at New Island Books, with whom I first planned this project and who gave me so much invaluable advice and help at the important initial stages of the work. Indeed, I am most grateful to all the editorial team at New Island Books and would, in particular, like to thank Mariel Deegan for her many salient and timely suggestions throughout.

Also, my appreciation goes to Marcus mac Conghail and Caoimhe Ní Bhraonáin who meticulously proofed the Irish texts, making some very valuable and creatively imaginative suggestions along the way, and to my old friend and colleague, Láns Ó Baoill, who, like so many gifted Irish writers before him, has chosen to live and work in France. To these three most patient and thoroughly professional editors, I offer my warmest gratitude. Many thanks to Karen Vaughan who designed the magnificent cover for *Proverbs in Irish*. Once again, Karen's wonderfully impressive artwork has been used to great effect in the cover design of this book.

Finally, all errors, infelicities and omissions are mine and mine alone. I do hope, however, that any slight imperfections will in no way detract from the book's overall value or its aim: to provide an entertaining, informative and helpful reference for those wishing to investigate and acquire some of the many riches of modern Irish idiom. Hopefully this book will help to enhance communication skills and assist readers in discovering for themselves the magic, the joy and the wonder of the Irish language as it is spoken today.

Garry Bannister
2019